Histoire
d'un
sanctuaire d'Auvergne.

Notre-Dame d'Orcival

OUVRAGE ILLUSTRÉ.

Société de Saint-Augustin,

DESCLÉE, DE BROUWER ET Cie,

LILLE-PARIS. — 1894.

Notre-Dame d'Orcival.

DÉCLARATION DE L'AUTEUR.

Pour nous conformer à la doctrine du Saint Concile de Trente et au décret d'Urbain VIII, nous déclarons ne vouloir attribuer aux faits merveilleux que nous rapportons dans ce livre, d'autre autorité que celle des auteurs ou témoins qui nous ont fourni les renseignements.

Statue miraculeuse de Notre-Dame d'Orcival.

Histoire
d'un
sanctuaire d'Auvergne,

Notre-Dame d'Orcival

OUVRAGE ILLUSTRÉ.

Société de Saint-Augustin,

DESCLÉE, DE BROUWER ET Cie,

LILLE-PARIS. — 1894.

MONSEIGNEUR,

Vous avez placé, dans vos armoiries épiscopales, Notre-Dame de Fourvières, et au-dessous vous avez écrit ces mots : Tuus sum ego.

Cette touchante et filiale devise, vous avez compris, sans doute, que Notre-Dame d'Orcival la réclamait aussi de vous, car, dès les premiers jours de votre arrivée en Auvergne, vous avez solennellement promis les honneurs du Couronnement pour la Sainte Image que vénèrent, dans ce vallon béni, les populations de votre diocèse et les fidèles des diocèses voisins.

Vous avez tenu votre promesse, Monseigneur, et, à cette heure, toute l'Auvergne chrétienne sait que l'illustre Léon XIII a accordé l'insigne faveur que vous avez sollicitée pour Notre-Dame d'Orcival.

Aucun moment n'était plus propice pour faire

connaître le passé de notre pèlerinage, passé merveilleux, et qui cependant n'avait pas encore trouvé d'historien; aussi c'est avec empressement, avec joie, que je m'acquitte de la mission qui m'a été confiée, en venant vous offrir et mettre sous votre haut patronage l'histoire de la dévotion à Marie dans ce petit coin de notre antique province.

Daigne la Reine du Ciel se joindre à vous, Monseigneur, pour bénir une œuvre qui n'a été entreprise et accomplie que pour son unique gloire.

Je suis, avec un profond respect,

Monseigneur,

De votre Grandeur,

Le très humble et très obéissant serviteur.

MALLET,

Curé-Doyen d'Orcival.

Orcival, le 5 mars 1894.

Clermont-Ferrand, le 20 mars 1894.
(Mardi Saint.)

CHER MONSIEUR LE CURÉ,

Je suis heureux d'applaudir une fois de plus au zèle avec lequel vous vous efforcez de procurer la gloire de la Sainte Vierge dans le vénéré sanctuaire d'Orcival, dont la garde vous est confiée.

Non seulement le pieux empressement de votre accueil encourage les pèlerins, mais vous savez aussi faire appel à toutes les bonnes volontés pour procurer à votre auguste Patronne des hommages de toute sorte.

Ainsi, à l'occasion des prochaines fêtes de son Couronnement, il vous aurait semblé insuffisant de lui avoir fait préparer le trône le plus riche, le diadème le plus étincelant, si les traits de sa longue et merveilleuse histoire n'avaient été recueillis comme en un faisceau, et mis sous les yeux de ses dévots serviteurs pour encourager et justifier leur confiance. C'est ce que vous avez fait dans un livre plein d'érudition que tous liront avec le plus vif intérêt.

En ce jour qui est l'anniversaire tout à la fois de ma consécration épiscopale, et de mon entrée à Clermont sous les auspices de Marie, il m'est doux de vous féliciter d'avoir entrepris cette œuvre, et de remercier ces hommes distingués dont le profond savoir et les actives recherches vous ont permis de la conduire à bonne fin.

Agréez, cher Monsieur le Curé, l'expression de mon affectueuse estime.

✠ PIERRE-MARIE,
Évêque de Clermont.

Vue générale du bourg d'Orcival.

Notre-Dame d'Orcival.

CHAPITRE PREMIER.

Orcival. — Étymologie de ce nom. —
Origines du pèlerinage.

A VINGT-SIX kilomètres de Clermont, à l'ouest, au-delà de la chaîne des Dômes, sur les bords d'un ruisseau appelé le Sioulet, et dans un vallon profond formé par les montagnes de Laufi et des Bourelles, s'élèvent, à 880 mètres d'altitude, l'église d'Orcival et les quelques maisons qui s'abritent à son ombre.

Orcival ! quelle gloire, quels souvenirs rappelle ce nom célèbre dans les fastes religieux de l'Auvergne ! C'est l'un des plus illustres pèlerinages de notre antique province ; c'est la basilique admirable, orgueil de l'art roman auvergnat ; c'est la vallée choisie par la Reine du Ciel pour recevoir les vœux et les prières des générations humaines qui passent et se succèdent.

Si vous voulez voir dans son étendue cette vallée, que le pèlerin visite dès les premiers jours du printemps, il vous faut gravir les pentes des Bourelles. Alors votre regard planera sur la contrée, sur cette monumentale église, à l'aspect imposant et sévère ; et tout ce tableau saisi d'un coup d'œil, avec les contrastes étonnants qu'y jettent les splendeurs de la lumière et la tristesse des lignes, vous laissera une impression puissante et solennelle.

A vrai dire, le paysage n'a pas ici la majesté que donnent les profondeurs de la perspective. Le vallon s'encadre et s'allonge entre deux chaînes de montagnes presque paral-

lèles, qui forment comme deux énormes murailles. Ici, rien
ne trompe l'œil, rien n'amuse la rêverie. Il n'y a point d'horizon vaporeux, pas de lointains bleuâtres, aux traits vagues
et amollis : le site est austère, un peu uniforme ; mais quelle
suavité de teintes ont ces prairies qui se déroulent sur les
versants ! avec quelle netteté la montagne en face dessine sa
crête sur l'azur du ciel ! quel recueillement dans cette
retraite étroite où tout invite à la prière et à l'apaisement de
l'esprit !

« *Cælival, vallée du Ciel,* » voilà, dit un vieil auteur, le
vrai nom de ce lieu où la Vierge-Mère a établi sa demeure ;
siège très agréable des anges, paradis abondant d'où
toutes sortes de grâces et de bénédictions découlent sur
ceux qui y adressent leurs vœux et y fondent leurs espérances (1). »

Cette gracieuse dénomination, l'écrivain que nous citons
l'oppose aux étymologies qu'on a toujours données du nom
d'Orcival : *Ursi vallis,* le val des ours, « à cause de la multitude de ces animaux qui s'y retiraient des montagnes voisines au temps d'hiver ; » ou bien *Orci vallis,* vallée d'Orcus,
« parce que, du temps que l'Auvergne était entachée du crime
de l'idolâtrie, on y adorait Orcus ou Pluton, dieu des enfers ». Explications naïves jusqu'ici acceptées sans conteste,
mais qu'il faut rejeter, ainsi que les assertions qui attribuent
aux radicaux *orce, ourse, urs,* la signification de gorge ou de
vallée à pentes abruptes, et celle de lieu sauvage et stérile (2).
Écartée aussi l'étymologie *Oraculum vallis,* l'oratoire de la
vallée, car jamais, dans aucun titre latin, Orcival ne se trouve
ainsi désigné.

Nous devons remonter à la langue gauloise, à la langue
de nos ancêtres Arvernes, pour trouver l'étymologie cherchée,

---

1. Jacques Branche, *Histoire des Saincts et Sainctes d'Auvergne.*

2. Voir Chabrol, *Coutumes d'Auvergne,* t. IV, art. Orcival. — Bouillet,
Gonod et autres auteurs qui ont parlé d'Orcival.

et c'est le patois du pays qui nous convie à prendre cette voie pour arriver à la vérité (1).

En dialecte vulgaire, en effet, Orcival se dit *Ourchevau*, l'*Ourchevau*, que les scribes du moyen âge ont traduit en latin par *Ursivallis* ; or, dans la langue celtique, *ours*, qui vient de *ur*, *urs*, signifie *eau* ; le chuintement auvergnat fait prononcer *ourche*, et avec la désinence *vau*, vieux mot ayant le sens de vallée, on a l'*Ourchevau*, qui, mot à mot, veut dire la source de la vallée (2).

Jamais nom, d'ailleurs, ne fut mieux justifié. La magnifique source qui, à mi-côte, s'échappe des flancs de la montagne des Bourelles, est là pour attester l'exactitude de cette appellation. Devant cette eau abondante et limpide, nos pères, frappés d'admiration, dénommèrent ce lieu dès la plus haute antiquité, et, non contents de l'avoir ainsi distingué, ils firent de la source qui y jaillit l'objet de leur culte.

Rien n'est plus avéré, en effet, que le culte rendu par les Celtes aux sources et aux fontaines. Pline l'affirme d'une façon positive (3). De son côté, Varron nous apprend les rites particuliers avec lesquels les Gaulois honoraient l'eau des sources et des puits (4). Lors des *fontinalia* ou fêtes des fontaines, qui avaient lieu ordinairement au mois d'octobre, on couronnait les puits avec des guirlandes, et l'on jetait des couronnes de fleurs dans les sources.

Donc, cela semble incontestable, le culte de l'eau a précédé à Orcival le culte de la Vierge, et qui pourrait voir,

---

1. Celui qui veut chercher les étymologies des langues vulgaires, dit Du Cange, doit bien connaître les patois et les dialectes provinciaux.

2. On trouve dans la Belgique orientale, l'*Our*, rivière ; en France, l'*Ourcq*, qui se jette dans la Marne ; l'*Adour*, etc., etc. En langue basque, *ura* veut dire *eau*. Voir Cénac-Montaut, *Hist. des Pyrénées*.

3. *Hist. Nat.*, lib. XXXI, cap. 2.

4. Voir Bulliot, *Ex-voto de la Dea Bibracte*.

sans l'admirer, la corrélation existante entre les deux cultes : le culte de l'onde pure et celui de la Vierge Immaculée ?

« Lorsque le péché d'Adam, nous disent les docteurs catholiques, eut infecté l'humanité, la précipitant dans l'égoïsme et le vertige de la concupiscence, Dieu voulut se réserver un point pur pour rentrer un jour par ce point dans l'humanité. Ce point demeuré pur et préservé, c'est la Vierge Marie (1). »

Ce miséricordieux dessein, le Créateur le fit connaître aux premiers hommes, les Livres saints l'attestent ; et la tradition de ce point virginal, de ce tabernacle immaculé que le Tout-Puissant se réservait au sein de l'humanité déchue, se conserva quelque temps plus ou moins intacte dans les intelligences, jusqu'au jour où elle s'altéra complètement comme la notion de Dieu lui-même.

Alors survint le paganisme, fait de souvenirs lointains et de pressentiments plus vagues encore d'un avenir réparateur. Alors apparut tout un système religieux qui, dans son vertige, prédisait l'avenir comme la Sibylle de Cumes prophétisait, éperdue, sur son trépied.

Les religions de l'antiquité conservèrent ainsi des instincts, des espérances, des lambeaux de la révélation divine, et, devant les sources jaillissantes, elles se sentirent saisies de mystérieux pressentiments. Quand tout ici-bas finit et s'épuise, quand tout se dessèche et se flétrit, seules les sources vivent toujours, seules elles protestent contre la décadence et la mort. Dans leur jaillissement inépuisable, elles parlent de l'inépuisable bonté d'un Être tout-puissant et éternel ; dans leur pérennité, avec leurs jets, leur joie, leur trésor qui surabondent, elles proclament cette immortelle vérité, à savoir que c'est de la pureté que vient la vie, l'éternelle

1. Gratry, *Mois de Marie de l'Immaculée-Conception.*

vie, et que de cet intarissable courant, de cette fraîcheur limpide, doit sortir inévitablement la guérison de tout mal et de toute langueur. O CHRIST! régénérateur divin de la pauvre humanité, vous ne pouviez, en vérité, venir en ce monde que par une source très pure, par cette source immaculée qu'on appelle la Vierge!

La philosophie de l'histoire nous enseigne que rien n'est isolé dans la suite des faits, que tout s'enchaîne et se tient ; que les phénomènes ne sont pas éphémères, mais que tous ils ont des éléments de fixité tirés d'une volonté une et immuable.

Par cette volonté les temps ont un lien, les événements ont un but, les actions humaines ne sont pas de vains symboles que les siècles se renvoient en passant. Ces événements et ces actions renferment en leur sein une loi qui leur donne la sagesse, l'ordre et l'harmonie.

C'est pourquoi il y avait autre chose que le néant au fond de ces croyances de la vieille humanité ; il y avait des souvenirs et des pressentiments de la vérité éternelle, souvenirs et pressentiments qui à eux seuls suffisaient déjà pour communiquer la grandeur et la durée aux civilisations. « L'erreur, a dit Lacordaire, n'est qu'une feuille tombée de la vérité et emportée par le vent, et l'homme est tellement incapable de commercer par lui-même avec DIEU, que ses inspirations religieuses les plus personnelles se rattachent toujours à un fond primitif, encore que notre œil, dans le sombre jour de l'histoire, ne discerne pas bien l'heure où le rameau s'est détaché du tronc, ni la cause de cette séparation. »

Un rayon du vrai immuable, tout brisé et tout faible qu'il fût, filtrait donc par les portes des temples antiques ; et c'est avec une joie réelle, la joie donnée par la découverte de la vérité, que l'homme d'aujourd'hui, lorsqu'il lui est donné de voir et de comprendre, considère à l'aube des âges ces lueurs vagues, mais indéniables, signes magnifiques de l'unité originelle des grandes aspirations de l'humanité.

O mystère ! ô merveille ! malgré la différence des temps, malgré la transformation des mœurs, qui semble devoir tout rompre, voilà que, loin de s'exclure, loin de se repousser et de se renier, les hommes s'appellent et s'embrassent à travers les siècles en ces lieux consacrés ! Et s'ils sont venus jadis, s'ils viennent encore à ces pèlerinages, n'est-ce pas parce que tous ont trouvé ici consolation et réconfort, et que tous ont eu l'idée du règne de l'immuable et de l'absolu ? Et qui donc les rassemble dans leur dispersion, ces pèlerins de jadis et ces pèlerins d'aujourd'hui ? Qui les tient unis dans le même espoir ? sinon la nouvelle Arche d'alliance, comme l'appelle l'Église, la Vierge, Mère des hommes et Mère de DIEU ?

Oui, l'idée divine est dans tout, et la vérité scientifique la découvre et la proclame, alors même qu'on ne s'attend nullement à la voir apparaître.

Les sources d'Orcival, du Port, de Vassivière et tant d'autres en Auvergne ; ailleurs les sources de La Salette et de Lourdes, sont là comme des témoignages irrécusables, antiques et récents, pour démontrer la perpétuité de la volonté du Très-Haut qui, partout où sa Mère devait être honorée, a fait jaillir l'eau limpide, symbole de la Vierge sans tache.

Quelle joie à l'âme, quelle confiance au cœur doit donner la prédestination mystérieuse de ces endroits bénis ! La coupe des célestes pitiés nous est tendue ici par la main d'une Mère. O douceur d'y tremper ses lèvres ! ô ravissement de s'y abreuver à longs traits !

En ce vallon d'Orcival, où nos ancêtres vous ont appelée dans leurs rêves, où ils vous ont cherchée dans la limpidité des eaux, nous venons vous invoquer et vous prier, ô Vierge plus pure que le cristal des ondes !

Mais nous savons maintenant qui vous êtes et où vous

êtes : vous êtes la Mère de DIEU, vous êtes la Mère de l'humanité ; vous appartenez à l'histoire ; vous trônez dans le Ciel à la droite de votre Fils. Si nos pères du paganisme saluaient à leur insu, devant ces flots bondissants, votre espérance et votre règne à venir, ô Vierge sainte, nous sommes heureux, nous, de sentir votre réalité, car, après nous être agenouillés dans votre sanctuaire, aux pieds de votre antique Image, nous nous relevons plus forts pour les luttes d'ici-bas, ranimés par le souffle vivifiant qui vient des sommets et par la délicieuse fraîcheur que donnent les sources éternelles.

CHAPITRE DEUXIÈME.

La primitive église d'Orcival. — La statue miraculeuse. — La procession du jour de l'Ascension. — Le tombeau de la Vierge.

ORSQUE saint Austremoine et ses compagnons vinrent évangéliser l'Auvergne, leur attention dut être particulièrement attirée par les grands centres religieux du pays. Outre la facilité qu'ils trouvaient là pour agir sur les masses populaires, ils ne pouvaient se dispenser d'attaquer les anciens cultes dans leurs forteresses, afin de les en chasser et de prendre position à leur tour sur les places conquises.

Tout ce travail d'évangélisation ne se fit pas en un jour ; il dura des années. Tout d'abord très vive, la lutte s'apaisa peu à peu, la tolérance s'imposant au paganisme, trop affaibli pour essayer de supprimer le christianisme par la violence, et la prudence étant indiquée au christianisme, pas encore assez puissant pour achever d'anéantir son adversaire par la force.

Les païens et les chrétiens vécurent ainsi ensemble, côte à côte, pendant un certain temps. Souvent les deux religions partagèrent la même famille et s'abritèrent sous le même toit. Saint Jérôme nous montre, dans une famille romaine, un vieux grand-père, pontife de Jupiter, tenant sur ses genoux sa petite-fille chrétienne et lui faisant réciter sa prière. Les mariages mixtes, *matrimonia imparia*, étaient fréquents. Les deux cultes rivalisaient aux yeux du peuple de zèle et de pompe. « Quand j'étais jeune, dit saint Augustin, qui vivait au quatrième siècle je me souviens d'être allé plusieurs fois dans les temples païens. J'écoutais les musiciens et je prenais plaisir aux jeux honteux qu'on célébrait en l'honneur des dieux et des déesses (1). »

---

1. Saint Augustin, *La Cité de Dieu*.

A Orcival, dans le creux du vallon, sur les bords de la rivière, non loin de la source sacrée, les chrétiens élevèrent un oratoire, dressant ainsi temple contre temple, autel contre autel.

Ces parages étaient d'ailleurs habités depuis longtemps. Des huttes gauloises s'y élevaient plus ou moins nombreuses, presque toutes sur les bords du ruisseau, car les cours d'eau ont toujours été un puissant motif d'agglomérations humaines. Les gens du pays furent les premiers évangélisés, puis, peu à peu les pèlerins de la fontaine des Bourelles furent gagnés au nouveau culte, et un jour vint enfin où, le christianisme ayant à tout jamais triomphé, le pèlerinage païen fut remplacé par le pèlerinage chrétien. Ce que les flots purs de la fontaine prophétisaient depuis des siècles, dans leur mystérieux murmure, avait définitivement paru : le culte de la Vierge Immaculée était implanté dans ces lieux consacrés.

Il est difficile de dire à quelle époque précise ce culte s'est manifesté ici. On peut croire toutefois qu'il est bien antérieur à la Statue miraculeuse vénérée dans la basilique actuelle, car il est bien évident que ce fut seulement pour favoriser un culte déjà existant que l'Image en question fut placée dans le sanctuaire d'Orcival.

On a attribué à l'apôtre saint Luc la confection de cette statue. Mais ce n'est là qu'une légende. « Il est clairement démontré aujourd'hui, dit M. l'abbé Martigny, que cet évangéliste, médecin de profession, resta toujours étranger à l'art ou même au talent dont on lui a fait honneur dans des temps relativement modernes (1). »

Pour l'archéologue cette précieuse Image se présente sous des traits bien connus. Elle porte tous les caractères du style byzantin : raideur et absence de mouvements dans les personnages ; plis nombreux, serrés et parallèles des draperies ;

---

1. Abbé Martigny, *Dictionnaire des Antiquités chrétiennes.*

Orcival.

vêtements bordés de galons aux manches ; soins dans les détails de la chevelure ; proportions exagérées en longueur ; types de figures sans sourire et sans grâce ; impuissance de l'art à exprimer l'enfance, la figure de l'enfant paraissant ici du même âge que celle de sa mère, sauf la différence de volume. La chaire, qui sert de siège, est ajourée d'arcades cintrées et affecte la forme architecturale propre à tous les supports des images byzantines. Si ces données archéologiques enlèvent à la statue de Notre-Dame d'Orcival le privilège d'une antiquité légendaire, elles lui en assurent un autre incomparablement plus précieux aux yeux de l'artiste et de l'historien, en affirmant qu'elle est incontestablement la plus ancienne des statues miraculeuses existant en Auvergne, et une des plus anciennes du monde catholique.

La Vierge est assise tenant l'Enfant-Jésus également assis, sur ses genoux, comme pour le présenter aux adorations des fidèles ; elle paraît le soutenir à peine de sa main droite, la gauche étant complètement écartée. L'Enfant-Dieu tient de sa main gauche un livre ramené sur sa poitrine, tandis que la main droite est levée et bénissante. Cette pose du groupe et de chacun des personnages est encore un caractère d'antiquité. Jusqu'à la fin du XIIIe siècle, les artistes chrétiens, dominés par une pensée purement dogmatique, représentèrent la Vierge-Mère sans songer à exprimer aucun sentiment naturel d'amour maternel et d'affection filiale, sans aucun échange de caresses entre la Mère et le Fils, ne cherchant qu'à rendre sensible le profond mystère de l'Incarnation du Verbe. Pour les premiers iconographes de ce groupe, Marie n'était que comme le support de l'Enfant-Dieu, qui s'appuyait à peine sur elle, manifestant ainsi sa puissance divine. Aux XIIIe et XIVe siècles, commence un certain naturalisme : le groupe représente des scènes d'épanchement affectueux entre la Mère et l'Enfant, scènes gracieuses, imprégnées du plus doux parfum, remplies d'un sens mystique

très pur, mais moins élevé que le précédent puisqu'il se
traduit par des faits de l'ordre humain. Aux XVe et XVIe
siècles, c'est le naturalisme tout cru, c'est la mère donnant
des soins matériels à son enfant (1).

Dans notre groupe une ressemblance frappante existe entre
les traits de l'Enfant-Jésus et ceux de sa Mère, et nul doute
que cela n'ait été voulu par l'artiste, conformément à la tradition chrétienne. La ressemblance du visage de Jésus avec
Marie n'entre pas, en effet, pour peu de chose dans le mystère de la grandeur de la Mère de Dieu. Au commencement,
au jour de la création, Dieu communique sa ressemblance à
l'homme ; dans le mystère de l'Incarnation, la femme communique sa ressemblance à Dieu. Qui pourrait sans trem-
bler, s'écrie un éloquent et poétique auteur, rappeler une
telle condescendance ! Quel cœur ne serait pas dans le ravissement en pensant à quelle gloire cette fille des hommes
a été élevée ! O merveille ! un lis sort de la tige d'un autre
lis, et il en est une copie fidèle, mêmes feuilles, mêmes pé-
tales, même blancheur ! La même poussière d'or les poudre ;
ils jettent aux brises du matin le même parfum que nul autre
n'a jamais égalé. Dieu copiant sa créature ! La création n'a
jamais eu à contempler un si étonnant spectacle (2). Nicé-
phore Caliste, qui s'est fait l'écho des traditions existant
encore au XIVe siècle sur le type physique de Jésus et de
Marie, termine la description des traits de Notre-Seigneur
en disant qu'il ressemblait en tout à sa divine et chaste Mère.
Et le cardinal Frédéric Borromée, archevêque de Milan
(1595-1631), insistait pour que les peintres se souvinssent de
cette ressemblance (3).

---

1. De la Faye de l'Hôpital, *Étude archéologique sur l'église de Notre-
Dame du Port.* — De Grimoüard de Saint-Laurent, *L'Art Chrétien*, passim.

2. Faber, *Bethléem.*

3. Comte de Grimoüard de Saint-Laurent, *Manuel de l'Art Chrétien*,
page 198.

La statue, haute de 70 centimètres, est faite d'un bois incorruptible. A une époque reculée, elle a été entièrement recouverte, sauf les deux figures, de petites lamelles d'argent, données, paraît-il, par la ville de Clermont, qui les remplaçait lorsque quelqu'une d'elles venait à tomber (1).

Elle est placée au-dessus du maître-autel de l'église paroissiale, dans une niche pratiquée dans le retable. Au siècle dernier, au témoignage du chanoine Chardon, elle était entourée d'anges (dont deux d'une grandeur considérable), ayant à ses côtés, à une certaine distance, deux grands candélabres surmontés de fleurs de lis. Trois lampes d'argent, données par de pieux et riches particuliers, l'éclairaient nuit et jour (2).

On sort une fois l'an l'Image vénérée, le jour de l'Ascension. Ce jour-là est la grande fête d'Orcival, qui commence dès la veille, à une heure de l'après-midi, par la vénération de la Statue. Descendue de sa niche par les mains des prêtres, elle est placée sur une estrade, qui lui sert de trône, devant l'autel. Alors les fidèles, qui déjà remplissent la vaste enceinte de l'église, commencent à défiler un à un devant la Vierge pour lui baiser les pieds et faire toucher des objets de piété. Cette pieuse cérémonie dure plus de deux heures.

A la tombée de la nuit, deux processions aux flambeaux sortent de l'église et se dirigent, en chantant des cantiques, l'une vers la colline qui domine le bourg au sud-ouest, l'autre vers la chapelle de la source ; et c'est un spectacle vraiment original que celui de ces milliers de lumières qui s'agitent, se croisent en suivant les sinuosités des chemins, et finalement arrivent sur le sommet des deux collines opposées. L'hymne *Ave maris Stella*, alternativement chantée par les deux groupes de pèlerins, se répondant d'une colline à

---

1. Chardon, *La Dévotion à Marie, honorée sous le titre de Notre-Dame d'Orcival.* Clermont, Viallanes, 1769.

2. Chardon, *ibid.*

l'autre, produit un merveilleux effet. Répétés par les échos des montagnes, au milieu du grand silence de la nuit, ces chants ont quelque chose de saisissant et remplissent l'air d'une religieuse émotion.

Mais les pèlerins descendent de la colline, et dans la basilique commence une de ces nuits qui nous font remonter jusqu'aux siècles de foi du moyen âge. Toute cette foule, venue des points les plus reculés de l'Auvergne, de la Corrèze, de la Creuse, passe la nuit dans l'église, et souvent avec un tel entassement qu'il est impossible de s'agenouiller pour prier. Toutes les heures sont employées en exercices de piété. Après les instructions données simultanément dans l'église supérieure et dans la souterraine, viennent le chant des litanies et le Rosaire. Les confessionnaux sont assiégés ; dix prêtres suffisent à peine à entendre les pèlerins. Enfin les messes commencent à minuit, au maître-autel, et les prêtres qui s'y succèdent jusqu'à neuf heures du matin, distribuent presque sans interruption la sainte Eucharistie.

Avant le soleil levant, de nouvelles bandes de pèlerins arrivent de toutes parts.

La grand'messe est à dix heures. Aussitôt après commence la procession, ou, pour mieux dire, a lieu la marche triomphale de la Reine des hommes, au milieu de son peuple. Ce n'est pas, en effet, une suite de fidèles marchant avec régularité, sur une double file, c'est un flot mouvant de peuple qui accompagne la Statue portée par quatre prêtres et quatre laïques, tous nu-pieds. Le privilège de porter l'Image de Notre-Dame appartient aux curés de Saint-Bonnet, d'Orcival, d'Olby, de Vernines et de Saulzet-le-Froid (1).

---

1. On a créé des légendes sur l'origine de ce droit prétendu immémorial ; mais elles nous paraissent inventées de toutes pièces et trop peu fondées pour mériter même une mention. Après toutes les recherches que nous a coûtées ce travail, nous restons convaincu que ce droit, très honorable d'ailleurs pour les paroisses qui en jouissent, ne remonte pas au-delà de ce siècle.

La foule des spectateurs est répandue partout : elle couronne le sommet de la colline, elle en garnit les flancs, échelonnée sur les moindres accidents de terrain ; elle encombre les chemins, et surtout elle se presse autour de la Statue miraculeuse, de telle sorte que chaque pas que l'on fait en avant produit comme un mouvement de flux et de reflux dans ces masses profondes. Chacun veut voir de près l'Image et lui faire toucher des chapelets, des médailles, des livres, que l'on conserve ensuite comme un précieux souvenir. Des mères de famille ont le privilège de suivre immédiatement la Statue miraculeuse avec leurs enfants atteints d'infirmités ; et il n'est pas rare de voir leur confiance exaucée : les infirmes marchent, les sourds entendent, les aveugles voient.

Enfin on arrive au sommet de la colline, au lieu dit le *Tombeau* de la Sainte Vierge. Là se trouve un gracieux monument en pierre de Volvic, construit en 1872, d'après les plans dressés par le P. Dérosiers, Mariste. L'Image de Marie est déposée au pied de ce petit édifice, et l'officiant donne la bénédiction. Jadis le reposoir était une simple pierre bénite, ramassée la veille dans la vallée et placée là pour servir de piédestal. La foule des croyants brisait ensuite cette roche sur laquelle avait reposé la Statue et dont les fragments étaient pieusement emportés.

D'où vient la traditton de porter processionnellement l'Image miraculeuse en cet endroit ? Évidemment il y a là une tradition très ancienne, car cet usage remonte à une haute antiquité.

Écoutons d'abord la tradition orale du pays. En cet endroit, nous dit-elle, se trouvait jadis l'église paroissiale. La Statue miraculeuse était-elle dans cette église ou avait-elle encore son siège dans le sanctuaire de la source ? C'est ce qu'elle ne dit pas. Toujours est-il qu'à une époque dont le souvenir précis s'est perdu, la région fut envahie par des hordes de barbares qui ravageaient tout sur leur passage et s'acharnaient spécialement à détruire les objets du culte catholique. Les habitants frémirent à la pensée que l'Image vénérée de la Vierge pourrait devenir la proie de leurs sacrilèges fureurs. Pour la sauver de la destruction, ils pratiquèrent une cachette, une sorte de tombeau dans le sol de l'église, et y déposèrent la précieuse Statue. L'invasion dura longtemps avec des alternatives d'éloignement et de retour du flot envahisseur. Tant que subsista le danger, on laissa l'Image miraculeuse dans sa cachette ; elle n'en fut définitivement retirée et rendue au culte public qu'après la disparition complète de l'ennemi. Plus tard, lorsque fut achevée la construction de l'église actuelle, on y transporta la sainte Image. Mais elle manifesta quelque regret à quitter son ancien sanctuaire, à s'éloigner du tombeau qui l'avait soustraite à la profanation des barbares ; plusieurs fois elle y revint d'elle-même. C'était pourtant pour elle que la piété des fidèles avait édifié la nouvelle basilique ; grande eût été la désolation si elle n'eût voulu agréer cette superbe habitation. On pria, on supplia pour obtenir cette faveur ; et finalement, pour satisfaire la prédilection que Marie témoignait à l'ancien sanctuaire, on lui promit solennellement d'y porter son Image en procession, chaque année, le jour de l'Ascension.

Telle est la légende. Une étude un peu attentive des lieux nous aidera peut-être à y découvrir un fond de vérité.

Tout à côté du *Tombeau* se trouve un terroir appelé le *Chancel*. C'est un vaste repli de terrain, dessiné sur le flanc de la montagne, couvert d'une végétation qui contraste avec l'aridité des environs, entouré de tertres qui semblent avoir succédé à des murailles écroulées. Or *Chancel*, nous dit le glossaire de Du Cange, signifie précisément lieu entouré d'une clôture. Ce terroir nous représente donc une ancienne propriété close de murs ; et cette propriété n'était pas autre, croyons-nous, que l'ancienne habitation des prêtres attachés à la paroisse et au pèlerinage, le *Mansus ecclesiasticus* ou *presbyteralis*, c'est-à-dire le domaine ecclésiastique ou presbytéral attribué aux serviteurs de l'église, qui devint plus tard le prieuré. Que l'église se trouvât en dehors de l'enclos et près de son enceinte, cela paraît tout naturel ; les prêtres pouvaient ainsi la desservir sans se déplacer et sans avoir la servitude de recevoir le public dans la clôture de leur demeure.

Sur le lieu même appelé *Tombeau* on a découvert des substructions qui n'ont pas été suffisamment explorées pour en reconstituer le plan, mais qui semblent bien être les fondations de l'église signalée par la tradition.

Enfin, au-dessous et tout près de cet emplacement, se trouve un ancien cimetière avec ses limites encore apparentes, ses tombeaux faciles à découvrir, ses nombreux ossements humains.

Nous avons donc là tout ce qui constitue matériellement le centre religieux d'une paroisse : l'église, l'habitation des prêtres, le lieu des inhumations, le tout dans des conditions de proximité telles qu'on les retrouve habituellement dans l'histoire de nos villages.

Il est possible que l'emplacement de ce *Chancel*, de ce mas presbytéral, dominant le village qui s'échelonnait à ses pieds, le long du ruisseau, ait été choisi dans le haut moyen âge pour remplir le rôle de ce qu'on nomme le *fort* dans une foule de nos agglomérations rurales, c'est-à-dire pour être un lieu de refuge et de défense, aux époques des invasions ou des guerres féodales. Sa clôture et sa situation escarpée en aurait fait comme un camp retranché, une sorte de citadelle, où les habitants pouvaient se réfugier et se grouper pour la défense commune.

Quoi qu'il en soit, on voit que, loin d'être contredite par l'étude des lieux, notre vieille légende y trouve sa confirmation. Que les miraculeuses translations de la sainte Image soient réelles ou qu'elles soient le fruit des pieuses imaginations du peuple, il paraît tout naturel qu'on ait choisi l'ancien sanctuaire comme but de la procession annuelle, et qu'après sa destruction on ait continué jusqu'à nos jours une tradition si respectable dans ses origines.

Voilà ce qu'il y a de plus vraisemblable sur ce prétendu tombeau ; voilà l'explication la plus plausible de l'antique coutume d'y porter en procession l'Image miraculeuse.

Depuis bien des siècles, ô vieille Statue byzantine, on vous porte ainsi, le jour de l'Ascension, sur ce chemin du Chancel, au soleil de midi, et bien des yeux vous ont vue qui maintenant se sont remplis d'ombre et dorment au fond des tombeaux ! Mais qu'ils aient perdu le regard, oh ! non ! cela n'est pas possible ! Comme le dit le poète, ces yeux se sont tournés quelque part, vers ce qu'on nomme l'invisible ; ils vous contemplent là-haut, face à face, dans la lumière divine, ô Vierge ravissante, toute rayonnante de beauté et de gloire !

Ici la peine, ici la lutte, ici la côte du Chancel, où l'on n'avance qu'avec effort, pressé par la foule humaine et sous le poids du jour ; mais là-haut la joie, là-haut l'allégresse ! Marchons donc aux côtés de la Vierge, pèlerins que nous sommes ici-bas, dans la voie âpre et dure du renoncement et du sacrifice ; avançons sous son regard, comme au jour de la procession de l'Ascension, le long du sentier escarpé, afin que, parvenus au sommet de la montagne, nous puissions contempler ce que l'œil de l'homme n'a point vu, ce que son cœur ne saurait comprendre (1).

---

1. I Cor. II, 9.

AU milieu du XIe siècle, en 1046, le fils d'un comte d'Aurillac, épris de l'amour de la solitude et de la vie évangélique, fonda dans les montagnes du Velay, en un lieu désert et sauvage, un monastère qui fut appelé la Chaise-Dieu, *Casa Dei*, la Maison de Dieu.

Ce fondateur s'appelait Robert, et à peine son couvent était-il construit que de nombreux novices vinrent se mettre sous sa conduite, et de grands seigneurs s'empressèrent de faire des donations à ces pieux cénobites. Les barons de Mercœur, les sires du Livradrois, et surtout le comte d'Auvergne, Guillaume V, et son épouse, Philippie du Gévaudan, se placèrent au premier rang de leurs bienfaiteurs (1).

Le territoire d'Orcival se trouvait parmi les possessions du comte d'Auvergne, et celui-ci, entre autres dons, octroya au monastère de la Chaise-Dieu les revenus nécessaires pour l'établissement d'un prieuré au lieu même d'Orcival. Comme ces revenus étaient assez restreints, l'abbaye ne put fonder qu'un prieuré simple, tandis qu'elle établissait des prieurés conventuels là où des dotations plus considérables pouvaient permettre à un certain nombre de moines de mener la vie commune. Cependant le prieuré d'Orcival reçut plus tard des donations qui augmentèrent quelque peu ces ressources. C'est ainsi qu'un certain Mathieu et Agnès, sa femme, lui

1. *Gallia Christ.*, tom. II, *Instrumenta*, col. 105. — Baluze, *Hist. généal. de la Maison d'Auvergne*, tom. I, p. 45. — Dominique Branche, *L'Auvergne au moyen âge*, p. 111.

donnèrent, en 1169, tous les biens qu'ils possédaient dans ce lieu, à condition que l'abbé de la Chaise-Dieu recevrait leur fils dans son monastère, comme novice (1).

Le même Mathieu légua aussi à la Chaise-Dieu, par son testament, une pitance de vin, de pain, de fèves et de pois, que le prieur d'Orcival était tenu de porter annuellement à l'abbaye, le jour anniversaire de la mort du testateur (2).

En 1176 ou 1180, Guillaume VII, comte d'Auvergne, et son fils Dauphin, après avoir ravagé les terres de la Chaise-Dieu et infligé maintes vexations aux moines, pris d'un sentiment de repentir et voulant réparer leurs fautes, firent des dons nombreux à l'abbaye. Ils jurèrent, dans l'église de Saint-Robert de Montferrand, une charte d'alliance avec l'abbé, nommé Bertrand, et lui donnèrent la cinquième partie de l'église de Sainte-Marie d'Orcival, plus la quatrième partie des revenus de la sacristie et de la chapellenie de la même église, sans aucune condition onéreuse, sans aucun droit de redevances (3).

Ces concessions n'indiquent pas, comme semble l'insinuer Dominique Branche, que le comte d'Auvergne s'était emparé des revenus de l'église d'Orcival, mais bien qu'il était seigneur temporel du lieu et que lui ou ses ancêtres y avaient fait des fondations pieuses : le mot de chapellenie, synonyme de vicairie, rappelle évidemment ce genre de fondations.

« Les deux sires concédèrent, en outre, à l'abbaye de la Chaise-Dieu, le droit de posséder à Orcival, librement et en toute franchise, tout ce qu'elle pourrait y acheter ou y recevoir. De plus, ils lui donnèrent à perpétuité un four situé

---

1. Bibl. Nat., ms lat. n° 5552, p. 167. — Branche, *Op. cit.*, p. 148.

2. Bibl. Nat., *loc. cit.* — Chabrol, *Cout. d'Auv.*, tome IV, p. 263. — Branche, p. 148.

3. Dominique Branche, *Op. cit.*, p. 203, citant Bib. Nat., ms. lat. et ms. fran., n° 930.

dans le même village, *proche la maison du Jongleur.* Et en raison de toutes ces donations, le prieur d'Orcival fut tenu d'aller tous les ans avec son clergé en procession solennelle à la Chaise Dieu, le jour anniversaire de la mort de Robert III, père du comte Guillaume, afin d'y prier pour le salut de son âme et de celles de ses aïeux (1). »

La femme de Dauphin, comtesse de Montferrand, dictant son testament en l'année 1199, donnait trente sols à Orcival et cinq sols au reclus dudit lieu *(al reclus d'Orcival)* (2). Le premier legs était-il en faveur du prieuré ou de l'église paroissiale ? Le document ne précise pas, mais le contexte laisse croire qu'il s'agissait du prieuré. Il est d'ailleurs possible que l'église paroissiale fût, à cette époque, desservie par le prieur, remplissant les fonctions de curé (3).

Sont-ce les mêmes personnages qui donnèrent au prieuré d'Orcival la chapelle de Saint-Barnabé, au sommet du Puy-de-Dôme ? Nous ne savons. Ce qu'il y a de certain, c'est que cette chapelle avait été donnée au prieuré avec des biens dans les montagnes des Dômes (4).

A la fin du douzième siècle, ce sanctuaire était desservi par un religieux de la Chaise-Dieu. Nous en avons la preuve dans la vie de saint Thomas Becket, archevêque de Cantorbéry, écrite peu de temps après sa mort par un moine de son diocèse. Le biographe s'est spécialement appliqué à recueillir

---

1. *Ibid.*, 3. 204, citant Baluze, tom. II, p. 63.

2. Le testament de G., comtesse de Montferrand, contient des legs à onze reclus ou recluses. Les reclus étaient ceux d'Orcival, de Montecles (peut-être Montcelès ?) et de Saint-Fliaz. Les recluses étaient à Mont-Rayno, deux à Clermont, deux à Brioude, à Champeyls, à Saint-Girma, à Ausac. Un descendant de la comtesse de Montferrand, Robert II, comte de Clermont, Dauphin d'Auvergne, par son testament de 1281, léguait douze deniers à chacune des recluses.

3. Baluze, *Histoire génèal. de la Maison d'Auvergne*, tom. II, p. 256.

4. *Ibid.*, p. 205 citant ms fran. n° 930, et Delarbre, *Not. sur l'Auvergne*, pag. 126, 130.

les miracles qui suivirent de près le martyre du courageux pontife. Un certain nombre de ces miracles furent opérés en Auvergne, où Thomas Becket avait résidé quelque temps, pendant qu'il était en butte aux persécutions du roi d'Angleterre, Henri II. Or voici ce que nous lisons au livre VIe : « Sur le mont Dome, à deux milles de la cité qni s'appelle Clermont, un cénobite de la Chaise-Dieu menait la vie d'anachorète. Le bienheureux Thomas lui apparut réellement et lui dit : *Étienne*, car tel était son nom, *lève-toi, commence l'office de la prière nocturne ; je veux y assister.* Après cette invitation réitérée jusqu'à deux ou trois fois, l'anachorète se leva et accomplit ce devoir. Pendant qu'il vaquait à cette pieuse occupation, il eut continuellement sous les yeux une ombre semblable à celle d'un homme, et des rayons lumineux lui attestaient la présence d'un martyr. L'office terminé, il renvoya le Frère qui avait psalmodié avec lui en alternant les versets, et se recueillit en lui-même pour prier. Mais voici que le martyr lui adresse la parole en ces termes : *Frère, tu remplis bien ton office. Maintenant je vais te faire une recommandation, que tu transmettras à tes frères de la Chaise-Dieu. Parce qu'ils me sont chers, je veux qu'ils fassent mémoire de mon nom. C'est pourquoi dis-leur d'envoyer vers l'église dont j'ai été évêque, pour prendre de mes reliques, afin qu'ils obtiennent de moi une plus grande faveur.* L'homme de Dieu demande quel est celui qui lui parle : *Je suis Thomas*, lui dit le saint. — *L'apôtre Thomas ?* répond le moine. — *Non*, reprend le saint, *mais Thomas, évêque de Cantorbéry*. Cela dit, il disparaît à ses yeux (1). »

L'existence du moine desservant la chapelle du Puy-de-Dôme nous est encore démontrée par le testament de la comtesse de Montferrand, en 1199. Parmi les nombreux legs de ce testament figure une somme de vingt sols destinée

---

1. Voir *Bulletin historique et scientifique de l'Auvergne*, année 1886, p. 115 et suiv.

au moine de Dôme *(monaco de Doma)*. Fidèle aux traditions de sa famille, Robert II, comte de Clermont et Dauphin d'Auvergne, légua dix sols à l'église *(ecclesiæ Dommæ)*, par son testament de l'année 1281. Quoiqu'il ne soit plus question de religieux, mais d'église, il n'en reste pas moins certain qu'à la fin du XIIIe siècle le sanctuaire était toujours desservi, car on ne donne pas à une église où ne se font plus les fonctions du culte (1).

Le prieuré casadien de Notre-Dame d'Orcival ne fut jamais florissant. Au XIVe siècle, il n'avait ni église, ni chapelle, ni maison pour l'habitation des religieux, et ses revenus étaient à peine suffisants pour faire vivre un seul moine. Dans de semblables conditions, l'abbaye de la Chaise-Dieu n'avait aucun intérêt à s'y maintenir. En l'année 1353, sous l'épiscopat de Pierre d'Aigrefeuille, l'abbé Étienne demanda au Saint-Siège de supprimer définitivement cette ruine et d'annexer ses minces revenus au prieuré de Montferrand, qui dépendait également de l'abbaye. Le pape Innocent VI, alors en résidence à Avignon, chargea Guillaume de Lorme *(G. de Ulmo)*, prieur de Chirac en Limousin, de procéder à cette suppression, et celui-ci ayant délégué ses pouvoirs à Guillaume Bordeulh, prêtre, recteur de l'église paroissiale d'Orcival, pour faire les informations nécessaires, il fut établi que les revenus annuels du prieuré d'Orcival ne dépassaient pas la somme de treize livres tournois et que tous les faits allégués par l'abbé de la Chaise-Dieu, dans sa requête au Saint-Siège, étaient parfaitement exacts. En conséquence, le Souverain-Pontife délivra, au mois de novembre 1353, des lettres de provision qui unissaient au prieuré de Saint-Robert de Montferrand le prieuré de Notre-Dame d'Orcival, et avec lui évidemment toutes ses dépendances, notamment la chapelle de Saint-Barnabé du Puy-de-Dôme (2).

---

1. Baluze, *Hist. généal. de la Maison d'Auvergne*, tom. II, p. 256 et 279.
2. Arch. du P.-d.-D. Chapitre d'Orcival, cote 2a.

Les destinées de cette chapelle ont été assez mouvementées pour que l'historien leur accorde quelques instants d'attention.

Et d'abord à quelle époque remonte la fondation de l'édifice ? Aucun document écrit ne vient répondre à cette question ; mais il est à croire qu'il fut construit à l'époque où disparut le temple de Mercure. C'était un usage assez universel, dans les premiers siècles du christianisme, de remplacer les temples païens par des chapelles dédiées à Dieu ou à ses saints.

Pourquoi ce sanctuaire fut-il consacré au culte de saint Barnabé de préférence à tout autre élu ? Quelques chants et dictons populaires nous apprennent que ce saint était invoqué, en Occident, contre les orages et la grêle. Comme les hautes montagnes sont la région où se forment fréquemment les tempêtes, il ne serait pas étonnant que cette dédicace eût été motivée par l'intention de constituer saint Barnabé gardien des fruits de la terre contre les dévastations météorologiques (1).

Mais il fut un temps où le culte du bienheureux disciple et les pieux pèlerinages à son sanctuaire aérien semblent avoir cédé la place à des usages abominables. Un procès en sorcellerie, qui se déroula devant la cour du parlement de Bordeaux en 1594, nous révèle que le sommet du Puy-de-Dôme était devenu le lieu de réunion des sorciers non seulement de l'Auvergne, mais des provinces environnantes. Des mystères ignobles s'y accomplissaient, et grande était la terreur que répandaient dans le pays les sorciers du Puy-de-Dôme.

---

1. Dans certaines régions de notre diocèse s'est conservé le pieux usage d'invoquer saint Barnabé pour la conservation des biens de la terre. Ces invocations, qui ne se font plus qu'en particulier, sont évidemment les restes d'un ancien culte public. Elles commencent au printemps, se continuent pendant l'été, et deviennent spécialement ferventes en temps d'orages.

Aux siècles suivants, le culte catholique reprit ses droits ; les paroisses voisines rétablirent le pieux usage des processions à la chapelle de Saint-Barnabé. En 1658, les luminiers d'Orcines marquaient dans leur budget une dépense de 15 sols « pour la procession au Puy-de-Dôme » (1). Les comptes des consuls d'Olby, pour l'année 1666, portent une dépense de 7 livres 5 sols « pour le repas des processions à Notre-Dame d'Orcival et au Puy-de-Dôme » (2).

Les pèlerins déposaient leurs offrandes dans la chapelle. D'après un pouillé manuscrit, conservé aux archives de l'Évêché de Clermont, cette chapelle rapportait, en 1681, la somme de six livres au prieur de Saint-Robert de Montferrand.

En 1734, le prieuré de Saint-Robert fut uni au Petit-Séminaire de Clermont avec toutes ses dépendances, et la chapelle de Saint-Barnabé devint ainsi la propriété de cet établissement. Les directeurs ne semblent pas avoir pris beaucoup d'intérêt à sa conservation. En 1745, l'abbé Delarbre la visita, et n'y trouva qu'une partie de la voûte ; en 1805, il écrit qu'il n'en reste que de *minces vestiges*. Les fouilles exécutées pour la construction de l'observatoire ont amené la découverte des fondements de ce petit édifice.

La Révolution voulut à son tour avoir son culte au sommet du Puy-de-Dôme, en y plantant l'arbre de la liberté. Mais ce culte fut éphémère : l'arbre fut immédiatement abattu par les réfractaires. Cet événement fit grand bruit à Clermont et valut quelques ennuis à M. Bachelard, curé d'Allagnat, accusé du délit. Le 12 juin 1792, il écrivait aux administrateurs du département et du district pour protester contre cette accusation, disant que le dimanche précédent l'arbre de la liberté, venant de Rochefort, avait passé à Allagnat,

---

1. Arch. du P.-d.-D., Intendance, pièces comptables, liasse 46.

2. *Ibid.*, liasse 43.

avant onze heures, et qu'après le dîner sur la montagne, une grande multitude avait traversé son village, mais qu'il n'avait lui-même coopéré ni directement ni indirectement à l'acte qu'on lui imputait (1).

Un observatoire, établi au sommet du géant des Dômes pour les études météorologiques, et inauguré en 1877, a succédé à la vieille chapelle de Saint-Barnabé. Nos agriculteurs se demandent si les théories des savants vaudront jamais, pour écarter les orages, les prières qu'on adressait jadis au saint populaire.

1. Arch. du P.-de-D., Domaines, liasse 57.

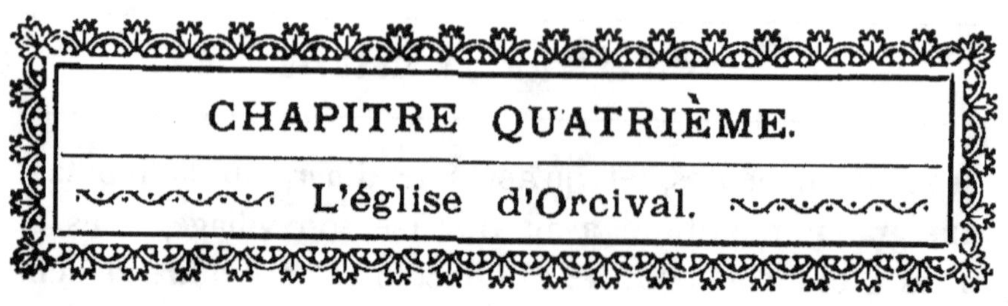

S I les moines de la Chaise-Dieu ne furent jamais puissants à Orcival, si jamais ils n'y possédèrent de grands biens et de gros revenus, ils y ont néanmoins marqué leur passage par quelque chose de plus durable que la richesse terrienne, par quelque chose de plus magnifique que tout établissement opulent : ils on fait bâtir la superbe église que nous admirons encore.

Il ne faut pas en douter, en effet, ce sont les moines, et particulièrement les moines de la Chaise-Dieu, qui ont dirigé la construction de presque toutes, sinon de toutes les *églises romanes de notre pays*. Inventeurs de ce système d'architecture, ils firent école dans notre province, et ne perdirent leur influence sur la science architectonique qu'au XIIIe siècle, alors que s'introduisit en Auvergne l'architecture ogivale et qu'avec elle apparurent les architectes laïques. Ce sont les moines qui ont fourni le plan des églises du Port, de Saint-Nectaire, d'Orcival ; ce sont eux qui ont élevé celles de Manglieu, de Mozat, de Menat, d'Ébreuil, d'Issoire, de Saint-Saturnin et tant d'autres.

En ces temps d'enthousiasme et de foi ardente, chacun voulait concourir à l'*édification* de ces merveilleuses églises. A l'appel des moines, des populations entières se levaient pour les aider à bâtir ces prodiges de l'architecture religieuse. *Les logeurs du Bon Dieu*, comme on appelait en Auvergne les maçons et tâcherons employés à édifier les sanctuaires, parcouraient la province, la truelle et le marteau sur l'épaule, et lorsqu'ils avaient construit quelqu'une de ces admirables basiliques, chefs-d'œuvre de l'art humain, le peuple, émerveillé de leur ouvrage et ne pouvant croire qu'il avait été

Vue latérale Sud de l'église d'Orcival.

accompli sans une assistance surhumaine, racontait que DIEU lui-même les aidait dans leur œuvre, que le plan de l'église d'Orcival avait été tracé par un ange, et que, la nuit, en l'absence des ouvriers, les travaux continuaient sous une main invisible (1).

Plusieurs ouvriers de ce temps se vouaient uniquement à la construction des chapelles de la Vierge. Ils y travaillaient « pour l'amour de DIEU » et ne voulaient point d'autre salaire. Il en était parmi eux qui s'imposaient chaque jour, comme pratique expiatoire, la confection d'un certain nombre de feuilles de chêne, de trèfle ou d'arabesques destinées à orner les chapiteaux ; on appelait cette tâche pieuse *le chapelet du picateur* (tailleur de pierres) (2).

D'éminents archéologues ont assigné la date du XIe siècle à l'église d'Orcival. Nous croyons cette date erronée, surtout si Notre-Dame d'Orcival est la sœur cadette de Notre-Dame du Port, ainsi que l'affirment plusieurs auteurs. « Les édifices religieux de cette époque, écrit M. Mallay, ont été bâtis sur un plan uniforme dont Notre-Dame du Port a été la première application (3). » « Le Port, dit de son côté M. de La Faye de l'Hospital, est le véritable type de l'école auvergnate proprement dite (4). » L'école auvergnate, d'après M. Léon Château, peut passer pour la plus belle de l'époque romane : « son type trouvé, elle ne s'en écarte plus (5). » Celui que tous reconnaissent comme leur maître, M. Viollet-le-Duc, s'exprime dans les mêmes termes. Or l'église du Port, d'après les documents authentiques, est de la fin du XIIe siècle, au moins dans quelques-unes de ses parties. La lettre de Pons, évêque de Clermont, datée de 1185, semble ne laisser aucun

1. Dominique Branche, *L'Auvergne au moyen âge.*
2. Orsini, *La Vierge,* page 453.
3. *Essai sur les églises romano-byzantines.*
4. *Étude archéologique sur Notre-Dame du Port.*
5. *Histoire et caractère de l'Architecture en France.*

doute à cet égard. Cette lettre demande aux fidèles du diocèse des secours en argent pour la construction du sanctuaire en question : *ad constructionem ecclesie Portuensis* (1). On aura beau retourner ces mots, on ne leur fera jamais dire qu'il s'agissait seulement d'une restauration ; l'expression latine *constructio* n'admet pas ce sens. Qu'on compare d'ailleurs ce texte avec le mandement de l'évêque de Langres, du mois de septembre 1240, et avec la lettre du légat du Pape Innocent IV, du mois d'octobre de la même année, accordant l'un et l'autre des indulgences à ceux qui viendront au secours du même sanctuaire : *ad fabricam dicte ecclesie relevandam* (2). Ici on peut donner au mot *fabrica* les trois sens de *construction*, de *restauration*, de *revenus* de l'église, suivant les besoins de la thèse que l'on voudra soutenir. Mais autant cette expression est souple, autant l'autre est inflexible. La nouvelle église de Notre-Dame du Port remplaçait très certainement un ancien édifice ; mais il s'agissait bien de construction et non de simples réparations. Nous trouverons plus loin d'autres preuves de notre assertion en ce qui concerne Orcival.

L'école auvergnate se propagea assez rapidement, non seulement en Auvergne, mais aussi dans les provinces voisines, et jusque dans le Poitou et le Languedoc, grâce aux moines de la Chaise DIEU, qui avaient fondé des prieurés dans ces régions. Un archéologue de haut mérite, M. J. Berthelé, archiviste du département des Deux-Sèvres, dans les *Recherches pour servir à l'Histoire de l'Art en Poitou*, a consacré un chapitre spécial à l'influence du style roman auvergnat sur la construction de plusieurs églises dans l'ouest de la France. D'après lui, certains édifices de la Charente-Inférieure et des Deux-Sèvres sont non seulement de style auvergnat, mais d'origine auvergnate. Sainte-Gemme, en Saintonge, a été édifiée par trois moines, Artaud, Théodard

---

1. L'abbé Chaix, *Histoire de Notre-Dame du Port.*
2. L'abbé Chaix, *Histoire de Notre-Dame du Port.*

et Robert, envoyés de la Chaise-Dieu, en 1079, par l'abbé Durand. A Parthenay-le-Vieux, ce sont encore des moines de la Chaise-Dieu qui, pour le compte de leur Ordre, ont rebâti l'église, vers 1150 ; et c'est à eux ou à leurs imitateurs que l'on doit, dans le voisinage, les églises de Sainte-Croix de Parthenay, de Secondigny, Champdeniers, le Tallud, Fenioux, Allonne et Germond. M. Berthelé signale encore, comme appartenant à l'école auvergnate, les églises de Charroux (Vienne), la Callière (Vendée), Lichères (Charente), et Saint-Eutrope de Saintes (1).

Toutefois cette école ne tint pas longtemps le sceptre. Le style ogival lui fit bientôt une rude concurrence et prévalut à bref délai. Le règne du roman auvergnat, d'après une opinion qui ne manque pas de probabilité, aurait duré à peine un siècle. Mais, remarquons le bien, nous parlons du roman auvergnat *seconde manière ;* car il est un roman plus ancien qui a présidé à la construction d'une foule de nos petites églises de campagne et dont nous n'avons pas à nous occuper ici.

Et maintenant revenons à Orcival, non pour faire une étude archéologique, le type architectural qui nous occupe étant assez connu pour nous en dispenser, mais pour signaler quelques particularités de plan et de détails.

Ici comme ailleurs la légende est venue enjoliver l'histoire. On raconte que l'architecte, étant arrivé avec son plan, cherchait vainement un emplacement pour l'exécuter. Nulle part, dans ce vallon resserré, ne s'offrait un sol assez vaste pour recevoir l'édifice. La rive droite du ruisseau était occupée par des habitations, sa rive gauche était bornée par les pentes rapides du Chancel. L'ancien sanctuaire de la Tombe avait pu être construit sur ce plan très incliné, parce qu'il était très petit ; mais comment établir l'assiette horizontale

---

1. *Bulletin historique et scientifique de l'Auvergne,* avril 1891, p. 95.

d'un vaste édifice sur le flanc d'une montagne ? La difficulté paraissait insurmontable, lorsqu'un maçon, *un de ces logeurs du Bon Dieu* dont la foi n'était jamais hésitante, lança son marteau d'une main vigoureuse en s'écriant : « Où il tombera, là sera bâtie l'église, c'est la volonté de Marie. » Le marteau tomba au-dessous du Chancel, non loin du ruisseau. Mais là pas une toise de terrain n'offrait à l'œil une ligne horizontale. On commença quand même. Du côté où devait se trouver l'abside, on détourna le cours du ruisseau pour gagner quelques mètres de terrain. Du côté opposé, on attaqua résolument la montagne ; et, grâce au nombre de bras mus par l'enthousiasme de la foi, on eut bientôt nivelé un vaste rectangle sur lequel l'architecte put tracer son plan.

Toutefois ce plan, conçu selon les règles de l'école, dut être modifié. Malgré toutes les bonnes volontés des travailleurs, on n'avait pu donner au sol nivelé une longueur suffisante, parce qu'à mesure qu'on entaillait la montagne, on se trouvait de plus en plus en contre-bas, et vouloir déblayer plus avant, c'était enterrer le monument, le mettre dans des conditions d'insalubrité, nuire considérablement à sa perspective extérieure. L'architecte dut donc raccourcir son plan, et ne donner aux nefs que quatre travées au lieu de cinq qu'exigeaient les règles de l'école. On sait, en effet, que dans le style roman auvergnat le nombre des travées est toujours impair : trois, cinq ou sept, selon les dimensions du monument.

On pourrait donc croire que l'église d'Orcival a été construite suivant des proportions fausses ; que l'harmonie des lignes architecturales, seule expression du beau dans notre style, a été troublée, et que nous n'avons pas véritablement une œuvre d'art. C'est un peu vrai pour l'extérieur : quand le regard embrasse tout le profil de l'édifice, il est un peu choqué par l'écourtement des nefs. Mais à l'intérieur le

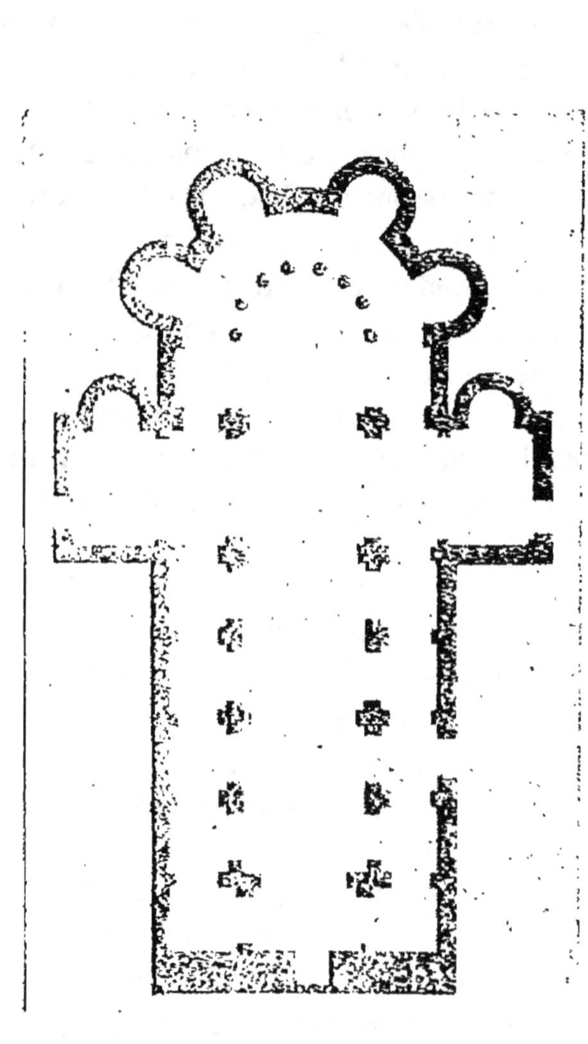

Plan par terre

de l'église d'Orcival.

défaut est complètement dissimulé : le visiteur qui se place sous l'arceau central de la tribune ou sous l'arc triomphal du sanctuaire, les deux points d'où l'on peut avoir la perspective complète d'un monument et apprécier ses proportions, se trouve pleinement satisfait, et là, comme à Issoire, il peut recevoir par la vue une impression d'harmonie qui n'est pas sans analogie avec celle d'une belle page de musique bien exécutée. Il est certain que l'artiste a résolu ici un problème qui nous a toujours paru difficile.

D'après ce qui précède, on peut se faire une idée de la grande façade. Elle est adossée à la montagne, enterrée de plusieurs mètres, privée de la porte qui est l'entrée principale dans les monuments de même style, dépourvue de la tour ou des deux tours carrées qui en sont le couronnement classique, et terminée par un immense fronton triangulaire d'un effet assez suspect. Mais, à l'intérieur, l'absence de la porte laisse seule soupçonner cette défectuosité. Le narthex existe complet et irréprochable, avec ses trois arceaux sous lesquels se prolongent les nefs, avec sa tribune occupant toute la largeur du monument, et s'ouvrant sur les trois nefs par trois arcs ayant chacun le même axe que la voûte à laquelle il correspond.

Une troisième anomalie, conséquence forcée de la précédente, c'est la disposition des portes nécessairement latérales. L'église d'Orcival en compte trois, tracées dans de belles dimensions : deux, égales entre elles, sont placées aux extrémités du transept, celle du midi donnant accès sur la place, celle du nord conduisant au cimetière ; la troisième, un peu plus grande que les deux autres, ouvre au midi sur la place et correspond à la troisième ou avant-dernière travée des nefs. Loin de nuire à l'édifice, cette disposition est d'un effet assez heureux, surtout au midi, où ces deux grandes baies, ouvertes sous les arcs de décharge, avec leurs cintres à claveaux bien taillés et surmontés de cordons en guise d'archivoltes, diminuent les pleins de cette façade et lui donnent un air très architectural. Une tradition populaire affirme que les doubles vantaux des trois portes sont en bois de cèdre rapporté d'Orient, à l'époque des Croisades. Plusieurs caractères indiquent l'antiquité de ces portes et leur assignent le même âge que celui de l'église. Les ais, formés de bois refendu, sont travaillés au ciseau ou à la gouge, sans le secours du rabot, ce qui accuse une époque antérieure au XIIIᵉ siècle. Les pentures à branches tantôt volutées et tantôt rectilignes, quelquefois terminées par des têtes humaines, et toujours fixées aux vantaux par des clous à tête carrée, présentent les caractères d'un travail de ferronnerie du XIIᵉ siècle (1). Sous les ferrures se voient enco.e des lamelles de peau indiquant que les portes entières en ont été recouvertes (2). Quant à la nature du bois, il es⁺

1. Dans son *Abécédaire d'Archéologie religieuse*, page 561, M. de Caumont donne une gravure de la grande porte d'Orcival, et assigne le XIIIᵉ siècle comme époque de sa construction. Nous n'oserions nous inscrire en faux contre l'éminent archéologue, mais nous croyons que sa bonne foi a été surprise par son correspondant. Le dessin qu'on lui a envoyé est une épure qui accuse un art beaucoup plus avancé que celui de l'œuvre elle-même. S'il est vrai que les ramifications des ferrures offrent beaucoup d'élégance dans la conception du dessin, il est également vrai que l'exécution laisse quelque peu à désirer. L'ouvrier n'a pas su donner à son œuvre toute la finesse que l'on trouve dans les siècles suivants.

Après une visite à Orcival, en 1874, M. Palustre écrivait à M. de Cougny : « Il y a là des pentures de porte à faire rêver, et, dans toute l'architecture du monument, une élégance qu'il serait difficile de rencontrer ailleurs. »

2. Les étymologistes qui traduisent Orcival par *Vallée des Ours*, ont vu tout naturellement des peaux d'ours dans ces lamelles. C'était d'une bonne logique ; mais la conséquence est fausse comme les prémisses. Le moine Théophile, qui vivait au Xᵉ ou XIᵉ siècle, nous a laissé de précieux renseignements sur les arts de son temps, et en particulier sur l'usage de couvrir de peau les portes des édifices. Il nous apprend que ces peaux étaient du cuir de cheval, d'âne ou de bœuf, non tanné, mais mouillé et râclé pour en arracher les poils, et qu'ainsi préparées on les appliquait sur le bois avec de la colle de fromage, dont il enseigne la fabrication. (*Theophili presbyteri et monachi, libri iij, seu diversarum artium schedula, lib. I, cap. XVII.*)

Porte principale de l'église d'Orcival.

difficile de se prononcer à cause de l'épaisse couche de peinture qui le recouvre ; il paraît pourtant d'essence résineuse.

Une quatrième particularité se manifeste dans la forme du clocher. Placé au-dessus de la coupole à trompillons, ce clocher est octogonal, à deux étages d'ouvertures géminées, comme dans tous les édifices similaires ; mais ici les ouvertures, au lieu de présenter des arcs à plein-cintre, affectent la forme ogivale obtuse du XVe siècle. Nous avons l'explication de cette singularité dans l'histoire du monument. A la fin du XVe siècle, plusieurs tremblements de terre ébranlèrent le clocher primitif, qui devait se terminer par une coupole et non par une flèche (soit dit en passant), et nécessitèrent sa reconstruction.

C'est ce que nous apprennent les documents écrits, et en premier lieu les lettres royales signées à Tours par Louis XI, le 18 janvier 1478, dans lesquelles nous lisons : « Par les grants tremblemens de la terre et orage de vens qui ont esté audit païs d'Auvergne le clocher et pinacle d'icelle église a esté abattu et en chéant a fendu et abattu la pluspart des voultes d'icelle église et fait d'autres grands dommaiges. » Sur la demande des chanoines, le roi les autorisait à quêter dans tout le royaume, pendant la durée de deux ans, pour recueillir les fonds nécessaires à l'entretien de leur hôpital et à la restauration de leur église. Quatorze ans plus tard, un acte capitulaire, du 20 juin 1492, parle d'un nouveau tremblement de terre qui a encore ébranlé le clocher ou tout au moins la flèche. Dans cet acte, les chanoines commencent par rappeler qu'un de leurs frères, Antoine Gainhon, avait donné au Chapitre deux volumes en parchemin, « l'un appelé Official et l'autre Missel, » estimés à quarante livres tournois; qu'il avait de plus fait réparer un autre missel moyennant cinq livres tournois, et qu'en retour le Chapitre s'était engagé à dire une oraison quotidienne, deux messes annuelles et d'autres prières aux intentions du donateur. « Mais depuis, ajoutent-ils, un malencontreux tremblement de terre a tellement ébranlé le pinacle de notre dite église, que si on ne répare pas les parties non encore réparées, il y a imminence d'un grand danger. » Toujours animé de la même dévotion envers sa chère église, Antoine Gainhon offrait trente-cinq livres tournois pour aider aux réparations, et le Chapitre reconnaissant s'engageait de nouveau à acquitter la fondation précédemment faite en y ajoutant quelques autres prières. Il est donc certain que le clocher a été reconstruit au moins une fois, à la fin du XVe siècle. Or à cette époque, comme à toutes les autres, la nôtre exceptée, quand on restaurait, complétait ou agrandissait un monument, on ne tenait aucun compte du style primitif, on construisait suivant les règles de l'époque. Il paraît que la flèche du XVe siècle, abattue pendant la Révolution, était beaucoup plus haute que celle d'aujourd'hui, qui ne date que du commencement du siècle actuel (1).

Pour terminer l'énumération des défectuosités, nous signalerons l'état des toitures de l'abside. Dans notre roman d'Auvergne, deux conceptions architecturales donnent à l'extérieur des absides une harmonie et une grâce vraiment remarquables et admirées par tous les archéologues : c'est d'abord l'ordonnance des chapelles absidales, qui flanquent le monument comme autant de tours demi-circulaires ; c'est ensuite la manière dont s'étagent les toitures en dallage des chapelles, du déambulatoire et du sanctuaire, s'élevant graduellement jusqu'à la hauteur des couvertures des croisillons du transept, suivant une perspective qui les rattache aux couvertures des demi-berceaux servant d'arcs-boutants à la coupole, et de là à la toiture de la coupole elle-même, pour donner comme couronnement à tout cet ensemble la masse imposante du clocher central. M. Viollet-le-Duc, grand

---

1. Arch. du P.-de-D., Chapitre d'Orcival, cote 2 b. — Terrier, cote 1.

admirateur de notre école auvergnate, a étudié cette partie de nos églises avec une complaisance qui n'a d'égale que sa haute compétence ; il en a décrit les moindres détails, et, particulièrement épris de la beauté des chapelles absidales, il nous a laissé ces lignes que nous aimons à citer : « Les chapelles absidales de Notre-Dame du Port sont encore empreintes d'un parfum de bonne antiquité qui leur donne à nos yeux un caractère particulier. Ce n'est plus l'architecture antique, mais ce n'est pas l'architecture romane du Nord et de l'Est. D'où venait cet art ? Comment est-il né dans ces provinces centrales de la France ? Comment se fait-il que, dès le XIe siècle, il se distingue entre tous les styles d'architecture des autres provinces par son extrême finesse, par son exécution délicate, la pureté de ses profils et l'harmonie parfaite de ses proportions ? La façon dont est disposée la décoration extérieure de ces chapelles dénote un art arrivé à un haut degré. La sculpture n'est pas prodiguée, elle est fine et cependant produit un grand effet par son judicieux emploi. Les incrustations de pierre noire entre les modillons et au-dessous des archivoltes des fenêtres contribuent à donner de l'élégance à la partie supérieure de ces chapelles, sans leur rien enlever de leur fermeté (1). » A Orcival, les chapelles et autres parties de l'abside ne laissent rien à désirer ni dans le plan, ni dans l'exécution ; elles sont construites selon toutes les règles de l'école ; sauf les mosaïques, elles sont la fidèle copie de Notre-Dame du Port. Mais une retouche bien regrettable pour le coup d'œil a été faite aux toitures. Dans le but évident de faire écouler l'eau pluviale et d'empêcher les amoncellements de neige, on a couvert les chapelles et le déambulatoire par une toiture établie dans un plan unique et tellement inclinée que

---

1. Viollet-le-Duc, *Dictionnaire raisonné de l'Architecture française*, t. II, page 460, article Chapelles. Voir aussi passim les articles Abside, Chapiteau, Coupole, Couronnement, Corbeau, Transept.

son sommet, au lieu de s'arrêter aux appuis des fenêtres du sanctuaire, s'élève jusqu'à mi-hauteur de ces fenêtres ; il en résulte qu'au lieu de trois étages de toitures, il n'en reste plus que deux, ce qui rompt l'harmonie ; il en résulte, en second lieu, que les fenêtres du sanctuaire, vues de l'extérieur, paraissent trop basses de moitié ; il en résulte enfin la disparition de ces petits pignons, surmontés de croix en guise d'antéfixes et décorés d'incrustations de diverses couleurs, qui sont d'un effet si gracieusement décoratif. Disons en terminant que tous les dallages des couvertures de notre église sont en schiste du pays, ce qui leur donne un certain air de rusticité, et les prive de l'aspect monumental des toitures en dalles de Volvic disposées en degrés, que l'on voit maintenant dans la plupart de nos grands édifices. Le faîtage de la grande nef se trouve ainsi dépourvu de cette crête en pierre évidée, sous forme d'entrelacs, qui couronne si bien les combles des constructions voûtées en berceau. D'autres pourront admirer la mélancolique austérité qui se dégage du monument, y trouvant un ton harmonisé avec la sévérité du paysage ; pour nous, notre vœu le plus sincère est que l'attention du Ministère des Beaux-Arts soit un peu plus attirée du côté d'Orcival, et qu'un maître de la science entreprenne bientôt ici une de ces restaurations qui ont été si bien faites ailleurs.

Les quelques défectuosités que nous venons de signaler n'empêchent pas que l'église d'Orcival soit un des plus remarquables édifices romans de l'Auvergne.

Il n'est pas d'archéologue qui n'ait admiré ses réelles beautés. Quelques-uns sont allés jusqu'à la signaler comme le chef-d'œuvre de notre école architecturale. Nous ne les suivrons pas jusque-là. Mais nous avons pourtant bien des parties qui ne le cèdent en rien à ce qu'on a signalé de plus parfait dans les autres monuments de même style.

A l'extérieur, toutes les corniches sont dignes de fixer

l'attention. Composées d'une simple tablette décorée de billettes sur la face et de petites rosaces creuses au-dessous, ces corniches reposent sur des corbeaux ou sur des chapiteaux finement sculptés; elles présentent à l'œil un membre d'architecture très soigné, et font aux murs de l'édifice un couronnement très monumental.

Au-dessous des entablements des nefs, à hauteur des triforium, se développent les arcatures destinées à décorer les parties hautes des murs latéraux et à donner du jour dans l'intérieur de l'édifice. Ici, comme au Port, ces arcatures reposent sur une banquette qui court au-dessus des arcs de décharge ; elles sont divisées en compartiments composés chacun de quatre colonnes et de trois arcs couronnés par un cordon en archivolte ; l'arcade du milieu est percée d'une étroite fenêtre. Mais une différence existe en faveur d'Orcival : les séparations des compartiments, au lieu d'être des murs plats qui ne se rapportent en rien à l'ordonnance générale de la façade, sont des pilastres terminés par un tailloir qui est le prolongement des tailloirs des deux chapiteaux adjacents ; et ces pilastres eux-mêmes sont le prolongement des contreforts qui séparent les arcs de décharge. Ainsi tous les membres de cette façade s'harmonisent dans l'unité d'une ordonnance bien conçue et bien exécutée.

Les murs de façade des croisillons du transept présentent deux arcs de décharge séparés et supportés par une colonne engagée, servant de contrefort, et terminée par un chapiteau très richement sculpté. Ces murs sont percés seulement de deux fenêtres, s'appuyant sur une banquette qui est à la même hauteur que celle des arcatures. Entre les deux fenêtres du midi est un cadran d'horloge avec les heures sculptées en relief ; une rose des vents également sculptée remplit le cercle ; et aux quatre angles sont les quatre figures des vents. Ce cadran, bien postérieur à l'église, porte la date de 1587. Au-dessus est sculptée l'image de la Vierge, semblable à celle du sceau du Chapitre. La façade est terminée par un fronton triangulaire, reposant sur une corniche pareille à celle des nefs. Dans le triangle est tracée en relief une croix aux quatre branches égales, remplie par cinq rosaces en mosaïque ; au sommet du triangle se voit un ornement mutilé dont le galbe semble rappeler un personnage ; le fronton se termine par une croix de Malte.

Très finement décoratif est le cordon de billettes qui se profile autour des archivoltes des fenêtres des chapelles absidales, et court horizontalement d'une fenêtre à l'autre en enlaçant les colonnes engagées. Très bien conçues sont aussi ces colonnes qui servent de contreforts, et rappellent une des belles ordonnances de l'architecture romaine.

A l'intérieur règne, dans tout l'édifice, l'aspect majestueux d'une œuvre de grande allure. On sent que le temps des tâtonnements est passé, que l'architecte est sûr de lui-même, qu'il manie les lois de la statique avec aisance. Il n'y a plus ici de ces membres épais et trapus qui semblent faire effort pour soutenir le poids qui leur est confié. Les piliers et colonnes s'élancent avec assurance, pour recevoir la part qui leur revient dans la distribution de la charge totale. Les voûtes et les arceaux, tracés sur large diamètre, n'ont pas l'air de se défier de leurs appuis. La coupole, sur plan participant du cercle et de l'octogone, sent bien un peu la complication ; mais elle n'en est pas moins assise avec assurance sur ses quatre arcs-doubleaux, en forme d'arc de triomphe. Le sanctuaire, avec son hémicycle de colonnes monocylindriques, nous paraît d'une perfection qui n'a été atteinte nulle part ailleurs : sa perspective large, dégagée, aérienne, nous semble pleinement satisfaire à toutes les lois de l'optique.

Les chapiteaux, recouverts d'un abominable badigeon qui les empâte et fait disparaître la finesse de leur exécution, sont généralement très bien traités. Ils accusent franchement ce XIIe siècle durant lequel la sculpture du chapiteau, ce membre important de la colonne, fut exécutée avec amour, avec émulation, avec une grande variété d'ornementation. Le galbe est uniforme ; c'est la corbeille corinthienne classiquement adoptée par l'école auvergnate.

Les motifs d'ornementation se divisent en deux grandes catégories, les uns empruntés au règne végétal, les autres au règne animal. Les premiers sont de beaucoup les plus nombreux, et la feuille qui revient le plus souvent, c'est la feuille d'acanthe retournée dans tous les sens possibles, fouillée avec soin, présentant parfois l'aspect d'une dentelle délicatement attachée à la corbeille. Sur quelques points apparaissent des entrelacs, ou tresses formées de bandelettes unies et toujours bien détachées du fond. La pomme de pin n'a pas paru à nos artistes un motif dont on pût tirer bon parti ; elle n'a été employée qu'une seule fois, mêlée à des feuillages disparates. Dans les parties hautes ou peu apparentes de l'édifice, se rencontrent des feuilles simplement galbées. Un seul tailloir est sculpté, c'est celui d'un chapiteau sur lequel la seconde rangée de feuilles d'acanthe s'étale en forme de collerette rabattue tout autour de la corbeille ; on sent que l'artiste a mis là tout son talent.

Les chapiteaux historiés sont au nombre de dix-sept. Nous les décrirons rapidement, sans suivre l'ordonnance architecturale des colonnes, mais d'après une classification où nous mettrons en première ligne les personnages à figure humaine, puis les êtres mythologiques, et enfin ceux qui appartiennent à la zoologie proprement dite.

Sur un chapiteau situé près de la grande porte, l'artiste a représenté une sorte d'apologue dramatique contre l'amour désordonné des richesses. Un personnage assis tient suspendu à son cou, non, comme le dit à tort Mallay, une espèce de *tambour*, mais une bourse à la panse arrondie. De chaque côté de ce forçat de l'or, un démon, dont le corps d'homme porte une tête plate, allongée, semblable à celle d'un requin, lui enfonce brutalement dans les épaules les dents de sa fourche. Le *Fol dives*, ou Fol riche, comme on lit aisément sur le tailloir, dilate des yeux effarés et serre convulsivement les cordons qui retiennent contre son cœur le trésor qui le damnera (1). » Cette flétrissure infligée à l'avarice par nos artistes chrétiens n'est pas rare ; on la trouve sur les chapiteaux de Saint-Julien de Brioude, de Notre-Dame du Port, d'Ennezat et de bien d'autres églises ; le vice ainsi poursuivi était l'avarice sous sa forme la plus hideuse, celle de l'usure, comme il ressort du chapiteau d'Ennezat sur lequel on lit : « *Quando usuram accepisti, opera mea fecisti :* Quand tu as pratiqué l'usure, tu as fait mon œuvre, » paroles que l'artiste fait adresser à l'usurier par le diable qui l'entraîne en enfer. — Sur une autre face de notre chapiteau est représentée une femme, ayant une pomme entre ses mains et un panier à ses pieds ; au-dessus de sa tête un serpent se profile en volute et vient la mordre au-dessous du menton. C'est évidemment Ève succombant à la tentation de cueillir du fruit de l'arbre de la science du bien et du mal. — Sur la troisième face est un homme dans l'attitude du désespoir. Il est tout naturel d'y voir Adam après la chute.

Du côté opposé de la grande nef, a été sculptée une scène composée de trois personnages. Celui du milieu est barbu ; il tient dans chaque main une corde qu'il tire avec violence, et à chacune de ces cordes est attaché par le bras un des deux autres personnages, placés à droite et à gauche. Est-ce encore le diable entraînant deux victimes aux enfers ? N'est-ce pas plutôt le tentateur ou une passion quelconque entraînant deux complices dans le crime ? L'absence d'attribut nous laisse dans l'incertitude.

Trois chapiteaux des colonnettes du déambulatoire pré-

____

1. M. le chanoine L. Müller, de Senlis.

Vue de l'abside de l'église d'Orcival.

sentent : 1° Jonas à cheval sur sa baleine ; 2° le Bon Pasteur portant une brebis sur ses épaules ; 3° une scène composée de quatre personnages dans l'ordre suivant : sur une des arêtes du chapiteau est un personnage central debout, nu, les mains élevées ; à sa droite est un chevalier, le heaume pointu sur la tête, le bouclier soutenu de la main gauche, et la main droite armée de la lance posée verticalement en avant de l'écu ; à gauche du personnage central est un autre chevalier, tenant son bouclier posé devant lui (la place a manqué à l'artiste pour sculpter les autres pièces de l'armure) ; enfin, à la suite de celui-ci, arrive un guerrier à cheval. Faut-il voir dans le personnage central Pierre l'Hermite prêchant la croisade à travers l'Europe et entraînant les chevaliers par son éloquence ? Faut-il y voir la Ville Sainte, Jérusalem, appelant les chrétiens à son secours ? Ne faut-il pas plutôt y voir la Résurrection de Notre-Seigneur Jésus-Christ ? Nous laissons le champ libre aux interprétations. Mais ce chapiteau nous paraît valoir une date, en indiquant, par les costumes des chevaliers, que notre église n'a été construite qu'après la première croisade, c'est-à-dire au XIIᵉ siècle.

Le chapiteau de la première colonnette du déambulatoire, du côté de l'épître, porte un homme luttant contre un monstre marin couvert d'écailles. La victoire paraît assurée à l'homme, car il tient les mâchoires du monstre écartées l'une de l'autre, à l'aide de ses deux mains, de manière à le mettre dans l'impossibilité de mordre. L'artiste a voulu sans doute représenter l'humanité aux prises avec le mal moral.

Enfin une des colonnes engagées du pilier qui supporte l'arc triomphal du sanctuaire, du côté de l'évangile, est terminée par un chapiteau sur lequel se voient deux anges nimbés, les ailes déployées, tenant d'une main un bâton qui peut être la hampe d'une oriflamme, et de l'autre une trompette en forme de buchet héraldique. Ce sont évidemment les anges du Jugement dernier. Tout autour du chapiteau, au-dessus du boudin, se profile une petite arcature romane, qui apparaît derrière les pieds des anges.

Les souvenirs mythologiques n'ont fourni à nos artistes que trois inspirations. Le chapiteau de la colonne qui est à l'entrée du collatéral de l'abside, à gauche, est orné de deux centaures. Plus loin on rencontre une sirène portant un oiseau sur son dos, et, vers le milieu du collatéral, deux griffons affrontés boivent dans une même coupe ; c'est là, on le sait, un symbole de l'Eucharistie.

Sept chapiteaux, disséminés dans les différentes parties de l'église, nous présentent des oiseaux, parmi lesquels on reconnaît : deux pélicans ayant chacun un petit qui lui plonge le bec dans le sein ; plusieurs aigles affrontés, adossés ou accostés, selon l'effet décoratif qu'a voulu obtenir l'artiste. Le chapiteau d'une des colonnes de l'hémicycle du sanctuaire, derrière l'autel, est formé par quatre grands aigles, placés aux quatre arêtes de la corbeille, les têtes servant de support au tailloir, les becs ramenés sur la poitrine et pénétrant dans la plume, attitude qui leur donne un air de repos ou d'adoration.

Le chœur des chanoines, placé sous la coupole, était autrefois entouré d'un mur en pierres de taille, dont quelques-unes étaient ornées de bas-reliefs signalés par MM. Ch. Nodier et Taylor dans leur *Voyage en Auvergne* en 1829, par M. Gonod dans sa *Description statistique et historique du département du Puy-de-Dôme*, publiée en 1834, et par M. le docteur Mercier dans ses *Observations concernant le canton de Rochefort*, publiées dans les *Annales d'Auvergne*, en 1837. Cette enceinte ayant été abaissée pour supporter une grille, les bas-reliefs ont disparu, et nous en avons vainement cherché les vestiges. Nous rappellerons, d'après les auteurs cités, que les scènes sculptées représentaient des amusements profanes présidés par des saltimbanques et des musiciens, ce qui a fait croire avec raison que ces pierres avaient appartenu primitivement à un autre édifice, peut-être, dirons-nous, à la maison du *Jongleur* que nous trouvons mentionnée dans un acte du XIIᵉ siècle.

Au XVIIᵉ siècle, le sanctuaire était tendu de superbes tapisseries, sorties des ateliers de Jacques Dubègue, maître tapissier résidant au bourg de Fontcharrat, en Normandie. Ces tapisseries, qui en avaient remplacé de plus anciennes, étaient en quatre pièces ; chaque pièce avait la largeur d'une aune et demie et la longueur de trois aunes. Sur la première, on voyait l'adoration des Mages ; sur la seconde, la présentation de Notre-Dame au temple ; sur la troisième, la Cène et l'Annonciation ; et sur la quatrième, l'Assomption de la Sainte Vierge. Au bas de cette dernière tapisserie étaient brodées les armes du chanoine Annet Dessaigne, qui donna 450 livres pour la confection de ces divers tableaux, dont le coût s'élevait à 745 livres (1). En 1659, le même chanoine Annet Dessaigne, « pour la singulière dévotion qu'il avait à la Sainte Vierge, » fit à ses frais « dorer d'or bruni » tout le retable de l'autel de Notre-Dame, et fournit « un taffetas tout neuf servant de rideau pour couvrir ledit retable (2). »

Les procès-verbaux de visites pastorales nous apprennent que les diverses chapelles de l'église étaient dédiées à saint Blaise, à saint Éloi, à saint Roch, à sainte Anne, à saint Joseph, à Notre-Dame de Pitié et à Notre-Dame du Rosaire (3). Les mêmes titulaires, sauf saint Éloi, se retrouvent encore aujourd'hui ; mais, le nombre des chapelles livrées au culte ayant augmenté par suite des réparations faites à la

---

1. Prix faict du 25 juin 1657, reçu Roux, not. roy. Arch. du P.-d.-D. Chapit. d'Orcival, cote 2 b.

2. Acte reçu Roux, not. roy., le 25 juin 1659. Arch. du P.-d.-D. Chapit. d'Orcival, cote 2 b.

3. Procès-verbaux du 6 septembre 1700, 21 mai 1727. Bib. du Grand Séminaire à Montferrand.

crypte, il faut ajouter aux noms déjà mentionnés ceux de saint Étienne, patron secondaire de la paroisse, de saint Austremoine, de saint Jean-Baptiste, de Notre-Dame du Mont-Carmel. Le maître-autel de l'église supérieure est dédié à la Sainte Vierge, sous le vocable de la Nativité, et celui de la souterraine au Sacré-Cœur.

A la fin du XVIIIe siècle, comme l'ancienne sacristie était trop petite et mal close, on prit, pour en établir une nouvelle, une chapelle du côté de l'évangile, et on éleva là un mur de huit ou neuf pieds de haut. Quant à la sacristie actuelle, elle est relativement récente. Primitivement les bas-côtés n'étaient point pavés, ainsi que le constate un procès-verbal du 6 septembre 1700. Ils le furent quelque temps après, car un autre document de ce genre, du 21 mai 1727, constate que tout l'intérieur de l'église était en bon état.

Sur les murailles d'innombrables ex-voto apparaissaient : béquilles, bras et jambes en cire, enfants également en cire, chaînes et menottes en fer, petits vaisseaux et autres témoignages de reconnaissance à Notre-Dame pour les sauvetages, les guérisons et autres grâces obtenues.

Dans le chœur et dans la nef s'élevaient de nombreux et magnifiques tombeaux, car c'était une faveur enviée que d'avoir sa dernière demeure, de dormir son dernier sommeil dans la basilique d'Orcival. Quel abri plus certain pour les suprêmes espérances ? Quelle couche plus paisible, quel berceau de vie future plus assuré et plus doux ? Là, sous l'œil vigilant de la Mère de Celui qui donne la vie éternelle, sous la garde de la Vierge des vierges, quels songes et quels rêves ! Plus purs que le lis des champs, plus blancs que l'albâtre des tombeaux !

Le mausolée des sieurs de Montaigut, barons de Douaresse, se voyait dans le chœur ainsi que celui de la maison de Rivoire du Palais, de Bertrand de la Cousture, de la maison de Châlus, de celle de Chabannes, etc. Tous ces tombeaux étaient ornés des armoiries des défunts et souvent de leurs effigies de pierre ou de marbre. Celui des de Chabannes a laissé dans l'esprit du peuple un souvenir grandiose : il y a quelque quarante ans, les survivants de l'autre siècle racontaient y avoir vu, appendue au mur du chœur, du côté nord, l'armure complète d'un chevalier, casque, cuirasse, brassards, cuissards, épée etc. Tous ces tombeaux ont été détruits à l'époque de la Révolution ; leurs pierres armoriées sont allées se confondre avec les rustiques moellons employés dans les constructions du village ; on en remarque deux dans le mur de la nouvelle sacristie, du côté de l'est ; l'une a été trop grattée pour qu'on puisse découvrir le meuble héraldique, l'autre porte encore la truite passée en bande des de Châlus de Prondines.

Dans les nefs, les sépultures étaient plus nombreuses encore. Toutes les familles bourgeoises d'Orcival, même les branches qui avaient quitté le pays, tenaient à grand honneur l'inhumation dans l'église de Notre-Dame. Parmi ces familles, nous nommerons celles des Delafarge, Charrier, Cougoul, Vialle, Augier de la Mothe, Becaine, Sarlière, etc.

Les seigneurs achetaient leurs concessions par des fondations de messes ou des rentes perpétuelles ; les bourgeois, par une redevance annuelle fixée ordinairement à douze deniers ; et les simples laboureurs payaient également, par une légère contribution concédée à perpétuité au Chapitre, le droit d'abriter leurs dépouilles mortelles dans la maison de Notre-Dame.

S'il est une douceur à mêler ses cendres, nos pères l'auront éprouvée, car alors la plus humble famille avait son tombeau héréditaire, tombeau préparé d'avance pour les réunions éternelles, comme le père de famille prévoyant se bâtit un abri, pour lui et les siens, contre la pluie et les neiges de l'hiver. L'idée que l'on peut être séparé par la mort de ce qu'on avait aimé, n'avait pas encore approché de

l'âme humaine. On savait l'éternité mieux que le temps.
Toutes les ténèbres étaient visibles ; l'au-delà était plus
voisin que ce monde-ci ; on y entrait à toute heure, comme
dans le vrai logis, par la foi, l'espérance et la charité.

Nous avons vu toute la partie supérieure de l'église. Des-
cendons maintenant dans la crypte. Deux escaliers y donnent
accès, placés de chaque côté du transept, sous les degrés qui
conduisent des nefs latérales dans le déambulatoire. L'ordonnance générale de cette crypte est la même que dans les
autres monuments de l'école auvergnate. Douze colonnes
monocylindriques, reposant sur des bases attiques, terminées
par des chapiteaux en tailloirs, dessinent un gracieux hémicycle au milieu de l'édifice, et reçoivent la retombée des
voûtes. Dix de ces colonnes, égales entre elles, forment le
demi-cercle, quatre traçant le diamètre, et six distribuées sur
la demi circonférence. Les deux autres, un peu plus légères,
sont placées au milieu pour mieux appuyer la partie centrale
de la voûte. Quatre chapelles sont formées par l'étage infé-
rieur des tours demi-circulaires de l'abside, et correspondent
exactement aux chapelles supérieures. D'étroites fenêtres, en
guise de meurtrières, donnaient jadis un jour mystérieux
à cette souterraine ; mais un curé du commencement
de ce siècle, pensant y faire tous les exercices du culte
paroissial pendant la saison d'hiver, fit ouvrir des fenêtres
plus grandes, tout en laissant subsister les premières. Ne le
maltraitons pas trop ; s'il a enlevé au monument quelques
traits de son caractère primitif, il a introduit une lumière
qui permet d'en admirer l'harmonieux ensemble. On retrouve
ici la même dictinction architecturale que dans le sanctuaire
de l'église supérieure. La perspective est large, sans encom-
brement ; toutes les parties, vues à la fois, sont dans de très
justes proportions. C'est assurément la plus belle crypte que
nous ayons en Auvergne. Et nous ne voulons pas en sortir
sans adresser nos félicitations à M. l'abbé Mallet, curé actuel,

Plan par terre de la crypte de l'église d'Orcival.

pour les intelligentes réparations qu'il vient d'y faire terminer.

Cette magnifique souterraine avait été transformée jadis en cimetière ou en ossuaire ; le sol s'était exhaussé d'un mètre ; les colonnes étaient enfouies d'autant ; l'humidité rongeait toutes les bâtisses. M. l'abbé Mallet, dont le zèle pieux et intelligent a su faire des merveilles pour la conservation et l'embellissement du superbe monument confié à sa sollicitude, a fait disparaître cet amoncellement de terres et de cendres humaines ; par des drainages très bien conçus, et non moins bien exécutés, il est parvenu au complet assainissement de l'édifice, et lui a rendu toute sa valeur architecturale.

En jetant un dernier regard sur ce chef-d'œuvre de la foi de nos pères, une question se présente à notre esprit. Pour qui a été construit ce vaste monument ? Ce n'est assurément pas pour les seuls habitants d'une paroisse qui compte moins de mille âmes et qui ne fut jamais très populeuse. C'est donc pour recevoir les foules de pèlerins qui accouraient en ces lieux non seulement des villages voisins, mais aussi des régions lointaines. Or, nous l'avons dit, notre église date du XIIᵉ siècle ; à quelle époque remonte donc ce pèlerinage qui réclamait, il y a sept cents ans, la construction d'un pareil sanctuaire ? Aucun document précis ne viendra jamais nous le dire ; mais les pierres de notre église parlent, elles nous disent qu'au XIIᵉ siècle le pèlerinage était déjà ancien, qu'il était en pleine ferveur et fréquenté par des flots de pieux fidèles. N'est-ce pas là un document bien glorieux pour une petite localité perdue au sein de nos montagnes ?

Notre dernier regard évoque encore quelques réflexions. A la vue des nombreuses marques de tâcherons qui s'étalent sur les vieilles murailles de notre église, il nous semble voir tout un peuple travaillant, comme les abeilles d'une ruche, tout autour de l'enceinte à peine tracée par l'architecte : nous croyons entendre le cliquetis de mille ciseaux polissant et fouillant les pierres, dont chacune a sa place marquée d'avance ; nous croyons voir des bâtisses sortant de terre et s'élevant comme par enchantement du matin au soir. N'est-ce pas cette rapidité d'exécution qui donne au monument le caractère d'unité et d'harmonie d'une œuvre qui semble s'être élancée d'un seul jet, comme une tige vigoureuse soudée sur un arbre plein de sève ?

Étendant plus loin notre pensée par la comparaison des édifices, chefs-d'œuvre de notre école auvergnate, une autre réflexion nous frappe. Il y a partout une telle unité de plan, une telle ressemblance de *faire*, qu'on attribuerait volontiers toutes ces œuvres au même architecte. Et pourtant il y a, d'un édifice à l'autre, une telle variété de conceptions sculpturales, en ce qui concerne les chapiteaux historiés, qu'on serait tenté de voir une légion de sculpteurs, appartenant sans doute à la même école, mais ayant chacun ses inspirations personnelles. Sauf quelques scènes de l'Ancien et du Nouveau Testament, quelques apologues moraux, qui reviennent un peu partout, chacune de nos églises romanes a son caractère sculptural distinct. Cette caractéristique locale n'indiquerait-elle pas que toutes ces églises ont été bâties presqu'en même temps, sur un plan adopté d'avance, mais avec l'aide de sculpteurs attachés à chacune d'elles et laissant sur chacune l'empreinte de leurs inspirations sans la porter ailleurs ?

Il faut pourtant nous arracher au vénérable sanctuaire dont nous avons essayé d'ébaucher quelques traits ; il faut nous soustraire à sa contemplation si nous voulons poursuivre notre histoire.

C'est qu'en effet ces antiques maisons de Dieu, ces retraites de l'Infini, ces demeures de Celui qui est toujours ancien et toujours nouveau, recèlent en elles de bien puissantes incantations, de bien irrésistibles attraits ! Et si leurs murs pouvaient redire, si leurs arceaux pouvaient répéter les brûlantes prières, les touchantes confidences, les ardentes actions de grâces sorties ici du cœur humain, quel émouvant récit, quel incomparable poème ! Comme ce moine d'autrefois qui resta cent ans dans la forêt à écouter les concerts des Anges, l'âme croyante, charmée et ravie par de mystérieuses voix, n'aperçoit pas, aux pieds de la sainte Image, la fuite des heures ; elle se sent enveloppée de l'immense bonté de la Mère des hommes, et, paisible et confiante, après avoir prié, elle voit, dans la lumière d'en haut, une terre nouvelle et des Cieux nouveaux.

CHAPITRE CINQUIÈME.

Les serviteurs de l'église. — Prêtres filleuls. — Chanoines. — Curés. — Acquisition par le Chapitre de la seigneurie de Pradines. — Armoiries et sceaux du Chapitre. — Jacques Toizat. — La fête des Innocents et la fête de la Nativité à Orcival.

AU commencement du XIIIe siècle, l'église d'Orcival était desservie par des prêtres vivant en communauté, et dénommés *prêtres filleuls,* parce qu'ils étaient tous originaires du pays, *nés et renés dans la paroisse,* selon l'expression du temps, c'est-à-dire nés dans la circonscription paroissiale et baptisés dans l'église du lieu, ces deux conditions étant requises pour être admis au nombre des *filleuls d'une église.* **Nous** voyons ces ecclésiastiques mentionnés dans une charte de l'année 1238, par laquelle Bernard de Chamalières (*Bernardus de Camaleria*) leur vendait, moyennant le prix de onze livres monnaie de Clermont, tout ce qu'il possédait sur la montagne de Chaumont (*in monte de Chalmont*), depuis ladite montagne jusqu'à *l'oratoire* d'Orcival et depuis le mas de Cordès jusqu'à Vilharnhes (1) : il leur cédait en outre, pour la fondation d'une messe, des cens assis sur un pré au-dessus de la *Fontaine,* sur un autre pré à la *fontaine de Neuville,* sur des terres à *Saint-Maximin* et à *Noalhac.* Le temporel de leur communauté, comme celui de toutes les commu-

---

1. Vilarnhes s'écrivait *Ville-Arniouix* en 1510, et *Villargnoux* dans les siècles suivants. C'était une localité habitée de la paroisse d'Orcival, dépendant de la seigneurie de Cordès. Le 15 mai 1510, le Chapitre d'Orcival passa une transaction avec Jean de Châlus à propos des dîmes de Cordès et de *Ville-Arnioulx,* que le Chapitre prétendait lui appartenir en sa qualité de curé d'Orcival, et que Jean de Châlus refusait, alléguant que *cesdits lieux et domaines* étaient nobles et ne payaient pas de dîmes.

nautés similaires, était administré par un baile *(bajulus)*, car la charte en question porte : « *Dedit clericis Orcivallis, presente Duranto Sutoris bajulo.* » A en juger par d'autres documents, que nous rencontrerons plus tard, leur nombre devait être considérable ; mais nous ne le connaissons pas exactement (1).

En 1242, Hugues de la Tour, évêque de Clermont, créa dans l'église de Notre-Dame d'Orcival un Chapitre composé de vingt-cinq chanoines et d'un doyen (2) ; toutefois la communauté des prêtres filleuls ne fut pas abolie et ne disparut pas pour cela. Les chanoines furent institués pour augmenter la solennité du culte dans le sanctuaire de Marie, « *ut in ea possit divini cultus nominis ampliari,* » ainsi que nous le lisons dans la bulle d'institution donnée par le Pape Innocent IV, le XI des Kalendes de septembre 1245 (3).

L'année suivante, 1246, le même évêque, Hugues de la Tour, donna aux chanoines d'Orcival les cures de Saint-Bonnet et de Saint-Pierre-Roche, avec leurs appartenances et dépendances et la faculté d'y nommer des desservants de leur choix (4). Guy de la Tour, successeur de Hugues, ratifia cette donation, au mois de mai 1252, et le Chapitre de la cathédrale, qui avait des droits sur Saint-Pierre-Roche, les abandonna au profit des mêmes donataires (5).

Malgré ces bienveillantes dispositions des évêques de Clermont et du Chapitre cathédral, en dépit de l'empressement du peuple et des grands seigneurs à soutenir une institution fondée pour la plus grande gloire de la Mère de Dieu, le Chapitre d'Orcival ne connut jamais ces époques de grande

---

1. Arch. du P.-de-D. Chapitre d'Orcival, cote 2a.

2. Chardon, op. cit.

3. Arch. du P.-de-D. Chapitre d'Orcival, cote 3. — Chaix de la Varenne, *Monumenta*, etc.

4. Arch. du P.-de-D. Chapitre d'Orcival, cote 2a.

5. Ibid., cote 3.

prospérité matérielle que l'on rencontre dans l'histoire de presque toutes les maisons ecclésiastiques, séculières ou régulières. L'âpreté du climat, l'infécondité du sol, le grand nombre de prêtres attachés à l'église, la pauvreté des populations voisines, auxquelles il fallait donner bien plus qu'il n'en recevait, le mirent de bonne heure dans des conditions de vie assez précaires. Nous en avons la preuve dans une affaire qui paraît avoir eu un certain retentissement au milieu du XVe siècle. Pierre Johanelle, clerc originaire de Billom, licencié en décrets, chapelain du Pape, déjà pourvu d'un canonicat de Notre-Dame du Port, fut nommé à une prébende d'Orcival, en 1460, par le Pape Pie II. Le Chapitre fit opposition à cette nomination, alléguant que depuis un certain nombre d'années on ne remplaçait pas les chanoines qui mouraient, que les prébendes étaient supprimées de fait, et qu'on laissait tous les revenus en commun à cause de leur insuffisance. Pierre Johanelle voulut soutenir son droit par la voie judiciaire, et il porta l'affaire au tribunal du Saint-Siège, de qui il tenait son titre. La cour pontificale choisit, comme juge délégué en cette cause, Pierre Boniol, licencié en décrets, doyen de l'église de Notre-Dame du Port. Le Chapitre donna procuration, pour soutenir son opposition, à trente-cinq personnages ecclésiastiques, dont onze chanoines et vingt-quatre prêtres, tous faisant partie du clergé d'Orcival, savoir : Jean Manhe, Durand Juzaud, Geraud Bonnet, Jean Mercier, Bertrand Defarge, Pierre Rancon, Geraud Galoche, Louis Prohet, Martin Eygues (1), Jean Chassard, Antoine Dupont, chanoines ; Pierre Courtadon, Jean Sudre, Simon Defarge, Mathieu Eyrauld, Martin Prohet, Guigue Sapel, Pierre Filiol, Pierre Escudier, Jean Cousson,

---

1. Ce nom, écrit tantôt Eygues et tantôt Desaignes, en latin *de Aquis*, en patois *de las Aygas*, est emprunté au nom de lieu appelé aujourd'hui Pont-des-Eaux, que nous trouvons jusqu'au XVIIe siècle sous la forme patoise *las Aygas*.

Jean Bonore, Jean Martin, Guillaume Pichier, Antoine Fabre, Guillaume Cisterne, Pierre Merle, Gervais Curatoin, Jean Pomier, Arnold Montanot, Antoine Pontheise (sic), Jean Rancon, Martin Charrier, Guillaume Prohet, Pierre Eygues, Antoine Gainhon, prêtres. Le juge délégué devait nécessairement procéder par voie d'enquête. A son tribunal comparurent comme témoins : Martin Charrier, notaire et bailli de la cour temporelle du lieu d'Orcival ; Martin Eyrauld, prêtre choriste de l'église d'Orcival ; Jean Delafarge, mercier ; Jean Prohet, courrier ; Guillaume Durand, tisserand ; Robert du Prat, courrier ; Jean Fabre, curé de l'église de la Bienheureuse Marie d'Orcival ; Guillaume Prohet, bâtonnier de ladite église ; Jean Pontayse, hôtelier ; Antoine Pontayse, notaire ; Jean Rancon, prêtre choriste ; Antoine Valès, prêtre hebdomadier ; Martin Desaigues, chanoines ; Pierre Bertrand ; Jean Defarge, jurisconsulte, avocat du Chapitre ; Antoine Bonnet, clerc. L'issue du procès ne nous est pas connue ; mais, si on en juge par les dépositions des témoins, il paraît probable que Pierre Johanelle fut débouté de ses prétentions, car tous les déposants confirment les faits allégués par le Chapitre (1).

Cette procédure ne manque pas d'intérêt. Elle nous révèle le grand nombre de prêtres, filleuls ou autres, qui, à cette époque, étaient attachés au service de l'église et du pèlerinage ; nous en comptons près de trente en dehors des chanoines.

Elle nous indique quelques titres et fonctions de ces prêtres. 1° Les choristes, *choriers* ou *choriaux (chorarii)*, attachés aux fonctions du chœur, tenus d'assister aux offices solennels, aux chants des heures canoniales, et, à tour de rôle, aux services funèbres, pour faire fonction de chantres. 2° Les hebdomadaires *(hebdomadarii)*, chargés, à tour de rôle, de

---

1. Arch. du P.-de-D. Évêché.

présider au lutrin, d'entonner les antiennes et les psaumes.
3° Le bâtonnier *(bastonarius)*, préposé à la discipline du
chœur, à l'ordre des processions ; chargé de garder le bâton
du Chapitre et de le porter aux cérémonies religieuses en
signe de son autorité disciplinaire.

Parmi les prêtres nommés dans ce volumineux dossier, il
en est un certain nombre que nous voyons figurer comme
chanoines quelques années plus tard. Ce qui laisse croire
que le Chapitre se recrutait parmi eux, au moins en bonne
partie.

Notre document nous renseigne encore sur quelques
offices ou emplois de la cour de justice seigneuriale. Nous y
voyons un bailli, un jurisconsulte avocat, des courriers *(cou-
rerii)*. D'après Du Cange et les chartes citées par lui, ces
courriers étaient chargés de transmettre aux vassaux, tenan-
ciers et autres subordonnés du seigneur, les ordres, réqui-
sitions, avis qui émanaient de son autorité ou de celle de
son bailli.

Quelques années après l'affaire de Pierre Johanelle, l'autorité ecclésiastique et l'autorité civile s'entendirent pour
réduire le nombre des chanoines. En conséquence, le Pape
Sixte IV, par une bulle du mois de janvier 1483, et sur la
requête de Gilbert de Chabannes, seigneur de Rochefort et
d'Orcival, fixa à 12 le nombre des prébendes, sans compter
celle du doyen (1). Et comme Gilbert de Chabannes avait,
avec sa femme, Suzanne de Boulogne, fondé l'une de ces
prébendes en lui assignant 60 livres de rente, la nomination
lui en fut réservée, ainsi qu'à ses successeurs. Une transaction
ultérieure, de l'année 1646, accorda aux représentants des de
Chabannes la nomination à une autre prébende (2). En
outre, la famille de Châlus possédait, par droit héréditaire, un

---

1. Archiv. du P.-de-D. Chapitre d'Orcival, cote 3.

2. Ibid. Invent. Battenay, cote 1re.

canonicat jadis fondé par elle, de telle sorte que neuf prébendes seulement étaient à la nomination du doyen et du Chapitre.

Voici, à titre d'exemple, les lettres de nomination de Jacques Sarlière à l'une des prébendes seigneuriales :

« A MM. les vénérables doyen et chanoines du Chapitre d'Orcival, Emmanuel, marquis d'Allègre et de Cordèz, baron d'Orcival, seigneur de Montaigut et autres places, patron présentateur de deux prébendes et canonicats dudit Chapitre, dont l'une est vacante par la mort de feu Annet Dessaignes, dernier paisible possesseur, et comme étant bien informé de la suffisance et capacité de Joseph Sarlière, clerc tonsuré, fils à Antoine, nostre chastelain d'Orcival, nous l'avons nommé et présenté, nommons et présentons, audit canonicat et prébende, et vous prions de le recevoir pour icelui porter avec ses droits et dépendances. En foi de quoi nous avons signé les présentes et icelles fait signer par notre secrétaire et sceller de nostre sceau et cachet ordinaire.

» Données à nostre chasteau de Cordèz le premier jour d'octobre 1683.

» *Signé :* ALLÈGRE.

» Par mond. seigneur. Andanson (1). »

Les deux principaux dignitaires parmi les chanoines étaient le doyen et le chantre, nommés à vie par leurs confrères. A chaque mutation du doyen, il était dû à l'évêque, en vertu d'une sentence de l'official, de l'année 1504, quatre écus d'or (2). La charge de chantre, instituée par Joachim d'Estaing, en 1631, revenait au plus ancien chanoine (3).

1. Archives du P.-de-D., Orcival, cote 8.
2. Ibid. cote 1.
3. Chardon, *op. cit.* p. 13.

Les dignitaires inférieurs étaient le baile et le sacristain. Le baile avait mission d'administrer le temporel de la communauté. Il était nommé chaque année en assemblée capitulaire, et rendait ses comptes également chaque année, au mois de janvier. Quant au sacristain, ses fonctions, ainsi que l'indique son nom, se bornaient à l'achat et à l'entretien des vases sacrés et des autres objets du culte.

Avec le baile et le sacristain étaient élus dans la même séance : le *distributeur*, pour recevoir l'argent des messes et fondations, l'allumeur des lampes, le secrétaire (qui était ordinairement l'un des notaires de l'endroit), le directeur des images se vendant à l'entrée de l'église, le surveillant de la chapelle de Notre-Dame (chapelle de la source), et enfin le directeur des confréries (1).

Chacun des chanoines avait ainsi ses attributions spéciales, nettement déterminées. L'église n'ayant point de conseil de fabrique, toute l'administration intérieure revenait au Chapitre ; toutes les recettes, toutes les dépenses étaient effectuées par ses soins : il gérait sans contrôle ; il n'avait de compte à rendre à personne.

Devant cette absorption complète par les membres du Chapitre de toutes les fonctions de l'église, on peut se demander quel rôle était réservé aux prêtres filleuls existant dans le même sanctuaire, et s'employant eux aussi au service du culte.

Les vieux titres nous fournissent quelques informations qui nous permettent d'entrer assez intimement dans la vie de ces ecclésiastiques.

Dès que se révélaient les premiers indices de vocation sacerdotale chez les enfants de la paroisse, les parents les présentaient aux chanoines pour les faire admettre à leur

---

1. Arch. du P.-de-D. Chap. d'Orcival, cote 8, acte capitulaire du 23 janvier 1732.

école. A ceux qui étaient admis on enseignait les lettres, le chant et les cérémonies du chœur où ils remplissaient les fonctions du culte en rapport avec leur âge. Lorsque leur éducation et leur conduite donnaient des garanties suffisantes, on les initiait à la vie ecclésiastique en leur conférant la tonsure. Un peu plus tard ils étaient assimilés au clergé, sous le nom de choristes ou choriers, étaient admis en cette qualité à faire présence aux offices, et recevaient une part des rétributions ou distributions accordées à chaque assistant. Nous en voyons remplir ces fonctions de choristes à partir de l'âge de quinze ans. Avant la création des séminaires, au XVIIe siècle, leur éducation se terminait à Orcival même ou dans quelqu'université du royaume ; après l'établissement des séminaires, le plus grand nombre y venait suivre les cours de théologie, et les plus favorisés de la fortune continuaient d'aller prendre leurs grades dans les universités. Quelques-uns étaient pourvus de prébendes au Chapitre, pendant leur temps d'études, pour les aider à en supporter les frais. Devenus prêtres, ils faisaient définitivement partie du clergé d'Orcival, soit comme chanoines, soit comme prêtres filleuls. Ceux qui restaient dans cette seconde catégorie remplissaient les fonctions de vicaires, de choristes, d'hebdomadiers ou de bâtonniers, avec l'espérance de devenir chanoines, à mesure que se produiraient des vacances au Chapitre. Mais, ces vacances n'étant pas assez nombreuses pour ouvrir à tous les portes de la collégiale, un certain nombre restaient toute leur vie dans les rangs des prêtres filleuls, à moins qu'ils fussent appelés par une vocation spéciale ou par des circonstances exceptionnelles à aller occuper d'autres emplois dans le diocèse ou dans les diocèses étrangers. En ce cas, ils avaient à recevoir du Chapitre une attestation de bonne vie et mœurs, comme on disait alors. C'est ainsi que nous voyons Louis Dutheil demander ce certificat, le 10 janvier 1657, en vue d'obtenir de l'autorité épiscopale son *exeat* ou permission de quitter le diocèse ; et Pierre Legay, clerc minoré, recevoir une attestation de bonne conduite depuis sa sortie du séminaire de Clermont, le 19 mai 1752 (1).

Un document, en date du 7 décembre 1669, vient compléter nos renseignements sur l'existence et le rôle des prêtres filleuls. Quelques difficultés s'étant élevées entre eux et le Chapitre, à propos de droits jusque-là mal définis, un accord fut conclu par voie d'arbitrage devant maître Theilhol, notaire royal à Riom, entre Pierre Granier, doyen d'Orcival, et Antoine Dutheil, prêtre filleul, agissant tant pour lui que pour ses confrères.

Après avoir donné les noms des arbitres : Emmanuel, vicomte d'Allègre, marquis de Cordès, baron d'Orcival, seigneur de Montaigut-le-Blanc, et Frère Éloi Sorel, prieur de l'abbaye des Prémontrés de Saint-André-les-Clermont, l'acte pose ainsi les bases du traité : « Les filleuls sont maintenus dans le droit de se dire *filleuls de l'église d'Orcival*, et en conséquence ils ont droit à leur réception à l'habit de ladite église par lesdits sieurs doyen et chanoines. En outre, sont maintenus en possession de porter ledit habit dans le chœur de ladite église et y avoir séance dans les hautes chaires, ainsi et de même que lesdits chanoines et leurs officiers et habitués, à toutes messes de dévotion et à toutes les distributions, même à celles de fondations faites ou à faire où il n'est pas fait mention desdits filleuls. Pourront iceulx prebtres, si bon leur semble, porter l'aumusse noire (2) dans ledit chœur et seront tenus d'y assister aux divers offices, les jours de dimanche, fêtes chômées et autres solennelles, et aux premières Vêpres d'icelles, ainsi qu'il a été pratiqué

---

1. Arch. du P.-d.-D. Chapitre d'Orcival, passim.

2. L'aumusse était un vêtement porté par les chanoines depuis le XIIIᵉ siècle, pendant l'office des heures canoniales, pour se préserver du froid. C'était une cape ou pèlerine terminée par un capuchon, et faite d'étoffes ou de fourrures plus ou moins précieuses. Cet habit a été remplacé par le camail.

ci-devant ; de faire les offices tous les autres jours, si bon semble au Chapitre, à la charge de leur payer, chaque fois qu'ils feront l'office de diacre et sous-diacre, la somme de deux sols par forme de rétribution, et seront tenus d'assister à Matines, aux jours où il y a distribution extraordinaire, à peine d'être privés desdites distributions ; enfin seront soumis à la direction, monition et correction du Chapitre. En outre, faisant droit à la demande des habitants du lieu d'Orcival, nous arbitres, ordonnons, du consentement des doyen et chanoines, que tous les ecclésiastiques nés et baptisés dans ladite paroisse, seront à perpétuité admis et reçus par ledit Chapitre à l'habit de chœur de ladite église, et à la participation desdites messes de dévotion, fondations et distributions comme ci-dessus, sans qu'ils en puissent être exclus ni refusés par ledit Chapitre, à moins d'un empêchement canonique, à la charge qu'ils présentent requeste à cet effet audit Chapitre, payeront les droits d'entrée accoutumés ou qui seront ordonnés par les supérieurs (1). » Ces droits d'entrée étaient de quarante livres destinées aux réparations et à l'entretien de l'église.

Nous ne voyons pas que ce traité ait été violé dans la suite. D'ailleurs le nombre des prêtres filleuls alla toujours en décroissant. Il n'y en avait plus que quatre en l'année 1700 : Pierre Vialle, Jean Becaine, Michel Mallet, Antoine Lafarge (2).

Massillon n'en mentionne aucun, dans son procès-verbal de visite de 1727. Ils disparurent donc complètement au commencement du XVIII⁰ siècle.

Outre les prêtres filleuls, il y avait encore, en face des chanoines, pour leur disputer une part d'influence, le curé de la paroisse.

---

1. Archiv. du P.-de-D., Chapitre d'Orcival, cote 6.

2. Procès-verbal de visite épiscopale du 6 septembre 1700. mss. de la Bib. du Grand-Séminaire.

La cure d'Orcival, qui relevait dans le principe de l'évêque de Clermont, fut unie au Chapitre, du consentement de Jacques d'Ambroise, en 1502 (1). Dès lors, les chanoines eurent le droit de nommer le curé; mais comme les attributions respectives des membres du Chapitre et du desservant n'étaient pas toujours clairement définies, d'où des conflits multiples et des revendications fréquentes, une transaction fut signée, le 25 octobre 1664, qui régla les droits des parties. Comme pour les prêtres filleuls, nous donnons textuellement la teneur du traité : « Entre MM. Antoine Ollier, doyen de l'église collégiale et Chapitre Notre-Dame d'Orcival, Jacques Chardon, chantre, Étienne de Lafarge, l'aîné, Antoine Suzanneau, Nicolas Bonnet, Jacques Meynial, Gilbert Astier, Antoine Toizat, Antoine Desparrins, Annet Dessaignes, Étienne de Lafarge, jeune, et Michel Testud, tous prêtres chanoines, et vénérable personne Antoine Caussat, à présent curé et vicaire perpétuel de ladite église collégiale et paroissiale, pour accord et transaction pour la charge et droits dudit Caussat, curé, a été arresté, savoir : qu'en premier lieu, il sera placé au chœur immédiatement après les chanoines, et, pour sa portion congrue, lui sera payée annuellement par lesdits chanoines et Chapitre la somme de 15 livres et la quantité de cinq setiers seigle, mesure dudit Chapitre, à la Toussaint, et le reçoivent dès à présent dans la participation des messes, qui se montent ordinairement pour chaque année à huit ou neuf vingt livres (160 à 180 livres), comme aussi lui accordent sa distribution comme à l'un des autres prêtres filiaux de ladite église, et lui délaissent l'apport des deux pèlerinages du patron Mʳ saint Étienne, qui lui appartiendront privativement audit Chapitre, comme aussi les deux questes sur la paroisse, la Semaine Sainte et Décollation Mʳ saint Jean Baptiste, et généralement tous les émoluments curiaux, ainsi que les précédents

____

1. Arch. du P.-de-D., Chapitre d'Orcival, cote 3.

curés ont joui. De plus, ledit curé ne demandera aucun secondaire pour l'exercice de sa charge, et quand il s'agira de donner la liberté aux religieux de faire queste dans la paroisse, s'il se trouve que quelqu'un desdits chanoines en ait donné la licence, ledit curé la respectera, comme aussi feront de même les chanoines lorsque le curé l'aura donnée.

» Lorsqu'il sera question d'exposer le Saint-Sacrement, aux Indulgences, Jubilés et Pardons, celui des chanoines qui se trouvera en hebdomade fera l'office et donnera la bénédiction à l'exclusion du curé.

» Quand le Chapitre sera appelé pour les offices de morts par les seigneurs du voisinage ou autres personnes, le chanoine qui sera en semaine fera l'office, conformément aux coutumes. Lorsque le Chapitre sera appelé pour les services de la paroisse, le curé enlèvera le corps pour le conduire à l'entrée du bourg, où estant il déposera son estolle, et le chanoine qui sera en hebdomade vestu de son surplis avec l'estolle, fera l'office. Et aux enterrements dans le bourg, le Chapitre appelé, l'hebdomadier fera l'office ; et quand il se trouvera dans ladite église des curés étrangers ou autres prêtres pour confesser, la permission sera donnée soit par le curé, soit par les chanoines.

» Le curé sera tenu de dire la messe des Becaynes tous les mercredis, et pour son paiement recevra cinq livres annuellement, à la Toussaint.

» Fait à Orcival, au lieu capitulaire de ladite église, le 25ᵐᵉ jour d'octobre 1664, présents Jean Becayne, praticien dudit lieu, et Antoine Cohade, sacristain des cloches. »

Signé : DELAFARGE, notaire (1).

---

1. Arch. du P.-de-D. Chapit. d'Orcival, cote 2 b.

La pension ou portion congrue, que les chanoines étaient tenus de payer au curé, suivant l'acte que nous venons de transcrire, devint plus tard une lourde charge, paraît-il, pour les débiteurs. Ceux-ci proposèrent au curé de lui attribuer une prébende de chanoine, au lieu et place du traitement qu'il recevait du Chapitre. L'offre était avantageuse ; elle fut acceptée par l'intéressé ; mais il fallait la faire agréer aussi par l'autorité supérieure, et à cet effet les chanoines se réunirent dans leur salle capitulaire, le 14 février 1688, sous la présidence du doyen, M. Charrier. Après avoir exposé à l'assemblée que la déclaration du roi du mois de janvier 1686 avait considérablement diminué les revenus du Chapitre, en imposant à celui-ci l'obligation de payer des pensions aux curés et vicaires de toutes les paroisses où il levait la dîme, M. Antoine Valleix, baile, affirma que si le curé d'Orcival et son vicaire exigeaient l'exécution de cette déclaration, la suppression du Chapitre était inévitable, les prébendes, après ces prélèvements, devenant insuffisantes pour nourrir les titulaires. Heureusement M. Étienne Mallet, chanoine du Chapitre, pourvu depuis un mois et demi de la cure d'Orcival, consentait à ne réclamer aucun traitement pour lui et son vicaire, à condition qu'on lui laisserait son canonicat. Il y avait lieu en conséquence à demander à l'autorité épiscopale la ratification de cette transaction.

Une requête dans ce sens fut adressée, le 19 février, aux vicaires généraux administrant le diocèse, pendant la longue vacance qui suivit la mort de Mgr Gilbert de Veny d'Arbouze. On lit dans cette supplique « que les revenus du Chapitre d'Orcival ont été toujours si médiocres que les chanoines n'ont jamais pu salarier des auxiliaires, leurs prébendes pouvant à peine suffire pour les faire vivre. Ils sont contraints d'assister à tous les offices et de tenir eux-mêmes le chant continuellement, sans aucun secours étranger ; cependant il est de notoriété qu'il y a peu de chapitres dans le diocèse où le service ait toujours été fait avec autant d'exactitude et d'édification. Leur assiduité exemplaire a conservé dans cette église une dévotion particulière à la Sainte Vierge, laquelle dévotion y est si grande qu'en toutes les saisons de l'année il y a un concours incroyable de personnes de l'un et de l'autre sexe, non seulement des lieux de la province les plus éloignés, mais même des provinces voisines. »

Le curé de Vernines, Henri Lourdon, fut chargé par les vicaires généraux de faire une enquête, et les conclusions de cette enquête ayant été favorables, une sentence fut prononcée par l'autorité ecclésiastique, le 20 août 1688, qui unissait la cure à un canonicat. Dès lors le curé de la paroisse d'Orcival fut toujours un chanoine (1).

Grâce à la célébrité que possédait le pèlerinage de Notre-Dame d'Orcival, dans tout le royaume de France, le Chapitre avait pu obtenir des faveurs et des privilèges alors fort recherchés. Jean, duc de Berry, mit ainsi tous les biens de la communauté sous sa garde et protection par des lettres datées de Clermont, le 18 juillet 1481 (2). De généreux bienfaiteurs avaient au cours des siècles concédé aux gardiens du vénéré sanctuaire des rentes et des cens plus ou moins importants. Tous ces revenus, il est vrai, n'étaient pas très exactement payés ; de plus les donations avaient, comme nous l'avons vu, d'onéreuses obligations qui ne leur permettaient pas de thésauriser. Néanmoins, en l'année 1633, le Chapitre avait pu faire l'acquisition de la terre de Pradines, qui était une baronnie avec haute, moyenne et basse justice. Le propriétaire était Jean Cuyssol, résidant à Clermont, lequel céda sa propriété moyennant le prix de 7000 livres, payable à ses créanciers, au nombre desquels se trouvaient les héritiers d'Antoine Debrion, sieur de Feligonde, précé-

---

1. Archiv. du P.-de-D. Chapit. d'Orcival, cote 3.

2. Ibid. cote 6.

dent vendeur (1). La seigneurie de Pradines avait droit de dîme sur les villages et lieux de Pradines, les Aigues, Saint-Bonnet, Vyssat, Allagnat, Trézioux, Montribeyre, Olby, le Bouchet, Coaix, la Gardette, Mazayes, Villejacques, et autres lieux circonvoisins.

Le Chapitre avait acheté, mais il n'avait pas payé comptant, et pour cause. Au mois de mai 1635, le sénéchal d'Auvergne l'autorisa à aliéner « quelques rentes éloignées de quatre grandes lieues, savoir : sur le village de Méjanesse, et sur celui de Villevialle, qu'on pouvait vendre avantageusement, » et dont le produit était destiné à solder en partie le reliquat du prix de la terre de Pradines, soit 3600 livres, échéant au mois d'octobre 1635 (2).

On voit donc que le Chapitre d'Orcival n'a jamais été très fortuné, bien que la plupart de ses membres aient, à toutes les époques, appartenu à d'anciennes familles du pays.

Le Chapitre avait pour armoiries en 1698, selon l'enregistrement qui fut fait à cette date à l'armorial général de France : « D'azur, à Notre-Dame d'argent tenant l'Enfant Jésus de même. » Le sceau du même Chapitre, en l'année 1402, représente : « Notre-Dame tenant l'Enfant Jésus au bras gauche, un oiseau de la main droite, assise sur une chaise architecturale supportée par un arc subtrilobé ; au-dessous de l'arc un pèlerin à genoux, les mains jointes, les yeux élevés vers la Vierge, dans l'attitude d'un suppliant. En exergue : + *S. Capituli. Be. Marie. Ursivallis. (Sigillum Capituli Beate Marie Ursivallis.)* La Vierge est couronnée et la tête de l'Enfant nimbée. » Ce sceau en parfait état de conservation, reproduit en plomb, nous a été communiqué par M. A. Vernière. Nous n'avons pu retrouver la charte à laquelle il était appendu. Mais des sceaux similaires moins

---

1. Archiv. du P.-de-D. Chap. d'Orcival, cote 3. Acte reçu par Moron, notaire à Clermont.

2. Ibid. cote 6.

Sceau de l'ancien Chapitre d'Orcival.

Sceau du Doyen du Chapitre.

bien conservés existent dans nos archives. — Le doyen du Chapitre avait aussi son sceau. Nous le trouvons sur deux chartes des années 1362 et 1402. Le premier, en assez mauvais état, porte « une Vierge debout avec l'Enfant Jésus au bras droit. » Quelques lettres de l'exergue sont à peine lisibles. Le second, attaché ainsi que celui du Chapitre à une charte de cession d'un pré au terroir de Charlha à Jean Benoît, chanoine, est ogival et fragmentaire ; il porte « une Vierge couronnée, debout, vêtue d'une robe à plis serrés, égaux et régulièrement disposés ; elle tient l'Enfant Jésus nimbé au bras droit, et est placée dans une niche de style mal défini à cause de la disparition du cintre. En exergue on ne lit plus que le mot *Urcivallis*. » Quoiqu'attaché à une charte plus récente, ce sceau nous paraît plus ancien que le précédent : il porte les caractères des draperies adoptées par les imagiers du XIIe siècle. Il serait donc plus ancien que le Chapitre lui-même, et aurait été primitivement le sceau de la communauté des prêtres filleuls, rapporté plus tard sur un écu ogival destiné au doyen.

De saints personnages, dont l'histoire a gardé le souvenir, ont rehaussé par leurs vertus le titre assez modeste de chanoine d'Orcival. Jacques Branche, prieur de l'abbaye de l'Ébrac, auteur de la *Vie des Saincts et Sainctes d'Auvergne*, et qui vivait en 1650, a publié la biographie de Jacques Toizat, qui fut chanoine d'Orcival, puis curé de Feurs, en Forez, où il mourut en 1643.

Jacques Toizat était né à Orcival, en 1590. Après avoir passé les premières années de sa jeunesse à la maîtrise de l'église paroissiale, il fit sa philosophie au collège des Jésuites, à Billom, suivit les cours de théologie au collège de la Flèche, et fut ordonné prêtre en 1619. « Tost après, écrit son biographe, on luy envoya d'Orcival les provisions d'un canonicat que les Messieurs du Chapitre luy accordèrent en considération de la vertu qui reluysait en luy comme en son soleil. »

A Orcival, Jacques Toizat fut un modèle de piété pour ses confrères ; de toutes les paroisses du diocèse on réclamait ses prédications pour des Carêmes et des Octaves ; et, dans son zèle pour le service de Dieu et le bien des âmes, le jeune chanoine dépensait ses forces sans compter. « Or, ajoute le biographe, il se passait en ce temps plusieurs abus en l'église d'Orcival, comme en plusieurs autres, et particulièrement la feste des Innocents, ce que ce bon serviteur de Dieu ne pouvant ny supporter ny empescher, il se retira à Clairmont, chez les Révérends Pères de l'Oratoire, aymant mieux se voir privé des fruits de sa chanoinie que de se voir parmy ces désordres. »

Ce départ, qui était pour les chanoines un blâme public et énergique, les fit réfléchir ; ils rappelèrent Jacques Toizat, et « bannirent de leurs offices toutes ces extravagances, et le firent si exactement qu'il n'en reste pas mesme le souvenir. »

Le Chapitre supprima non seulement les folies de la fête des Innocents, mais aussi « les insolences qui se commettaient le jour de la Nativité de la Sainte Vierge, insolences qui étaient grandes et ont si bien disparu que maintenant on ne parle plus que de dévotion, de confessions et de communions, et toutes sortes de saints exercices (1). »

Ces « insolences » et ces désordres, que Jacques Toizat parvint à abolir à Orcival, étaient les derniers débris de ces mystères et de ces fêtes du moyen âge que l'Église, bonne mère, facile et souriante, autorisait et protégeait tant qu'ils ne dégénéraient pas en abus. Le moyen âge lui-même avait reçu du paganisme la tradition de ces liesses populaires, restes des Bacchanales de la Grèce, des Saturnales de Rome. L'Église, appelée à remplacer les vieux cultes, n'affecta pas dans le principe une austérité impitoyable, qui eût pu effrayer ou rebuter les âmes vulgaires. Aux mâles

---

1. Jacques Branche, loco cit.

tristesses de la pénitence, aux chastes cantiques des vierges et des fidèles, elle permit qu'on mêlât dans certains jours les accès de folle gaîté, les chansons et les satires. Dans son indulgente bonté elle fit la part des joies du peuple et leur ouvrit ses portes à deux battants.

Le jour de la fête des Innocents, les enfants de chœur prenaient la place des chanoines et des curés ; toute la hiérarchie ordinaire était renversée ; suivant la formule de l'Évangile, les derniers devenaient les premiers. Tandis que le haut clergé allait s'asseoir sur les bancs inférieurs et s'acquittait des plus humbles fonctions, une armée de bambins solennels, revêtus d'habits sacerdotaux, envahissait les stalles les plus élevées. L'un d'eux coiffé de la mitre, comme un évêque, officiait magistralement devant l'autel, et donnait à l'assemblée sa bénédiction (1).

A la fête de la Nativité, on ne voyait point les excentricités de la fête des Innocents, mais la nef de la basilique retentissait de chants discordants qui avaient la prétention d'être des cris de joie, de joyeux *alleluias*, et la majesté du temple devait être quelque peu outragée par cette joie exubérante.

De bonne heure les esprits sérieux se montrèrent alarmés de ces restes de vieilles traditions, qui se perpétuaient comme de naïfs symboles de fraternité, mais n'étaient plus religieusement sentis ni acceptés. Dès le XVe siècle, les bulles des Papes, les décisions des Conciles proscrivaient ces réjouissances aux chrétiens ; mais ces anciennes coutumes étaient entrées si profondément dans les mœurs que pendant longtemps bulles, édits, décrets, tout fut impuissant (2).

---

1. Lenient, *La Satire en France au moyen âge.*

2. Dans les registres capitulaires de Notre-Dame du Port, sous la date du 10 décembre 1601, on lit : « Pour obvier et retrancher tous les abus et insolences qui se souloint commestre le temps passé dans ceste église par les enfants de chœur et habitués d'icelle, le jour et feste des Innocents, a esté

Enfin Jacques Toizat, par ses courageuses protestations, fut assez heureux pour faire disparaître ces derniers vestiges d'un passé que l'on ne comprenait plus. Ses confrères, subjugués par sa haute vertu et par sa science, cédèrent à ses objurgations, et, pleins de confiance dans ses lumières, lui confièrent successivement diverses missions et en premier lieu le chargèrent du classement de leurs archives. Ils le prièrent ensuite de faire la recherche et information des miracles obtenus par l'intercession de Notre-Dame d'Orcival, et le pieux chanoine, après avoir compulsé et annoté tous les documents se trouvant sous sa main, parcourut la province pour vérifier les faits connus et en recueillir de nouveaux. Jacques Branche dit que « c'est principalement d'après les recueils de Jacques Toizat qu'il a composé son *Livret de Notre-Dame d'Orcival* » ; malheureusement ni le *livret* de Jacques Branche, ni les recueils du chanoine d'Orcival ne sont parvenus jusqu'à nous.

Cependant le dévot historien de Notre-Dame d'Orcival, « ayant toujours eu, raconte son biographe, de grandes inclinations de vivre en communauté, » quitta définitivement Orcival en 1635, pour aller dans une maison de l'Oratoire à Notre-Dame de Grâce, en Forez. En 1638, le marquis de Saint-Priest, qui était seigneur de Saint-Étienne et avait connu le Père Toizat à Orcival, le fit nommer à la cure de Feurs. Il se distingua là comme ailleurs par son zèle admirable et par son abnégation, portés si loin pendant la peste de 1643, qu'il contracta au chevet des malades la terrible maladie et mourut en pleine épidémie, le 27 septembre, âgé de 53 ans. « Quelque tems avant son trépas, dit Jacques

ordonné que d'ors en avant lesdits enfantz ne feront poinct d'évesques ladite feste, ny autre abus, mais qu'ils pourteront les chappes avec tout respect, honneur et révérance, sans uzer d'aulcune insolence à peyne d'estre disciplinés par le soulz chantre. » (*Bulletin historique et scientifique de l'Auvergne*, année 1887, novembre, p. 171.)

Branche, il eut le soin de demander à Dieu qu'il lui plust de garantir des griffes de la peste les domestiques qui l'avoient soigné avec tant de charité, nonobstant le danger évident de leur vie. Ceste prière fut si efficace que tous furent préservés ; ce qui fit croire à tout le monde que le bon prêtre seroit devant Dieu le refuge assuré des pauvres pestiférés. »

Et l'auteur ajoute : « J'ay tiré cette belle histoire de l'imprimé qui a esté faict de la vie de ce bienheureux à Lyon. »

La fondation du Chapitre d'Orcival, avons-nous dit, avait été principalement motivée par l'intention de donner plus de splendeur au culte catholique dans l'antique sanctuaire dédié à la Mère de Dieu. Les chanoines n'oublièrent jamais cette raison de leur existence ; ils s'appliquèrent constamment à rehausser l'éclat des cérémonies religieuses, autant que leurs ressources purent le permettre. Nos vieilles chartes nous les montrent toujours animés du zèle de la maison de Dieu, toujours soucieux des accroissements de solennité que pouvait réclamer le service divin ; elles nous les montrent suivant à travers les siècles le progrès des arts religieux. Or un de ces arts les plus goûtés du peuple chrétien et les plus indispensables à la pompe des cérémonies liturgiques, c'est l'art musical. Nos chanoines ne furent pas plus en retard sur ce point que sur les autres. A leur maîtrise de grammaire ils joignirent une maîtrise de musique ; aux savantes mélodies des voix humaines ils joignirent les puissants effets de l'orgue. Lorsqu'il se rencontrait parmi les prêtres habitués de leur église un musicien assez habile pour tenir l'instrument et enseigner l'art de chanter, ils le nommaient à la prébende « unie à la maîtrise de musique et de grammaire ; » lorsque cet élément leur manquait, ils appelaient un artiste à gages. C'est ainsi que nous trouvons : Guillaume Fages, « musicien de l'église », en 1650 ; Louis Esbralin, « musicien de l'église », en 1661 ; et Annet Fure, « organiste de l'église », en 1724.

Les quelques renseignements qui nous sont parvenus sur ce point d'histoire, laissent croire que la culture et l'usage de la musique furent poussés assez loin. Nous voyons figurer, dans les fondations, « des messes en musique, des chants en faux-bourdon, » exécutés les simples jours de semaine. Nos artistes n'étaient pas toujours de vulgaires exécutants, ils s'élevaient parfois jusqu'à la science du compositeur ; nous en avons la preuve dans les motets composés par eux pour les pèlerinages de Montferrand, que les chanoines de cette ville ne dédaignaient pas de faire chanter ensuite dans leur église (1).

---

1. Arch. du P.-de-D., Chapitre d'Orcival, passim. — Arch. municip. d'Orcival, Rég. de catholicité.

CHAPITRE SIXIÈME.

L'ancien hôpital d'Orcival. — La confrérie du Saint-Esprit. — La charité chrétienne et le culte de la Vierge aux XIe et XIIe siècles. — Les pauvres et les malades recueillis et nourris par les chanoines d'Orcival.

'EXISTENCE d'un hôpital à Orcival est historiquement constatée dès les premières années du XVe siècle. En l'année 1409, nous voyons Louis II, duc de Bourbon, faire un legs de 20 livres à cet établissement charitable (1) ; mais il est certain que celui-ci avait été fondé bien antérieurement à cette date, probablement au XIIe siècle. Dès cette époque, il n'est pas un village d'Auvergne qui n'ait sa maison de charité appelée « maison du Saint-Esprit. » Les vieux titres nous montrent ces maisons ou hôpitaux desservis par des confréries, qui portaient aussi le nom de confréries du Saint-Esprit.

Les Livres Saints disent quelque part : « *Ubi non est mulier, ingemiscit egens,* Celui qui est dans le besoin gémit lorsqu'il n'y a point de femme pour le secourir (2). » C'est pourquoi ces associations charitables admettaient les femmes aussi bien que les hommes ; tous faisaient les sept vœux de miséricorde : donner à manger à ceux qui ont faim ; donner à boire à ceux qui ont soif ; exercer l'hospitalité envers les étrangers ; vêtir ceux qui sont nus ; soigner les malades ; délivrer les captifs ; ensevelir les morts.

La plupart des anciennes chroniques (3) signalent au

---

1. Inventaire des titres de la maison de Bourbon.

2. Ecclis. XXXVI, 27.

3. Voir notamment *Chron. Vasiense,* apud Labbe : *Rerum Aquitanarum Scriptores,* t. II. p. 29.

XIe siècle et au siècle suivant, dans tous les pays chrétiens, un magnifique enthousiasme pour les œuvres de charité ; et, chose remarquable, le grand mouvement qui portait ainsi les hommes à secourir leurs frères, coïncide avec l'apparition d'un culte plus vif et plus profond qui s'empara alors des peuples pour la Vierge Marie.

« Jusqu'au milieu du XIIe siècle, dit Viollet-le-Duc, les monuments sculptés ou peints donnent une place secondaire à la Vierge. Mais dès ce moment son culte prend un caractère spécial (1). Les images en bois du groupe de la Mère Immaculée et de son Énfant se multiplient (2). Notre-Dame, écrit Sainte-Beuve, devient la grande adoration, l'idéal chevaleresque et mystique du moyen âge (3). » C'est donc un fait incontestable : la pure et lumineuse idée de la Mère de Dieu domine entièrement les XIe, XIIe et XIIIe siècles, ces temps de révolution morale et de résurrection sociale, si bien qu'on peut dire que le culte de Marie a fait éclore la chevalerie, a donné naissance aux communes, a couvert le monde chrétien d'établissements hospitaliers.

Sous l'influence du céleste idéal de la Vierge, l'amour humain se transforme et s'épure. L'esprit de sacrifice, d'humilité, d'abnégation, qui est le fond même du caractère de Marie, se communique à l'amour chevaleresque et lui donne des délicatesses jusqu'alors inconnues. La Mère du Christ est la dame de presque tous les Ordres de chevalerie, et la chevalerie se montrera toujours loyale, clémente et généreuse.

A ces époques mémorables, si dignes d'attention et d'étude, c'est comme un souffle de renouveau qui passe sur le monde engourdi et le fait tressaillir ; c'est la fraîche haleine de Marie qui effleure le front des nations ; les puissants s'émeuvent ; les petits et les humbles relèvent la tête ; tous ont de

---

1. Viollet-le-Duc, *Dictionnaire d'Architecture.*

2. Grimouard de Saint-Laurent : *Manuel de l'Art chrétien.*

3. Sainte-Beuve, *Port-Royal*, tom. I.

plus larges compréhensions du dogme chrétien ; ce qu'ils comprennent, ils tâchent de l'introduire dans les institutions et dans le droit vivant ; et voici que les communes apparaissent ; les communes ! élan superbe vers la liberté ! effort sublime qui souleva un poids immense d'iniquité et de servitude ! Et ce fut le culte de la Vierge qui mit le ferment dans la masse, le culte de cette Femme bénie dont le Fils adoré est le divin ferment qui transforme tout, et par qui l'homme enfante même le surhumain !

Qui pourrait nier maintenant que la dévotion à Marie est le vrai marchepied de DIEU, par lequel doivent monter des milliers d'êtres libres vers l'absolue beauté morale ? Qui pourrrait nier que par Marie se verse l'éternelle et irrésistible lumière de la justice et de la vérité ? Oui, la Vierge fait naître le CHRIST et le produit dans les esprits comme dans les événements. Oui, la Vierge nourrit et fait grandir le CHRIST à travers les siècles, en réveillant dans les masses le sens moral et l'effort moral.

Dès lors, quoi d'étonnant que les hommes se soient portés avec ardeur aux œuvres de miséricorde, quand ils avaient un amour enthousiaste et sans bornes pour la Mère des affligés ? Celle qui a nourri et vêtu le Sauveur, ne devait-elle pas pousser les fidèles à nourrir tout ce qui a faim, à couvrir tout ce qui est nu ? Ces œuvres-là ne sont-elles pas ses œuvres à elle ? N'est-ce pas là nourrir DIEU, le recueillir, le soutenir ? puisque lui-même a dit : « Ce que vous faites au plus petit des miens, c'est à moi que vous le faites. »

Les maisons du Saint-Esprit s'élevèrent ainsi sur tous les points de notre Auvergne, dans les villes et dans les campagnes, et plusieurs de ces maisons ou hôpitaux ont subsisté, avec leurs confréries, jusqu'à la veille de la Révolution.

Les documents nous montrent l'association en pleine vigueur à Orcival pendant tout le moyen âge. Un quartier du bourg, au nord de l'église, s'appelait *Quartier du Saint-Esprit* (1), et il s'appelle maintenant *Quartier de l'Hôpital.* Le testament de *Jehan Rossignhole*, prêtre d'Orcival, en date du 10 juin 1533, contient le legs d'une quarte de seigle à la *Confrérie du Saint-Esprit*, et d'une quarte de froment à l'hôpital (2).

Les miracles opérés par l'intercession de Notre-Dame d'Orcival attiraient dans ce lieu un nombre si considérable de malades et d'infirmes, tant de la province d'Auvergne que des provinces voisines, que les chanoines, administrateurs de l'hôpital et directeurs de la Confrérie du Saint Esprit, ne pouvant parvenir, avec leurs seules ressources, à sustenter toutes ces foules, étaient obligés chaque année de faire des quêtes, non seulement dans le diocèse de Clermont, mais encore dans les diocèses voisins et même dans tout le royaume.

Guillaume, archevêque de Bourges, permit au Chapitre, en l'année 1326, de quêter dans toutes les paroisses du Berry. Les archives canoniales renferment une longue série de permissions pour les diocèses de Clermont, Saint-Flour, Limoges, des années 1470, 1478, 1496, 1499, et des XVIe et XVIIe siècles (3).

L'autorisation accordée, au mois d'août 1470, par Jacques d'Amboise, évêque de Clermont, octroie quarante jours d'indulgences à tous ceux qui viendront au secours des chanoines « *pro receptione et sustentatione pauperum et infirmorum et aliarum necessitarium personnarum, in domo et hospitali Marie Urcivallis ab antiquo de die in diem affluentium* », c'est-à-dire pour la réception et l'entretien des pauvres, des infirmes et autres personnes nécessiteuses, qui de toute antiquité affluent chaque jour dans la maison et hôpital de Sainte-Marie d'Orcival.

1. Arch. du P.-de-D., Chapit. d'Orcival, cote 8-1.

2. Ibid., cote 4-12.

3. Ibid., cote 86.

Dans une autre permission, datée du dernier jour d'août 1496, Charles de Bourbon, autre évêque de Clermont, adjure toutes les personnes pieuses de venir en aide « aux pauvres malades qui viennent en foule innombrable implorer le secours de la Bienheureuse Vierge, et qui sont reçus dans l'hôpital d'Orcival. » Il accorde également quarante jours d'indulgences aux donateurs.

Pareille autorisation et pareilles faveurs sont accordées, dans les mêmes termes, par Thomas du Prat, en l'année 1518.

Réunis en assemblée capitulaire, le 16 du mois d'avril 1519, les chanoines décident d'envoyer l'un d'eux dans les diocèses de Clermont, Saint-Flour et Limoges, pour publier les miracles de Notre-Dame et recevoir les aumônes et charités que les fidèles voudront bien faire tant à l'église qu'à l'hôpital. Ils donnent mandat pour trois années consécutives au chanoine Vincent Bourbon de remplir ainsi les fonctions de prédicateur et de quêteur (1).

Pendant tout le XVIIᵉ siècle les évêques de Clermont et des diocèses voisins, continuèrent la tradition de leurs prédécesseurs d'accorder au Chapitre d'Orcival « la permission de faire ou faire faire une quête tous les ans par des personnes pieuses dans toutes les paroisses de leur diocèse, à la charge que les aumônes recueillies seraient employées aux réparations d'entretien de l'église et à la nourriture des pauvres (2). »

Le parchemin signé à cet effet par Mgr Bochart de Saron, le 1ᵉʳ août 1693, porte que, « vu les permissions d'aucuns de nos roys accordées auxdits chanoines de faire la queste dans toute l'étendue du royaume, » on ne saurait refuser l'autorisation qu'ils sollicitent (3).

1. Arch. du P.-de-D., Chapitre d'Orcival, cote 6-2.

2. Ibid., cote 2 b.

3. Ibid., cote 6-2.

Nous avons vu plus haut le Chapitre déléguer, en 1519, l'un de ses membres pour parcourir les paroisses et recueillir les aumônes. Ordinairement c'étaient de simples habitants du bourg qu'on employait à cet office. Le curé et le doyen leur remettaient des lettres de crédit, dûment authentiquées, et ces « quêteurs de la Vierge » allaient de paroisse en paroisse, publiant les derniers miracles accomplis et sollicitant pour l'entretien du sanctuaire la générosité des fidèles.

Voici le texte d'une de ces lettres de crédit, retrouvée dans les vieilles archives : « Nous doyen, chanoines et Chapitre de Notre-Dame d'Orcival, à tous ceux qui ces présentes lettres verront, salut. Comme ainsi soit que la permission de faire la queste tous les ans par nos serviteurs dans les paroisses de ce diocèse, du diocèse de Bourges et autres de ce royaume, nous aye été accordée de temps immémorial par les révérendissimes évesques de Clermont, archevesques de Bourges, évesques de Saint-Flour et par plusieurs de nos rois très-chrétiens, pour être les bienfaits d'icelle employés en œuvres pies et charitables, nous, suivant ladite permission, qui nous a esté de nouveau confirmée par Mgr l'évesque de Clermont, pour tout le temps de son épiscopat, sans restriction, en date du 8 juillet 1666, et dont l'original est dans nos archives, estant informés de la fidélité, vie et bonnes mœurs de Louis et Jean Pouderutz, les avons commis et commettons par ces présentes pour faire ladite queste avec modestie et en gens de bien. Et lad. permission prendra son cours dès aujourd'huy, date des présentes, jusqu'au jour de la feste de saint Jean-Baptiste seulement, sans que néanmoins ils puissent recevoir aucun argent pour la célébration des messes, sous quelque prétexte que ce soit, ni aucun linge, et à cette fin, exhortons et supplions MM. les prieurs, curés et vicaires de les recommander à leur prône à la charité de leurs paroissiens, et à tous autres de leur rendre leurs assistances et leur départir charitablement leurs aumônes, pour conserver et augmenter de plus en plus la dévotion qu'ils ont toujours eue à la Sainte Vierge, très-particulièrement honorée en ce lieu de tous les peuples, avec promesse que nous faisons auxdits prieurs, curés et autres d'avoir souvenir d'eux en nos prières, messes et services, et par exprès au service général que nous avons accoustumé de faire tous les premiers vendredys de chaque mois pour tous les bienfaiteurs de cette église, vivants et tré-passés. En fin de quoi nous avons ces présentes signées et apposé notre sceau. Donné à Orcival ce troisième décembre 1680. Signé : Charrier, curé — Charrier, doyen d'Orcival — Delafarge, baile — Mallet, chanoine — Mignot.

En 1683, le mandat est confié à Jacques Sénèque et à Louis Lafarge, habitants d'Orcival (1).

Il est à remarquer que les dernières permissions de quêtes ne parlent plus de pauvres à recevoir et à nourrir. C'est qu'en effet l'antique hôpital avait cessé d'exister dès le milieu du XVIIᵉ siècle, et avec lui avait disparu la Confrérie du Saint-Esprit. Un procès-verbal de visite épiscopale, en date du 6 septembre 1700, déclare nettement qu'il n'y a plus à Orcival ni établissement de charité, ni hôpital. Massillon, dans sa tournée pastorale, le 21 mai 1727, constate qu'il y a seulement « pour la charité un fonds de 25 livres d'une rente léguée par un particulier, et la somme de 50 livres de rente léguée par l'ancien doyen, M. Charrier, et quelques aumônes. » En outre, les dames de la localité avaient formé une asso-ciation charitable, sous la direction de M. Delafarge, cha-noine, et elles avaient en mains une somme de 650 livres (2). Jusqu'à la Révolution, le Chapitre garda l'administration des biens des pauvres, et délégua quelques-uns de ses membres pour remplir cet office, sous des noms divers. Au commen-cement du XVIIIᵉ siècle, nous voyons Étienne Mallet, curé, et Étienne Delafarge, chantre, « directeurs du bureau de la

---

1. Arch. du P.-de-D. Chap. d'Orcival, cote 8.

2. Bibliot. du Gd.-Séminaire, mss. Procès-verbaux des visites pastorales.

charité des pauvres. » En 1716, Antoine Delafarge, chanoine, les avait remplacés avec le même titre. En 1763, Michel Delafarge, doyen, Joseph Cougoul, curé, Étienne Couvreuil, chanoine, étaient « administrateurs de la charité d'Orcival. » En 1788, Joseph du Crozet, doyen, était « trésorier des pauvres. »

Salus infirmorum ! Consolatrix afflictorum ! Dans tous les siècles, les documents l'attestent, vous avez mérité, ô Vierge clémente, ces appellations que vous donne l'Église. Tous les âges vous ont proclamée le refuge de ceux qui souffrent ; tous vous ont saluée comme la suprême espérance des malheureux.

Quel spectacle ce devait être que la vue de ces foules de malades que la confiance et l'amour amenaient à vos pieds, et qui s'écriaient dans l'ardeur d'une foi inébranlable : « O Mère, si vous le voulez, vous pouvez nous guérir ! » Quel spectacle rappelant les beaux jours du christianisme, alors que le peuple de Jérusalem portait les moribonds sur le passage de Pierre, afin que, tombant sur eux, son ombre les guérît ! (1)

Comment ne dissiperiez-vous pas toute langueur et toute infirmité, vous qui avez enfanté Celui qui est le principe de vie, et qui d'un mot ressuscitait les morts ? Comment ne calmeriez-vous pas toute douleur et toute angoisse, vous qui nous avez donné Celui qui a dit : « Venez à moi, vous tous qui souffrez, et je vous soulagerai ? » Cette miséricorde qui distingua votre divin Fils, ô Mère du Rédempteur, est un des attributs de son essence éternelle, mais ne l'a-t-il pas aussi reçue de vous par héritage, en même temps qu'il a reçu votre sang ? « O merveille ! s'écrie un de vos serviteurs, l'Infini a pris ce que lui donnait le fini, comme le ciel se parfume et s'embaume de l'arome des fleurs, quoique les fleurs soient filles de la terre (2). »

---

1. Act. des Apt. V. 15.
2. Faber, *Tout pour Jésus.*

CHAPITRE SEPTIÈME.

Les miracles.

Eux qui nient les miracles ont généralement pour seul argument cette phrase toujours et partout répétée : Dieu ne changera pas sur votre demande le cours de la nature ; il ne détruira pas, pour vous être agréable, les lois qu'il a posées lui-même.

A cette objection, qui n'est que spécieuse, nous répondrons avec un illustre philosophe de notre temps : Lorsque ma main soulève une pierre, est-ce qu'elle détruit quelque loi ? Non, sans doute, mais elle superpose à la loi et à la force de l'attraction, qui subsiste sans nul dommage, une autre force soumise à d'autres lois, savoir : la force de mon corps vivant que gouverne ma volonté libre. Eh bien, Dieu fait de même quand il superpose, par un acte libre, sa force aux forces de la nature. Les forces supérieures emportent et enveloppent les moindres, sans les nier ni les détruire, sans leur ôter aucune partie de leurs effets qui subsistent, mais composés.

Disons donc avec le lépreux : Seigneur, si vous voulez, vous pouvez me guérir ! Oui, il y a des actes de la volonté de Dieu que l'homme peut obtenir par la prière, et ces actes peuvent guérir toute maladie, même ressusciter les morts.

Notre Dieu est un père souverainement bon qui se penche vers nous, écoute nos prières et les exauce. Les lois générales n'embarrassent point sa toute-puissante bonté. Nos prières, loin de troubler l'économie de son gouvernement, ne sont elles-mêmes que l'accomplissement normal et prévu de ses éternels desseins ; d'avance il a déterminé les effets qui doivent se produire ; il a prédisposé, dans l'harmonie du monde, les causes et l'ordre de ces effets.

Dieu veut le bien de sa créature, et il le veut avec amour ;

et ce bien il nous le prodigue, alors même que nous croyons qu'il nous le refuse, car s'il ne nous accorde point toujours ce que nous lui demandons, c'est pour nous combler d'autres grâces qui nous sont plus nécessaires et que nous ne soupçonnons pas.

Mais aucune de ces grâces, acquises au prix du Précieux Sang, ne parvient jusqu'à nous sans passer par Marie, réservoir vivant, trésorière unique et universelle de tous les dons de Dieu : *Totius boni plenitudinem posuit in Mariâ* (1).

Nous ne recevons que de la plénitude de Marie ; c'est elle qui donne au captif la liberté, au malade la guérison, la consolation à l'affligé, le pardon au pécheur, la grâce au juste ; l'ange lui-même lui doit son bonheur. Tout est confié aux mains de la Mère du Christ. Dieu lui-même s'abandonne à elle ; c'est la souveraine du Sacré-Cœur.

Que de merveilles ont été accomplies par cette Reine des hommes ! Merveilles opérées dans le mystère des cœurs, dans la profondeur des âmes, et que Dieu seul connaît ; merveilles opérées à la face du Ciel et de la terre, et dont les générations se sont d'âge en âge pieusement transmis le récit, parce que la puissance du Très-Haut fut à jamais affirmée ainsi que la miséricordieuse intercession de la Vierge Immaculée.

Malheureusement, comme toutes les choses humaines dont la destinée est de disparaître, les relations de ces miracles se sont perdues en grand nombre ; les archives où étaient conservés les procès-verbaux constatant ces faits extraordinaires, ont été dispersées aux quatre vents du ciel, quand elles n'ont pas été brûlées ; et, il faut le dire aussi, plus insouciants qu'ingrats, ceux qui ont été l'objet ou les témoins de ces faveurs ont bien souvent négligé les moyens d'en transmettre le souvenir.

---

1. Saint Bernard, *In Nativitate.*

L'historien qui veut feuilleter les merveilleuses annales du pèlerinage d'Orcival, ne trouve de documents écrits qu'à partir du XVIe siècle ; et encore les plus anciens documents ne sont pour la plupart que de simples notes inscrites sur des terriers ou des inventaires. Cependant les vieilles chroniques nous affirment que les chanoines avaient chargé Jacques Toizat, un de leurs confrères, de recueillir tous les faits miraculeux accomplis par l'intercession de Notre-Dame d'Orcival, et le pieux annaliste s'était acquitté de cette mission avec un soin religieux. De son côté, Jacques Branche avait écrit son *Livret de Nostre-Dame d'Orcival* en s'aidant de ce recueil. Mais, nous l'avons dit, les deux ont disparu dans le naufrage des temps. Un autre personnage resté inconnu, mais que nous croyons avoir été membre du Chapitre, avait recommencé le même travail au siècle dernier. Son manuscrit est allé enrichir la bibliothèque de M. Paul Le Blanc, de Brioude, qui a bien voulu le mettre à notre disposition. Nous le publions à peu près textuellement.

I. — *Invoca me in die tribulationis : eruam te, et honorificabis me.*

Notre-Dame d'Orcival, comme une aurore naissante, paraît sur notre horizon, dissipe nos ténèbres spirituelles et corporelles, éclaire les aveugles par son intercession auprès de son Fils, ainsi que l'a reconnu Ligière Condamina, fille de François et de Catherine Fouillade. Elle était âgée de vingt ans, habitante de la Launière, paroisse de Saint-Remy, en Limousin, distante de deux lieues d'Ussel, au même ressort. Devenue aveugle par une surabondance d'humeurs de cerveau qui s'était portée sur les yeux, elle s'adressa avec autant de confiance que d'amour à la Vierge Marie, et ce ne fut pas en vain qu'elle implora le secours de cette puissante consolatrice des âmes affligées, car son vœu fait de se transporter pieds nus dans l'auguste chapelle de Notre-Dame d'Orcival et de dire tous les jours, soir et matin, en son honneur, seize *pater* et autant d'*ave*, elle se sentit intérieurement consolée. Sa foy se fortifiant de plus en plus, elle recouvra parfaitement la vue.

Ce miracle, opéré au commencement du mois d'août de l'année 1657, est attesté par des témoins d'autant plus dignes de foy qu'ils ont été témoins oculaires de sa maladie et de la guérison subite de la susdite affligée, qu'ils sont ses concitoyens et conformes dans le rapport fidèle qu'ils en ont fait publiquement, savoir : Antoine Saunier, Marie Gardy, Jacquette et Marguerite Chevalier.

II. — Cette pure Vierge, comme un soleil éclatant dans l'Église, répand, du haut des cieux, ses rayons bienfaisants sur les languissants et les paralysés, s'ils implorent son secours, et elle intercède pour eux auprès de Jésus-Christ, le véritable Soleil de justice. Quand ils seraient paralytiques depuis trente-huit ans, comme cet homme de l'Évangile, elle les aide à se jeter dans la piscine probatique. C'est dans cette piscine salutaire de la nouvelle alliance, que l'ange du Seigneur descend et donne le mouvement pour les guérir de toutes sortes de paralysies ; mais si c'est par les mérites infinis de Jésus-Christ, source inépuisable de toutes grâces, qu'ils sont guéris, c'est aussi par le crédit prodigieux que sa Mère a auprès de luy. Quelle preuve plus éclatante de l'efficacité de son intercession auprès de son Fils, que la faveur signalée qu'elle a accordée à Antoinette Cohendon, habitante du village de Coys ! Elle était paralysée de tous ses membres depuis neuf années consécutives ; on la transporta charitablement à Orcival, en dévotion, selon ses désirs réitérés et manifestes, et on la mit dans un cercueil ouvert, emmaillotée comme un enfant dans son berceau. A peine arrivée, on expose la paralytique en son lit de douleur devant l'autel de l'Image miraculeuse de la Vierge. Aussitôt qu'on a délié cette Lazare, elle fléchit les deux genoux à terre, se munit du signe sacré de la croix, étend ses bras languissants vers Celle dont elle espère, après Dieu, une prompte guérison, et la ferveur de sa prière s'élève comme la fumée d'un encens agréable, perce les nues jusqu'au trône de Marie, et qu'arrive-t-il ? La languissante obtient de Jésus-Christ, par les mérites de sa sainte Mère, une force céleste, une force corporelle qui lui permet de se soutenir par elle-même, et, partant ensuite de l'autel sacré, pénétrée d'une vive reconnaissance pour le bienfait signalé que le Ciel vient de lui accorder, elle se rend de son pied au logis du *Lion d'Or*, où elle prend un peu de nourriture, sans l'aide de personne...

*(La page suivante manque dans le manuscrit : cette lacune nous renvoie au 7*me *miracle, nous privant du récit des 3*me*, 4*me*, 5*me *et 6*me*.)*

VII. — Dans la description subtile et énergique que saint Paul fait des dangers auxquels il a presque toujours été exposé dans ses voyages, il commence par ceux qu'il courut sur les fleuves et les mers, au nombre des plus grands et des plus difficiles à surmonter. C'est la main du Seigneur qui l'en a heureusement tiré, et s'il ne cesse de lui rendre mille actions de grâces pour tous les autres bienfaits, il remercie de ceux-ci comme de bienfaits singuliers. Nous ne serons donc pas surpris si M. Vareignes, dans les remerciements qu'il fait à Dieu pour toutes les marques visibles de grâces qu'il croit avoir obtenues par la médiation de Notre-Dame d'Orcival, compte au nombre des plus signalées celle qu'il obtint sur le fleuve de la Seine, à Paris. C'est lui-même qui nous en a laissé le témoignage par écrit. Écoutons-le donc, car il l'a fait dans son tems, dans toute la droiture, la naïveté et la justesse qui convenaient à son esprit, à sa grande piété et à sa qualité d'habile avocat en parlement.

En l'année mil six cent cinquante-six, dit-il, je demeurais à Paris, chez M. Chevalier, procureur du parlement, et, comme j'étais lié d'une étroite amitié avec deux jeunes gens, ils vinrent un jour à mon logis pour me solliciter à m'aller baigner avec eux dans la Seine. D'un commun accord, nous nous transportâmes au-dessus de l'arsenal de ladite ville. Là, à l'écart, après m'être déshabillé et placé au courant de l'eau, je fus emporté plus loin que je n'avais pensé. Je fis pour lors tous mes efforts pour revenir à l'endroit d'où j'étais parti, mais je ne pus y réussir. Que vais-je donc devenir ? me disais-je à moy-même. Je pris enfin la résolution d'aller à bord de la rivière, et j'y arrivai effectivement avec grand'peine ; mais là, ' croyant prendre pied, je me trouvai malheureusement plus embarrassé que jamais, car je m'étais jeté par inadvertance dans un fossé profond, rempli de boue, d'ordure et de fascines. Tout éploré, je tâchai de faire l'impossible pour en sortir. Mais enfin, perdant toute espérance de pouvoir me délivrer par moy-même, j'eus recours à Notre-Dame d'Orcival. Heureuse idée qui m'était devenue comme familière par les fréquens secours que Notre-Dame m'avoit promptement accordés dans divers dangers où je m'étois trouvé. Et dans le même moment que je faisois vœu de visiter l'église et la chapelle dudit lieu d'Orcival, deux particuliers vinrent à mon secours dans une nacelle et me ramenèrent heureusement à fleur d'eau.

Il est vrai que j'étois presque au dernier période de ma vie, sans sentiment et signe de vie, mais ces deux hommes me tenant la tête extrêmement penchée et me prenant les flancs pour me faire dégorger, je revins à moy-même ; me croyant donc entièrement délivré du péril, je n'eus pas de plus grand empressement que de renouveler mon vœu et mes protestations de visiter tous les ans ladite chapelle du lieu d'Orcival, car je crois et j'atteste n'avoir été délivré que par une grâce spéciale, procurée vraysemblablement par l'intercession de Notre-Dame d'Orcival. Je m'y étois recommandé de tout mon cœur, dans l'instant que je croyois périr dans les eaux de la Seine, C'est pourquoi, ne pouvant me rendre sitôt en province, je fus luy rendre mes actions de grâces dans l'église cathédrale et métropolitaine dédiée à la Sainte Vierge, en ladite ville de Paris. J'y fis même célébrer le Très Saint Sacrifice à cette intention. Me trouvant dans la suite en résidence à Clermont en Auvergne, je n'ai pas manqué chaque année de rendre mes vœux à la Très-Sainte Vierge d'Orcival. Je proteste qu'autant que Dieu me conservera la vie, de continuer à les luy rendre le reste de mes jours.

Il y a déjà quelque temps, ajoute-t-il, que j'avois donné ma déclaration sous seing privé dudit miracle opéré en ma faveur, mais comme je l'avois confiée à M. Coides (?), prêtre de cette église, lequel est venu à décéder, et cette déclaration ne se trouvant plus, j'ai cru devoir la renouveler. Ceci, je désire ardemment le rendre publique, par le seul motif de ma plus vive et plus sincère reconnaissance envers Notre-Dame d'Orcival, mon illustre et insigne libératrice.

En foy et témoignage de quoy, ledit sieur Vareignes, avocat en parlement, a signé l'acte fait par main de notaire et daté du treize octobre mil six cent soixante-quinze. Lequel acte a été placé dans les archives dudit Chapitre et dont j'ay tiré ce que je dis icy de luy. Les soussignés avec luy dans ledit acte sont : Antoine Avilhat, Étienne Mallet, clerc audit Orcival, messieurs Joseph Becaine, prêtre, chanoine et baile dudit Chapitre, Nicolas, prêtre, chanoine et chantre de ladite église, et Delafarge, notaire royal.

VIII. — Que Dieu permette qu'une petite pierre se détache d'elle-même de la montagne, que par sa chute précipitée elle vienne frapper la statue qu'il fit voir en songe à Nabuchodonosor, et la réduise en poussière, je n'en suis pas surpris. Que le fer, l'argile, l'airain et l'or dont cette grande statue étoit composée se brisent tous ensemble, et qu'on n'en vo'e plus de vestiges, cela me surprend encore moins : c'étoit pour effrayer ce prince fier et impie, c'étoit pour le convaincre, après l'interprétation que luy donna le prophète Daniel de son songe, que DIEU, comme souverain Seigneur des rois, transfère et établit les royaumes par son autorité absolue et selon ses desseins impénétrables aux hommes. Mais que DIEU permette que le manteau d'une cheminée, que dis-je? que la cheminée entière s'écroule sur deux personnes sans les écraser, les pulvériser, c'est l'effet d'une providence particulière, disons tout, d'une assistance spéciale de la Sainte Vierge. L'exemple suivant vous en convaincra. Il est rapporté si naïvement qu'il ne laisse pas au lecteur le moindre doute de la vérité qu'il annonce.

Marie Vedrine, du village de Ruère, paroisse de Messeix, étant dans sa maison avec Péronelle Paumier, sa voisine, luy confie sa fille, âgée de sept mois, pendant le tems qu'elle chaufferoit le four. Pendant cet intervalle ladite Péronelle, ayant entre ses bras la susdite enfant, se tenoit debout sous la cheminée. Tout à coup la cheminée, qui ne paraissoit pas menacer une ruine prochaine, s'affaissa, tomba sur ladite Péronelle et l'enfant qu'elle venoit de recevoir comme un dépôt sacré. On s'imagine l'excès de la douleur de la mère devant cette fatale et imprévue démolition ! Impossible à elle de fouiller ces décombres, de remuer ces grosses et grandes pierres. Elle écoute attentivement et n'entend d'autre voix plaintive que la sienne. Alors elle a recours à la protection de la Sainte Vierge : Notre-Dame d'Orcival, s'écrie-t-elle, tout éplorée, je me rends à vous ! Après DIEU, je mets en vous toute ma confiance ! Sauvez-les toutes les deux ! Je vous fais mon vœu et vous promets le pesant de cire de ma fille si vous me la rendez vivante, et si vous préservez l'autre de la mort présente !

Au bruit des hauts cris qu'elle poussoit, les voisins étonnés accoururent chez elle, cherchèrent quelque temps, trouvèrent enfin dans les pierres et la poussière ladite Péronelle. Ils la trouvèrent dans un tas de chaux et de sable. Elle avoit une jambe cassée, et la petite fille, à un pas d'elle, avoit la tête embarrassée entre des pierres, mais d'ailleurs sans meurtrissures, sans contusions, saine et sauve, en parfaite santé ; ce que tous les assistants admirèrent, et après avoir entendu que cette mère avoit fait vœu à Notre-Dame d'Orcival, et qu'elle ne cessoit de la remercier, ils s'écrièrent tous avec justice que c'étoit à sa sainte protection qu'on étoit redevable de ce miracle dont je fais mention. En conséquence, ils vinrent au lieu d'Orcival, le vingt-six may mil six cent quatre-vingts ; ils rendirent le vœu et remercièrent tous ensemble Notre-Dame d'Orcival, savoir : Antoine Delavarène, Marguerite Aymard (de Chomadon), Michelle Paumier, Marie Vedrine, mère de l'enfant préservée miraculeusement de la mort, tous habitants de Ruère et de la même paroisse. La mère seule de l'enfant a signé, les autres témoins n'ont sceu faire.

IX. — La Sainte Vierge n'est pas ennemie de son Fils pour protéger ceux qui, par une vie licencieuse et scandaleuse, se déclarent ouvertement les ennemis de JÉSUS-CHRIST et de sa Croix. Où seroit l'intelligence qui doit régner entre le Fils et la Mère, si elle se servoit du crédit prodigieux qu'elle a auprès de luy, pour prodiguer son Sang précieux, pour l'employer à arroser des arbres stériles et infructueux, sur lesquels la cognée du Seigneur est levée, prête à les trancher jusqu'à la racine, chrétiens sans christianisme qui ne produisent que des fruits d'iniquité, dans le sein même de l'Église. Encore moins cette pure Vierge couvrira-t-elle de sa protection, les homicides volontaires qui ôtent injustement la vie à autruy, et qui pour cette cause sont condamnés à mort par la justice humaine, qui est en ce monde un supplément de la justice divine. Mais ne peut-il pas arriver qu'il se trouve dans certains meurtriers tant de modération dans leur juste défense, tant de fureur et de rage dans leurs injustes agresseurs, que cela diminue de beaucoup leur faute devant DIEU, alors qu'il n'y a pas dans ces meurtriers de volonté déterminée de tuer, mais qu'il leur a fallu repousser la force par la force, et qu'ils sont ensuite devant DIEU pénétrés d'un vif repentir d'avoir tué leur frère en JÉSUS-CHRIST? Et s'ils ont avec cela une grande confiance en la Très-Sainte Vierge et en particulier en Notre-Dame d'Orcival, ne peut-elle pas s'intéresser pour eux auprès de son Fils? Et voilà sensiblement le cas de Marin Chalamet, tisserand, habitant au faubourg de Mauzat, près Riom. C'est ainsi qu'il s'est expliqué dans ce qu'il a signé à Orcival, avec plusieurs autres, en venant rendre son vœu le jour de l'Ascension de Notre-Seigneur.

« Étant chez moi, dit-il, je fus attaqué par Martin Rigaud, accompagné de sa femme et de son fils. Cet homme m'assaillit dans mon jardin, à coups de fléots, les autres à coups de pierre et de terre durcie; incertain de ma vie, je cours pour m'armer de mon fusil, et par ce moyen intimider et faire prendre la fuite à mes ennemis. Voyant donc qu'ils persistoient dans leurs poursuites, je couchai en joue le mary, sans intention de le tuer, mais de le blesser pour me garantir de sa fureur vindicative; malheureusement pour luy et pour moy, le coup de fusil porta dans la veine cave (*sic*) de cet agresseur, qui perdit tout son sang et mourut quelques moments après. Dans l'instant je fus pris, emprisonné, et mon procès étant instruit, je fus condamné à mort et mes biens confisqués par messieurs du présidial de Riom. Ensuite de l'appel de ma sentence, je devais partir pour Paris, mais ayant invoqué de tout mon cœur, dès le commencement de mon procès, le secours de la Sainte Vierge d'Orcival, avec promesse de luy rendre mon vœu, si j'échappois au péril, je fus exaucé, car le jour que je devois être mis dans la voiture pour être transporté dans les prisons de Paris, une roue de ladite voiture se rompit. Par suite de cet accident, le maître de ladite voiture ou messager refusa de se charger de moy pour cette fois, ce qui me donna le tems d'obtenir des lettres de grâces. Elles furent adressées à Monsieur l'Intendant et à la justice pour les entériner et me renvoyer absous, de sorte que j'en fus quitte pour payer une amende de dix livres envers les pauvres, à laquelle je fus condamné. Et tout cela grâce à la miséricorde vraisemblablement de la Sainte Vierge d'Orcival, en la protection de laquelle j'avois mis toute ma confiance après Dieu. »

Le meurtre s'était accompli le jour de la Saint-Barthélemy 1685 ; Marin Chalamet rendit son vœu le jour de l'Ascension de Notre-Seigneur 1686, le même jour qu'il l'avait promis.

X. — Nous voyons des effets si merveilleux opérés dans les eaux par la vertu du Seigneur, que nous ne pouvons nous lasser d'admirer sa puissance, d'applaudir à sa justice ou à sa bonté pour les hommes. Tantôt c'est un déluge qui engloutit presque tout le genre humain parce qu'il s'est souillé de crimes ; tantôt c'est un peuple chéri de Dieu que les eaux respectent en se divisant à droite et à gauche pour laisser le passage libre. Icy c'est un pharaon endurci qui est enseveli dans les eaux avec toute son armée, parce qu'il est rebelle à la voix de Dieu qui s'énonce par celle de Moyse ; là c'est un juste qui est préservé du déluge avec sa famille, tandis que tout périt. Mais sans parler davantage des rigueurs que Dieu a exercées sur les hommes en les submergeant dans les eaux, arrêtons-nous sur les miséricordes qu'il a exercées aussi par elles. Combien de fois n'ont-elles pas servi comme de murs à ceux que le Fils de Dieu et sa Sainte

Mère ont voulu protéger ! Combien de fois ne les ont-elles pas soutenus sur leur face comme immobiles jusqu'à ce qu'un secours soit arrivé pour les délivrer d'une immersion inévitable ! Entre une infinité d'exemples de cette nature, je citerai celui du fils aîné d'Antoine Bouchet, habitant de Roche-d'Agout.

Cet enfant, âgé de douze ans, accompagnoit sa mère, nommée Anne Rique, qui allait à la ville d'Auzances. Elle voulut passer la rivière du Cher, au village de Courtray ; mais cette rivière était alors si débordée que pour atteindre seulement le pont on s'y plongeoit jusqu'à la ceinture. La mère arriva jusqu'à ce pont, et son enfant la suivoit d'assez près. Cependant, s'apercevant tout à coup du danger, il fut saisi d'une si grande frayeur qu'il tomba dans l'eau et fut entraîné assez loin de sa mère, à plus de mille pas. On pense quels cris pitoyables poussa la mère, lorsque, après avoir passé la rivière, elle aperçut son enfant flottant au gré des eaux. Elle le recommande à Notre-Dame d'Orcival, et aussitôt l'enfant demeure comme immobile sur le courant : les eaux inférieures le soutiennent, et celles qui l'environnent luy servent comme de barrières et de murs fixes. La mère a donc le temps de supplier le meunier de Courtray de courir au secours du naufragé. Le meunier, sans hésiter, se jette à la nage, aborde l'enfant et le tire des eaux, comme autrefois la fille de Pharaon en tira Moïse. L'enfant étoit resté pendant trois quarts d'heure en la possession du fleuve. Ledit Antoine Bouchet son père, et sa mère, et le meunier, libérateur de l'enfant, ont déclaré et affirmé la chose comme certaine, le neuf juillet 1688, et ce à Orcival en présence de plusieurs témoins, particulièrement de M. Lourdon, prêtre audit lieu.

XI. — Jésus répondit aux deux disciples que saint Jean lui envoya : Allez dire à Jean ce que vous avez entendu et ce que vous avez vu : Les boiteux marchent, etc. N'est ce pas aussi ce que Notre-Dame d'Orcival peut dire avec justice à ceux qu'elle a miraculeusement guéris et à ceux qui sont témoins de ces guérisons surnaturelles ? « Allez dire ce que vous avez entendu et ce que vous avez vu ; ne retenez pas la vérité captive ; il vous est glorieux et salutaire de publier par de saints motifs les bienfaits éclatants que vous avez reçus de Dieu par la médiation de son humble servante : les boiteux marchent, ce qu'ils ne faisoient pas avant de m'adresser, après Dieu, leurs vœux et leurs supplications. »

En voici une nouvelle preuve dans la personne de Melle Mestat, qui fut vouée dès son enfance, par ses pieux parents, à Notre-Dame d'Orcival. Elle étoit fille de Jacques Mestat, habitant de la ville de Chilhac, et de Dame Marguerite Parchas. Son infirmité étoit d'être en âge de marcher et de ne le pouvoir faire, ce qui fut cause du voyage de Monsieur son père à Orcival. Cet homme plein de foy et d'espérance pria la Sainte Vierge avec tant d'ardeur de soulager son enfant, qu'il obtint l'effet de sa prière avant de sortir de l'église. C'est cette fameuse et subite guérison dont la Dame Parchas, veuve dudit Jacques Mestat, vint avec sa fille à Orcival rendre compte au public, pour accomplir son vœu et supplier les assistants de joindre leurs prières aux siennes, afin de remercier le plus dignement possible Dieu et la Sainte Vierge, et pour demander à cette puissante consolatrice des mortels accablés de douleur, de continuer ses bontés envers la suppliante et sa fille.

L'acte passé devant notaire et attestant la vérité dudit miracle est daté du seizième d'octobre mil six cent nonante-un

XII. — Saint Paul dans le quatrième chapitre de son épître aux Éphésiens parle des différents ministres que Dieu a donnés à son Église, entre autres des pasteurs et des docteurs qui sont les évêques d'une part, et de l'autre le curés des paroisses. Plus les uns et les autres sont exacts aux fonctions de leur sacré ministère, plus ils sont favorisés de Jésus, le vray pasteur de nos âmes, et de sa Très-Sainte Mère. On en trouve une preuve sensible dans la personne de M. le curé de Ceilhoux. Ce digne prêtre portoit tous ses paroissiens dans les entrailles de sa charité ; son cœur étoit ouvert à tous pour les aider à se convertir sincèrement à Dieu. Il les instruisoit avec autant d'amour que de zèle, soit dans la chaire de vérité, soit dans le sacré tribunal de la pénitence ; enfin, après les avoir catéchisés, pacifiés dans leur maison, et les avoir affermis dans l'excellente obéissance aux commandements du Seigneur, il succomba sous le poids de ses fonctions pastorales. « Au mois d'août de l'année 1692, je fus si malade, dit-il, que les médecins m'abandonnèrent. Dans cette fâcheuse extrémité, Benoîte Chevalier, ma belle-sœur, fit pour moi un vœu à Notre-Dame d'Orcival. Elle lui promit que si Dieu me conservoit la vie par son inter-cession, j'irois célébrer la messe en actions de grâces dans la chapelle d'Orcival. Le vœu fait, je me remis à l'instant, je me reconnus, je ratifiai de cœur et de bouche ledit vœu, dont elle me donna connaissance. C'est pourquoy je suis venu aujourd'hui à Orcival, ving-neuf octobre mil six cent nonante-deux, pour y accomplir ce que mes parens ont voué pour moi. Je certifie en même temps à qui il appar-tiendra ma guérison parfaite par l'intercession de Notre-Dame d'Orcival. En foy de quoy j'ai ci-dessous signé lesdits jour et an que dessus. Guillaume Costilhes, prêtre et curé de Notre-Dame de Ceilhoux.

XIII. — « Considérez que je suis dans l'affliction : mes entrailles sont émues, mon cœur se serre ; on voit au dedans de moy une image de la mort. » Telles étoient les lamen-tations du prophète Jérémie : tels étoient les sentiments les plus intimes que Madame Jeanne Roudal, femme de Monsieur

Antoine Roudal, notaire et bailly de Domaize, adressoit à DIEU à l'occasion de la maladie subite de son époux. Voici le fait tiré dans toute sa teneur de l'écrit signé par le sieur Roudal.

« Moy Roudal, soupant chez moy en famille, en la compagnie de Mre Russias, mon curé, je fus attaqué d'apoplexie, apoplexie si foudroyante qu'elle me priva de tous mes sens, l'espace de deux heures. Tous les assistants croyoient et crioient à haute voix que c'en étoit fait, qu'il n'y avoit plus d'espérance de vie pour moy : mon épouse effrayée et toute éplorée s'écria à l'occasion de mon accident, avec une confiance et une véhémence extraordinaires : « Sainte Vierge d'Orcival, je n'ai d'autre recours qu'à vous ! Sauvez, s'il vous plaît, mon époux, afin qu'il ne meure pas d'une mort si inopinée et si tragique ! Si vous luy conservez la vie, il ira toutes les années que vous luy accorderez à Orcival, pour vous rendre ses devoirs et ses vœux. »

» Ces paroles furent prononcées avec tant de foy que je revins tout à coup comme d'un sommeil léthargique, mais je revins aussi sain de corps que je l'étois auparavant. L'année ensuite je retombai dans un pareil accident d'apoplexie. Un pareil cri de ma femme à N.-D. d'Orcival me retira. Comblé de tant de grâces et de bénédictions de la Sainte Vierge, je suis venu aujourd'huy en ce lieu d'Orcival pour la remercier très humblement et accomplir mon vœu, et pour justifier les deux miracles opérés en ma faveur, afin d'attester à tous ceux qu'il appartiendra qu'ils sont incontestables. En foy de quoy je me suis soussigné, ce vingt-neuf octobre mil six cent nonante-deux. Antoine Roudal, notaire et bailly de Domaize. »

XIV. — Le Seigneur parloit ainsi par la bouche du prophète Isaïe : Dites à ceux qui ont le cœur abattu : Prenez courage, ne craignez pas, votre DIEU viendra luy-même pour vous sauver ; la terre qui étoit desséchée se changera en un étang. Passage que saint Jérôme entend du premier avènement du Fils de Dieu et des merveilles qu'il a faites dans l'établissement de son Église : mais ne peut-on pas aussi l'appliquer à ce qui arriva à Antoine Vanel et à tous les spectateurs de la triste situation où il se trouvoit alors ? Voici la chose :

Cet enfant s'étoit laissé choir dans un étang ; il fut environ une demi-heure, par son agitation naturelle, tantôt sur la surface de l'eau et tantôt dans le plus profond. Plusieurs personnes, et dans leur nombre les parents du malheureux, contemploient cet effrayant spectacle sans pouvoir porter aucun secours. Mais Dieu qui a promis qu'une terre aride se convertiroit en un étang, ne pouvoit-il pas par sa Toute-Puissance convertir l'étang en une terre aride, ou commander aux flots les plus agités et les plus impétueux de transporter l'enfant sain et sauf sur les bords ? Et c'est ce qui arriva, car la mère et l'oncle du pauvre noyé ayant imploré le secours du Ciel par la médiation de Notre-Dame d'Orcival, l'enfant aborda presqu'à l'instant plein de vie. Et c'est pour remercier cette insigne protectrice et convaincre le public de ce prodige éclatant que Messieurs Giraud et Salvy, tous deux de la paroisse de Manzat, se sont rendus à Orcival. Ils ont été les précurseurs d'une nuée de témoins oculaires du miracle opéré par l'invocation de la Très-Sainte Vierge d'Orcival, et ont signé l'acte avec promesse publique de le faire signer volontairement par plus de quarante personnes.

Ce fut le dix-sept octobre mil six cent nonante-trois qu'ils comparurent à Orcival pour rendre le dit vœu.

XV. — « J'ay trouvé David mon serviteur, dit le Seigneur, je l'ai oint de mon huile sainte, ma main le secourra, et mon bras le fortifiera. » Nous devons tous prier Dieu qu'il étende sa main toute-puissante pour nous protéger contre nos ennemis visibles et invisibles, car s'il est pour nous, qui sera contre nous ? Mais dans les maux corporels que nous souffrons, comme ils sont plus sensibles et plus insupportables, nous adressons ordinairement nos prières à Dieu pour être délivrés ou au moins soulagés. « Les voilà dans l'affliction, dit le Seigneur par la bouche du prophète Osée, ils auront recours à moy. » C'est précisément ce que fit Jean Arlictre, fils à Gilbert et à Michelle Carton, natif de Saint-Priest-des-Champs. Étant âgé de 30 ans, il fut assez infortuné pour se rompre un bras par accident, et encore plus malheureux d'avoir été mal accommodé par gens du métier. Cependant il ne laissa pas, dans cette triste situation, de faire un voyage avec beaucoup de peine en Bourgogne. Étant arrivé à Sens, il ne put absolument s'aider de son bras, pendant près d'un an. Dans l'excès de douleurs aiguës qu'il ressentoit, il supplia la main de Dieu de vouloir s'étendre sur luy pour le secourir, et le bras fort du Tout-Puissant de vouloir fortifier la faiblesse du sien. Et pour faire réussir sa demande auprès de Dieu, il fit intervenir la protection de Notre-Dame d'Orcival ; il implora sa clémence et luy promit que si elle affermissoit son bras, il luy porteroit et luy offriroit en reconnaissance un bras de cire. Si Dieu, selon le prophète, exauce les désirs des pauvres, Marie exauça dans ce moment, par son intercession, ceux de ce pauvre artisan qui avoit extrêmement besoin de toute la force de son bras pour gagner sa vie. Il s'en servit effectivement comme avant sa rupture. Puis, fidèle à l'exécution de ses promesses, il vint à pied, de quatre-vingts lieues, pour accomplir son vœu et donner à la Sainte-Vierge son présent.

C'est de luy-même que nous tenons ce miracle, lors de l'accomplissement de son vœu, le vingt-six octobre mil six cent nonante-six. Il l'a certifié en présence de MM. Malet, vicaire, et Valeix, prêtre de l'église collégiale d'Orcival. Le dit miracle se trouve signé par M. Delafarge, chanoine, les jour et an que dessus.

XVI. — Le prophète Isaïe avoit prédit qu'à la venue du Messie les oreilles des sourds seroient ouvertes : n'est-ce pas ce qui est arrivé plusieurs fois corporellement et spirituellement par la naissance de l'Église ? Car les prodiges que le Sauveur opéroit sur les corps n'étoient-ils pas des pronostics de ceux qu'il devoit opérer dans nos âmes ? Mais sans parler icy de la surdité spirituelle qui est la plus nuisible à un chrétien, arrêtons-nous à la surdité naturelle dont Dieu, par l'intercession de Notre-Dame d'Orcival, a délivré le sieur Jean Delaigle.

Le dit sieur avoit perdu antérieurement la faculté de l'ouïe depuis longtemps, et, de l'avis des médecins, il étoit sans espérance de la recouvrer, privation qu'un fond de religion lui faisoit supporter avec autant de patience que d'édification ; mais cette infirmité étoit d'autant plus pénible pour sa famille et ses amis qu'on ne pouvoit plus jouir comme auparavant de son aimable entretien. L'affligé s'aperçut aisément de leur inquiétude et même de leur humeur chagrine à son égard. La crainte donc qu'il eut de se rendre de jour en jour plus insupportable aux siens, et de ne pouvoir vaquer à ses affaires temporelles, le fit recourir à Dieu et à ses Saints pour sa guérison. Les miracles continuels de Notre-Dame d'Orcival, dont on l'avoit si souvent entretenu, se présentèrent alors en foule à son esprit et le touchèrent si fort qu'il adressa ses vœux à cette tendre Mère, le quinze novembre 1697. Ce ne fut pas en vain, car un instant après son vœu fait, il entendit clairement, distinctement une petite cloche qui sonnoit l'*Angelus*. Transporté d'une joie mêlée de larmes, il se mit aussitôt à genoux pour réciter avec plus de respect et de dévotion la Salutation angélique, remerciant très humblement la Sainte Vierge de ce qu'elle l'avoit délivré de sa surdité. Le 25 novembre 1697, il se transporta à Orcival pour l'accomplissement de son vœu, en compagnie de Mre Michel Delaigle, son frère, et la déclaration de tout ce que dessus, signée de sa main et de celle de son frère, fut faite devant M. Delafarge, chanoine de ladite église d'Orcival, qui signa avec les susnommés, les jour et an que dessus.

XVII. — Le second miracle que le Fils de Dieu fit à Cana, en Galilée, fut en faveur d'un officier dont le fils était malade à Capharnaüm. La fièvre le quitta sur la septième heure du jour, c'est-à-dire à la même heure que Jésus luy avait dit : Votre fils est guéri. Mais ne pouvons-nous pas dire encore de nos jours que Dieu, toujours admirable en Luy-même et dans ses Saints, et particulièrement dans la Sainte Vierge, Reine de tous les Saints, en a fait un en ce genre dans ce que nous allons rapporter ? Et cela sur la sollicitation de Notre-Dame d'Orcival.

François Huliard, officier et intendant des jardins du roy de la ville de Moulins en Bourbonnais, avait son enfant malade depuis longtemps. Un jour cet enfant fut atteint d'un si violent accès de fièvre qu'il parut comme mort l'espace de trois quarts d'heure. Sa mère, dans l'excès de sa douleur, ayant pris conseil du R. P. Huliard, de l'étroite Observance de saint François, le voua à Notre-Dame d'Orcival. Cette mère désolée, mais animée d'une foi vive, savait que par un ordre du Ciel il sort de l'Image miraculeuse une vertu secrète qui guérit de loin comme de près, lorsqu'on invoque avec confiance la Vierge souveraine, et qu'en même temps la pensée se porte sur son Image. Et en effet ses pleurs et ses gémissements percèrent les nues et abordèrent le trône de Marie, et la fièvre quitta l'enfant au moment même où le vœu était fait. « Allez, ma Mère, dit Jésus à la Vierge, votre fils adoptif, pour lequel vous me priez si ardemment, est guéri. » Et le miracle ainsi opéré par l'intercession de Notre-Dame amena à Orcival toute la famille Huliard. On vit venir dans la chapelle de la Reine des Anges Mme Huliard avec son fils en parfaite santé; Dom Jean-Baptiste Huliard, de l'Ordre de saint Benoît ; Gilbert Davause, procureur du roy en la Chambre du Domaine du Bourbonnais, parents desdits Huliard, et plusieurs autres du même païs. Ils signèrent, le dix-neuf septembre mil sept cent quatre, le procès-verbal pour servir d'authentique dudit miracle, avec MM. Chanfeu, Fabri, Delafarge, Charrier, procureur d'office, et plusieurs autres.

XVIII. — Rubens, fils de Jacob, étant retourné à la citerne et n'y trouvant plus son frère Joseph qu'il aimoit tendrement, fut dans une extrême affliction ; il déchira ses vêtements pour marquer sa douleur, et vint dire à ses frères : L'enfant ne paraît plus, que deviendrai-je ?

Arrêtons-nous à ces dernières paroles pour comprendre l'affliction où se trouva Anne Mignot à l'égard de son fils. Cet enfant eut le malheur de tomber non dans une citerne desséchée comme celle où on avoit mis Joseph, mais dans un canal plein d'eau du moulin de Lavanday, paroisse de Gelles. La rapidité de l'eau entraîna l'enfant sous les roues du moulin, et depuis une heure déjà il avoit disparu, quand sa mère, s'apercevant de son absence, se met, désolée, à sa recherche et l'appelle avec angoisse, et comme Rubens elle s'écrie : L'enfant ne parait plus, que deviendrai-je ? O Sainte Vierge d'Orcival, rendez-moi mon enfant, mon enfant unique ! Si vous me le rendez vivant, je vous l'amènerai à Orcival avec toute ma famille, pour vous rendre grâces et vous remercier ! Au même moment, la nommée Roucheix, une voisine, qui avoit détourné l'eau du moulin pour chercher l'enfant, le trouva enfin sous les roues dudit moulin. On pourroit croire qu'il étoit brisé, réduit en lambeaux : il n'avoit qu'une petite contusion à l'œil gauche. On l'emporte avec la conviction qu'il est mort, on l'approche du feu pour le sécher, on réitère à Notre-Dame le vœu déjà fait pour lui, et au même instant l'enfant regarde, parle, se lève, demande de la nourriture.

Les père et mère dudit enfant sont venus à Orcival avec Joseph Mignot pour certifier ce fait en présence de Gilbert Célérier, praticien de Villejacques, et d'Annet Dupré, marchand d'Orcival. Ce fut le septième du mois d'août que l'accident arriva à l'enfant, et le onzième du même mois mil sept cent neuf, Antoine Gouyen, Anne Mignot, sa femme et Joseph Mignot, oncle maternel de l'enfant, vinrent à Orcival faire leur déclaration et accomplir leur vœu. Le procès-verbal dudit miracle est signé par MM. Célérier, Dupré, Delafarge, chantre, Bonnet, chanoine, Sarlièves, notaire royal, et scellé à Orcival par Artaud, le vingt-cinq août de l'année ci-dessus.

XIX. — *(Rapporté au Chapitre des paroisses vouées à Notre-Dame d'Orcival. — Chapdes-Beaufort.)*

XX. — Salomon ayant achevé la construction du temple de Jérusalem et ayant parfaitement réussi dans tout ce qu'il s'étoit proposé touchant l'édifice de la maison du Seigneur, Dieu luy apparut la nuit, et lui dit : J'ay exaucé votre prière, et j'ay choisi pour moy ce lieu pour en faire une maison de sacrifice ; s'il arrive que je ferme le ciel et qu'il ne tombe plus de pluie, que mon peuple se convertisse, qu'il vienne me prier, je l'exaucerai. Soit donc que Dieu ouvre les cataractes du ciel pour inonder la terre, ou qu'il les ferme pour ne laisser tomber ni pluie ni rosée, c'est toujours un effet de sa colère et une suite de nos péchés. N'est-ce pas ce que reconnurent heureusement devant Dieu les habitants d'Orcival et des environs ?

En mil sept cent cinquante-huit, ils furent inondés d'une si grande abondance de pluies qu'ils désespéroient de pouvoir lever la récolte des fourrages et des bleds. Les orages et les pluies ne décessèrent pas depuis le vingt-cinq juin jusqu'au vingt-cinq juillet, fléau qui s'étendoit à toutes les paroisses circonvoisines et au-delà; si DIEU par sa miséricorde ne l'eût arrêté, il menaçoit l'Auvergne d'une disette générale. Tous ces peuples étant donc extrêmement alarmés à la vue du peu de subsistance qui leur restoit et qu'ils voyoient sur le point de leur être entièrement enlevé, s'adressèrent à DIEU ; ils crurent avec justice que sa main toute-puissante ne s'étoit appesantie sur eux et ne les avoit affligés jusqu'à ce point que pour les porter à implorer sa clémence par Notre-Dame d'Orcival. Aussi s'exhortoient-ils mutuellement à passer à Orcival, à venir tous ensemble comme une armée rangée en bataille pour désarmer, par l'intercession de la Sainte Vierge, un DIEU si irrité par nos continuels péchés. Les pasteurs se parlent ; leurs ouailles se réunissent ; les paroissiens se rassemblent ; on écrit ; MM. les chanoines consentent volontiers aux désirs des uns et des autres ; le jour de la procession est fixé par acte capitulaire ; tous se rendent en grande dévotion au lieu d'Orcival ; on pénètre avec vénération jusque dans l'auguste chapelle de Notre-Dame ; on l'emporte processionnellement avec vénération à l'endroit accoutumé au jour et fête de l'admirable Ascension de son Fils. Mais, ô miracle! d'autant plus évident qu'il paraît à tout un peuple et le persuade : à peine cette vénérable Image est-elle arrivée à la porte de l'église que les nuages se dissipent visiblement, les orages cessent, les pluies discontinuent ; le ciel devient serein, le soleil paraît et brille ; la procession commence et finit avec un ordre admirable ; les peuples se retirent chez eux pleins d'une sainte joie et d'une vive reconnaissance pour les grâces que le Seigneur leur a faites par l'intercession de la Très-Sainte Vierge. Les paroisses si protégées de DIEU et de Marie sont celles de Saint-Bonnet, Saint-Pierre-Roche, Saint-Martin-de-Tours, Rochefort, Perpezat, Olby, Allagnat, Vernines, Nébouzat et Monges. Ces dix paroisses ayant chacune à leur tête leur digne pasteur se joignirent à celle d'Orcival, marchant toutes avant le vénérable Chapitre d'Orcival, et chacune selon le rang désigné ; animées d'un même cœur et d'un même esprit, elles ont toutes ensemble obtenu du Fils et de sa sainte Mère la sérénité si désirée depuis longtemps ; n'est-ce donc pas maintenant que Marie peut dire, après Dieu : J'ay exaucé les prières que vous m'avez adressées avec un cœur pur et sincère. En effet n'a-t-elle pas choisi pour elle ce lieu d'Orcival pour en faire une maison de sacrifice et de louanges, de reconnaissance et d'actions de grâces pour ceux qui y invoquent son saint Nom avec amour et confiance ? Que le ciel soit donc fermé ou trop ouvert pour répandre une trop grande abondance de pluie, et que son peuple pour lequel elle s'intéresse auprès de Dieu se convertisse, qu'il la prie, elle l'exaucera du haut du Ciel où elle est assise à la droite de son Fils ; elle purifiera la terre où son peuple fait sa demeure... Le procès-verbal est signé de l'année que dessus.

XXI. — Ouvrages du Seigneur, bénissez-le tous, louez-le, et relevez sa souveraine grandeur dans tous les siècles ! Glaces, orages, bénissez-le, louez-le à jamais ! telle étoit une partie de la prière que faisoient à Dieu les trois enfants dans la fournaise de Babylone. Telle étoit aussi celle qu'adressoit à Dieu M. de Servières avant et après son accident que je vais décrire après luy.

Monsieur Gilbert de Servières, écuyer, seigneur de Couronne, de Beaupis, de Saint-Priest-des Champs, résidoit au bourg de Manzat, lorsqu'il se cassa une cuisse par une chute qu'il fit sur la place. Ce fut après avoir assisté à la Messe de paroisse dans ledit lieu de Manzat ; en sortant de l'église, il voulut s'arrêter un moment devant la porte pour monter sa montre ; mais ne faisant pas réflexion que ses deux pieds étoient placés sur le haut d'une glace qui étoit en pente, il glissa précipitamment, tomba rudement sur le côté droit et sur le pavé ; le coup fut meurtrier, car il luy froissa tout le corps, lui rompit la cuisse droite et le laissa immobile et à demi mort ; accident funeste qui alarma ses concitoyens ; ils déplorèrent avec justice le triste sort d'un si honnête homme et d'un si bon chrétien ; tous coururent à son secours ; les plus forts l'emportèrent à son domicile. Là, étendu sur son lit de douleur, on invita un particulier de le venir voir, parce qu'il avoit la réputation d'exceller dans l'art de raccommoder les ruptures et remettre les dislocations. Mais, soit que le remède à un si grand mal excédât sa science, soit que Dieu dont les desseins sont impénétrables aux hommes ne le permît pas, il ne put réussir. Plusieurs habiles chirurgiens appelés ensuite ne furent pas plus heureux dans leurs opérations. Cependant le mal empiroit de jour en jour ; le côté droit du malade enfla d'une manière si prodigieuse que les mêmes chirurgiens furent d'avis de luy faire une incision à la cuisse, ce que l'affligé ne voulut jamais permettre par une inspiration qui ne pouvoit venir que du Ciel, cette cure devant être surnaturelle, miraculeuse, et le miracle réservé à Notre-Dame d'Orcival. Après s'être alité soixante jours et avoir souffert les douleurs les plus vives et les plus aiguës, il se jeta entre les bras de Notre-Dame d'Orcival pour obtenir sa guérison ; il mit en elle après Dieu toute sa confiance, fit vœu de l'aller visiter dans sa sainte chapelle, et reçut subitement assez de force corporelle pour s'y transporter ; car à peine eut-il formé son vœu que cette force luy vint par un frisson inopiné qui se communiqua à tout son corps et opéra sa guérison. C'est en conséquence de ce miracle si avéré qu'il vint à Orcival, le dernier juin, et se présenta, le premier juillet mil sept cent soixante, devant ceux qu'il appartenoit. Ce fut après avoir humblement remercié la Très Sainte Vierge et avoir fait offrir le Saint Sacrifice de la Messe qu'il requit de Messieurs les chanoines acte de ce miracle opéré en sa faveur, ce qui luy fut accordé avec plaisir, et le procès-verbal fut signé ledit jour et an par ledit seigneur, par Messieurs Deconchard, chantre, Huguet, Couvreuil, chanoines, et Rochette, secrétaire du vénérable Chapitre. Les deux béquilles que ledit Seigneur Servières a laissées suspendues par un ruban rouge dans la chapelle de la Sainte Vierge sont un monument, de nos jours, de la grâce qu'il en a reçue et de ce que nous pouvons espérer de sa protection en pareille infirmité.

XXII. — Seigneur, fils de David, ayez pitié de moy, ma fille est grandement tourmentée par le démon ! Telle fut la prière de cette femme chananéenne, dont il est parlé en saint Matthieu, chapitre quinzième. Elle soutient, dit saint Jérôme, cette fervente prière, par trois principales vertus qui ont éclaté en elle, la vivacité de sa foy, la grandeur de son humilité, la persévérance de sa patience, et je puis ajouter son attention à ne pas perdre de vue JÉSUS-CHRIST dans tout le cours de sa prière. Vous prévenez sans doute, chers habitants d'Orcival et de Nébouzat, la juste application que je veux faire de l'exemple de cette étrangère à Marie Manliot-Monéron à l'occasion de Marie Manliot, sa fille, cruellement vexée par le démon. Voici le fait entièrement conforme à la teneur du procès-verbal que vous avez signé, le 24 février 1763, jour de dimanche.

Marie Manliot, âgée d'environ quatorze ans, fille de Blaise Manliot et de Marie Monéron, son épouse, résidant au lieu et paroisse de Nébouzat, fut affligée, environ l'espace de quatre ans, d'une possession démoniaque, comme il parut vraysemblable à M. Gabriel Rioux, bachelier de Sorbonne, son digne pasteur, et à tous ses paroissiens, par les preuves sensibles qu'elle a données : élévations de terre extraordinaires ; prédictions faites et réalisées dans le temps en présence du sieur curé et de plusieurs autres personnes ; révélations des choses les plus secrètes ; enflure considérable ; langage hors de son âge, de son savoir et de son état ; hurlements, rugissements effroyables accompagnés de jurements, de blasphèmes contre Dieu et les choses saintes avec des contorsions, convulsions, grimaces horribles et qui épouvanteroient les plus intrépides. Quel parti prendra sa tendre mère, excédée de douleur, en voyant sa fille violemment agitée du malin esprit ? Elle se prosterne aux pieds de Jésus Christ, comme la Chananéenne ; la vivacité de sa foy luy apprend qu'il est réellement présent sur l'autel, où elle prie : Seigneur, luy dit-elle, ayez compassion de moy, ma fille est cruellement tourmentée par le démon. Dès le commencement de sa prière, elle se reconnoit pécheresse devant Dieu et réclame sa miséricorde pour mériter le pardon de ses péchés. Voilà sa contrition, son humilité. Ensuite elle luy demande respectueusement un bienfait temporel, la délivrance de sa fille, que le démon possède et obsède ; elle ne doute pas qu'il puisse luy accorder cette grâce, s'il le veut ; et voilà sa foy, son respect et son attention. Elle luy demande cette grâce pendant quatre années consécutives sans se dégoûter, sans se rebuter de son refus , voilà sa patience, sa persévérance. Elle demande et elle reçoit ; elle cherche et elle trouve ; elle frappe à la porte et on luy ouvre. O femme, votre foy est grande, luy dit intérieurement le Fils de Dieu, comme il l'a dit publiquement à la Chananéenne ; qu'il vous soit fait selon votre désir ; et à l'heure même sa fille fut guérie ; mais par quelle intercession ? Par celle de Notre-Dame d'Orcival, à qui M. le curé de ladite Manliot conseilla d'avoir recours dans son extrême affliction. Docile à la voix de son digne pasteur, elle n'hésita pas un moment à suivre son sage conseil. Après avoir donc tenté tous les moyens ordinaires pour l'âme et le corps de sa fille, du consentement de son mary, elle la voua à Notre-Dame d'Orcival, avec promesse de la conduire en dévotion devant son Image miraculeuse. Ce convoi paraît trop touchant et pieux pour que la majeure partie des paroissiens de Nébouzat, hommes, femmes et enfants ne l'accompagnent ; presque tous veulent avoir part à la douleur des affligés comme à leur joye dans la délivrance de leur fille. On part au jour fixé, jour de dimanche, étendards déployés, croix arborée et les reliques de l'église décemment portées ; mais à peine approche-t-on des appartenances d'Orcival, que tout l'enfer se déchaîne et veut résister au prodige éclatant de miséricorde qui va ravir d'admiration et d'étonnement toute la contrée. Cette faible fille, âgée d'environ quatorze ans, pâle, défigurée, plus morte que vive, se roidit, résiste aux bras de plusieurs personnes qui la tiennent sur le cheval qu'elle monte ; elle réitère ses efforts, redouble ses accents lugubres et ses hurlements confus et effrayants ; il n'est pas jusqu'à l'animal qu'elle monte qui ne devienne rétif, et qui ne refuse d'avancer dès qu'il s'agit de sortir des limites de la terre de Nébouzat pour entrer dans celle d'Orcival. Ne semble-t-il donc pas que ce soit le cheval pâle que saint Jean vit dans son Apocalypse, que celui qui le montoit s'appeloit la Mort, et que l'enfer le suivoit ? Cependant, malgré les assauts multipliés des puissances infernales, la dite Manliot arrive à Orcival ; on la place au pied de l'autel de l'Image miraculeuse, pendant que les paroissiens de Nébouzat, ayant leur vénérable curé à leur tête, sont humblement prosternés pour obtenir la grâce qu'ils demandent tous ensemble pour elle, et en remercier Dieu et sa Sainte Mère après qu'elle sera obtenue ; on luy fait vénérer et baiser l'Image de la Très-Sainte Vierge, ce qu'elle fait avec un calme et une tranquillité admirable, et qui surprend tous ceux qui l'avoient conduite et qui étoient présents. Ses parents font célébrer la Sainte Messe ; et la Messe célébrée, et le saint pèlerinage fini, ladite fille apparut au grand étonnement de tout le monde parfaitement rétablie ; et a toujours parlé avec décence ; elle jouit depuis ce temps-là d'une parfaite santé. Ce prodige, aussi éclatant qu'il est subit, fait actuellement que j'écris l'histoire de ladite fille, une sensation universelle, l'étonnement de tous les peuples circonvoisins qui connaissoient sa triste situation et la désolation de ses père et mère. C'est ce qui a donné à ses parents l'occasion de séjourner avec leur fille l'espace de neuf jours dans ce lieu d'Orcival, pour faire une neuvaine en actions de grâces devant l'Image de la Sainte Vierge. Messieurs du Chapitre d'Orcival, vivement touchés de cette délivrance si prodigieuse et si prochaine, ont jugé à propos de chanter solennellement un *Te Deum* en actions de grâces, où a assisté ledit sieur curé et un grand nombre de personnes. En foy de quoy avons octroyé acte, en présence dudit sieur curé, soussigné, Antoine Viginiet, greffier dudit Nébouzat, Jacques Lassalar, Jean Chabosson, demoiselle Charrier du Breuil, Pierre Manry, Blaise Lassalas, François Sudre, Pierre Randant, Christophe Ollier, Pierre Mainard, François Vedel, Antoine Tourray, Amable Dauphin, Blaise Bonnet, François Arnaud, Baltasard Bonnamy, François Mestas, Mathias Labonne, Blaise Chabosson, et plusieurs autres qui n'ont su signer ; et a signé ledit notaire royal, secrétaire dudit Chapitre, ledit jour et an cy-dessus, environ les deux heures après-midi. Ont signé : Messieurs Rioux, curé de Nébouzat, Delafarge, doyen, de Conchard, chantre, Cougoul, curé d'Orcival, Couvreuil, chanoine, Rochette, chanoine, Huguet, chanoine, Chabaud, chanoine, Dubois, chanoine, Rochette, secrétaire, notaire royal apostolique.

(Ici s'arrête le manuscrit.)

Une seconde source d'informations nous est fournie par les archives départementales du Puy-de-Dôme, où ont été déposées les archives de l'ancien Chapitre d'Orcival. Malheureusement bien des pièces se sont égarées, et parmi elles les procès-verbaux des miracles. Quelques-uns de ces faits merveilleux se trouvent mentionnés, sous forme de simples mémorandums, dans des terriers ou inventaires. Nous les indiquerons sommairement sans tenir compte de la rédaction trop peu littéraire de ces notes rapidement écrites.

I. — Dans les dernières années du XVe siècle, Mre Michel Rendy, de Pontgibaud, était venu en pèlerinage à Orcival avec Françoise Vallière, sa femme, et leur jeune enfant, Jean Rendy, âgé seulement de quelques mois. En s'en retournant, ils avaient attaché le berceau de l'enfant sur une jument, qu'ils laissaient marcher devant eux. Tout à coup l'animal effarouché s'emporte à travers champs, dans une course furibonde. Les malheureux parents comprennent le danger imminent auquel est exposée la vie de leur enfant. Tout secours humain étant impossible, ils s'adressent avec confiance à la Sainte Vierge, dont ils viennent de visiter le sanctuaire béni, mettent sous sa protection toute-puissante la frêle créature, objet de leur amour et de leur douloureuse inquiétude, et suivent, dans des transports de frayeur, la direction où s'est engagé l'animal. Leur prière ne fut pas adressée en vain à celle qui est appelée le *Secours des Chrétiens*. Après un demi-quart d'heure de course affolée, ils rencontrèrent l'enfant sorti du berceau et projeté tout nu sur le sol, mais sans aucun mal. Trois ans plus tard, le mardi de Pâques, 4 avril 1500, ils revinrent tous trois à Orcival pour accomplir le vœu qui avait attiré cette insigne faveur. Les parents offrirent comme *ex-voto* l'effigie en cire de l'enfant miraculeusement conservé.

II. — Maître Pierre André, de Giat, avait deux serviteurs qui lui dérobèrent la somme de 1000 livres tournois, et prirent la fuite après leur larcin. Vivement impressionné par cette perte, le maître frustré dans ses droits promit à Notre-Dame d'Orcival d'aller en pèlerinage à son sanctuaire, si elle inspirait aux voleurs la volonté de réparer leurs fautes. Peu de jours après, un des fugitifs se présentait chez lui, le repentir dans le cœur, et lui restituait la moitié de la somme. L'autre ne se fit pas longtemps attendre, et vint à son tour implorer son pardon en remettant la part qu'il s'était faite dans le vol.

III. — Michel Lardy, de Villossanges, avait été atteint d'aliénation mentale. Son père et sa mère le conduisirent à Orcival en pèlerinage, implorèrent pour lui l'intercession de la Vierge Marie, et le ramenèrent avec sa raison recouvrée.

IV. — Une fille de Pontaumur était allée jusqu'aux portes du tombeau. La maladie l'avait minée au point que pendant deux jours et deux nuits on ne lui connaissait presque plus de vie. Sa mère la voua à Notre-Dame d'Orcival, et quelque temps après elle venait en pèlerinage de reconnaissance pour sa guérison.

V. — Messire Joachim de Chabannes, seigneur de Cordès, baron de Rochefort, un des plus vaillants capitaines de son temps, fut grièvement blessé dans un combat. Son entourage ne gardait plus aucun espoir de le sauver du danger de mort où l'avait jeté sa blessure. Mais le pieux seigneur savait les merveilles de grâces obtenues par la protection de Notre-Dame d'Orcival, ayant vécu presqu'à l'ombre de son sanctuaire ; il eut donc recours à elle, et fit vœu de lui offrir un cierge de cinquante livres de cire, si elle le ramenait à la vie. Son vœu fut exaucé ; il recouvra la santé, et vint lui-même accomplir sa promesse. « Le plus brillant fait d'armes de ce seigneur est la prise par escalade du fort de Lurmarin, au comtat Venaissin, en 1536. Sa mort est marquée en 1559. Ces deux dates indiquent approximativement l'époque où il reçut la faveur en question. »

VI. — Messire Pradal, lieutenant de Montferrand, en

proie à une maladie dangereuse, fit vœu à Notre-Dame d'Orcival de venir en pèlerinage dans son sanctuaire et de lui offrir son effigie en cire, s'il revenait à la santé. Il fut exaucé, et donna l'*ex-voto* promis, pesant vingt-cinq livres.

VII. — Annet Rousseau, de Prompsat, conduisit à Orcival son fils presque mourant ; il le déposa devant l'Image miraculeuse, le jour de la fête, et eut la consolation de le voir guérir.

VIII. — Un homme de Malintrat recouvra la santé à suite d'un vœu fait à Notre-Dame d'Orcival (1555).

IX. — Un homme de Charbonnières-les-Vieilles, malade à mourir, vint se mettre en prière devant l'Image miraculeuse, et s'en retourna en parfaite santé (1555).

X. — Pétronille de la Roche, de Charbonnières-les-Vieilles, très gravement malade, se voua à Notre-Dame d'Orcival, et retrouva la santé par sa protection (1555).

XI. — Antonia Mallet, du lieu de Romyran, paroisse de Loubeyrat, demanda sa guérison à la Sainte Vierge d'Orcival et l'obtint (1555).

XII. — Jean Faure, de Charbonnières les-Vieilles, demanda et reçut la même faveur (1555).

XIII. — Un homme de la paroisse de Saint-Yvoine, voyant la grêle sur le point de tomber sur sa récolte, fit vœu d'aller à Orcival en pèlerinage, si la Sainte Vierge le préservait du fléau. La grêle tomba en effet, mais sa récolte fut épargnée (1555).

XIV. — Un homme se laissa tomber du haut d'une perche ; la chute était si dangereuse que ceux qui en furent témoins le crurent mort ; mais sa dévotion à Notre-Dame d'Orcival le préserva de tout mal (1555).

XV. — Madame des Ramades, voyant son fils extrêmement malade, fit vœu à Notre-Dame d'Orcival d'offrir l'effigie en cire de l'enfant, si elle avait la joie de le voir guérir ; elle fut exaucée (1555).

XVI. — Marguerite Chaulhière, de Marsat, fut guérie d'une maladie très dangereuse, à la suite d'un vœu à Notre-Dame d'Orcival, le jour de la fête de la Nativité de la Sainte Vierge (1556).

XVII. — François Tachat étant en danger de mort, sa femme le recommanda à Notre-Dame d'Orcival, promit quatre livres de cire, s'il était guéri par son intercession, et aussitôt le malade entra en convalescence (septembre 1556).

XVIII. — Michel Charraton, de Saint-Georges-de-Mons, étant à l'agonie, sans connaissance : on fit vœu à Notre-Dame d'Orcival d'offrir quatre livres de cire, s'il revenait à la vie. La promesse faite au mois d'août fut accomplie au mois de septembre 1556.

Les dix-huit miracles que nous venons d'indiquer, ne portent pas tous une date précise, comme on a pu le remarquer. Mais nous croyons pouvoir affirmer qu'ils sont tous du XVIe siècle, sauf le premier qui est des dernières années du XVe.

Les documents manuscrits étant épuisés, nous compléterons nos recherches à l'aide de quelques autres sources, et principalement de la petite publication du chanoine Chardon : *La dévotion à Marie honorée sous le titre de Notre-*

Dame d'Orcival. Il a divisé son chapitre des miracles en trois paragraphes : 1° Les miracles antérieurs à l'année 1554, recueillis, dit-il, dans de vieux manuscrits rédigés à cette date, ou dans des procès-verbaux existant aux archives du Chapitre : 2° Les miracles opérés depuis 1555 jusqu'en 1657 ; il observe que les uns et les autres ont été publiés par Dom Jacques Branche, avec permission de Mgr Louis d'Estaing, évêque de Clermont, en 1659 : 3° Les miracles opérés depuis 1657 jusqu'au moment où il écrivait (1769). « On n'en rapportera aucun, ajoute-t-il, qui ne soit constaté par des procès-verbaux en règle et existant dans les archives d'Orcival. Du reste, ces miracles sont en si grand nombre, qu'il faudrait des volumes pour les détailler tous ; nous ne donnerons ici que les principaux, les plus étonnants et les plus avérés. Si on ne rapporte pas des miracles opérés dans des temps plus reculés, c'est parce que les archives d'Orcival ayant été pillées plusieurs fois ; on a perdu les titres et procès-verbaux où ils étaient consignés et qui les constataient. » Un certain nombre des miracles dont la relation a été imprimée par cet auteur, se trouvant être les mêmes que nous avons déjà mentionnés, nous les omettrons ici, ne retenant que ceux qui ne figurent pas dans les manuscrits actuels.

I. — Un homme de la paroisse de Saint-Priest fut arrêté pour crimes commis, et enfermé dans les prisons de Chantelle. Voyant qu'il n'en sortirait que pour subir une mort ignominieuse, il eut recours à Notre-Dame d'Orcival, dont il avait maintes fois entendu proclamer la tendresse envers les captifs innocents ou repentants, et les prodiges opérés en leur faveur. Il la supplia avec ferveur et persévérance de la soustraire aux rigueurs de la justice humaine, et sortit de prison au grand étonnement de tout le monde.

II. — M. de Saint-Domat, officier distingué au service de

la France, se trouvant dans une bataille, fut renversé et couvert de terre par les projectiles de l'artillerie. Hors d'état de pouvoir se relever, et sur le point d'être écrasé par la cavalerie ennemie, il se mit sous la protection de Notre-Dame d'Orcival, et ne cessa d'implorer son assistance. Ce ne fut pas en vain : des escadrons passèrent sur lui sans lui faire aucun mal. Il vint aussitôt qu'il put à Orcival remercier la Sainte Vierge et attester la faveur qu'il en avait reçue.

III. — Un homme du village de Chazelle, paroisse de Saint-Étienne-des-Champs, voyant les fruits de la terre gravement menacés par des neiges abondantes et des gelées extraordinaires qui se produisaient en plein printemps, fit vœu d'aller en pèlerinage à Orcival et de faire un don proportionné à sa condition, si sa récolte était conservée. Le résultat de ce vœu fut palpable : il eut une moisson abondante, tandis que ses voisins ne récoltèrent presque rien. Fidèle à sa promesse, il vint à Orcival faire son offrande et déclarer devant témoins la vérité de ce prodige.

IV. — Dans un incendie violent, qui consuma une grande partie du bourg de Saint-Saturnin, un habitant du lieu, voyant sa maison sur le point de brûler, à cause de sa contiguïté avec d'autres qui étaient en flammes, eut recours à la Mère des miséricordes : il promit que si sa maison était épargnée, il irait en pèlerinage à Orcival et offrirait la représentation en cire de son immeuble. Peu de temps après, il accomplissait son vœu, attestant qu'il avait fallu un prodige de protection divine pour que sa maison eût échappé aux flammes.

V. — Une femme de Vichy, en Bourbonnais, fut atteinte, pendant six jours consécutifs, de douleurs si extraordinaires et si aiguës qu'on s'attendait à chaque instant à la voir rendre le dernier soupir. Le curé de sa paroisse, étant venu lui administrer les derniers sacrements, lui conseilla de se mettre sous la protection de Notre-Dame d'Orcival. Elle le fit avec une entière confiance, et à l'instant ses douleurs commencèrent de s'adoucir pour disparaître bientôt complètement. Après sa délivrance, elle fit son pèlerinage en compagnie de son mari, de son pasteur et de plusieurs autres personnes, qui attestèrent le miracle opéré en sa faveur. Cet événement est rapporté sous la date de 1481.

VI. — Vers l'année 1555, deux autres femmes, l'une d'Orcival, l'autre de Saint Amant, se trouvèrent dans le même danger de mort, et dans des conditions analogues. Elles implorèrent l'assistance de Notre-Dame d'Orcival, et furent subitement guéries, selon leur attestation faite en présence de témoins.

VII. — Une femme de Pradigier, paroisse de Mérinchal, fut privée de l'usage de la vue pendant l'espace d'une année. Quelques personnes pieuses, sensibles à son malheur, lui conseillèrent de faire le vœu d'aller en pèlerinage à Orcival pour implorer le secours de Celui qui est la lumière du monde, par l'intercession de sa sainte Mère. Docile à ce conseil, elle fit le vœu et recouvra subitement la vue. Peu de jours après elle était à Orcival, témoignant sa reconnaissance à Marie.

VIII. — Une femme de Combronde, devenue subitement muette, demeura sans aucun usage de la parole pendant huit ans. Sa famille, profondément affligée de cette infirmité et instruite des prodiges qui s'accomplissaient chaque jour à Orcival, fit vœu de l'y conduire, s'il plaisait à DIEU de la guérir. Cet acte de confiance eut immédiatement son effet : la muette recouvra subitement la parole et la conserva jusqu'à la fin de sa vie.

IX. — Un homme de Charbonnières fut affligé d'un mal de jambe qui prit des proportions très inquiétantes : l'inflammation fut si rapide et si considérable que les médecins, craignant la gangrène, ne virent d'autre remède que l'amputation dn membre atteint. Le malade ne voulut jamais se soumettre à cette opération ; et se trouvant ainsi privé de tout secours humain, il mit son unique espérance en Notre-Dame d'Orcival, lui promettant de visiter son sanctuaire, si elle daignait l'exaucer. A peine ce vœu émis, le malade se trouva mieux; ses douleurs diminuèrent ; l'inflammation disparut ; la jambe reprit ses forces ; et il put bientôt faire son pèlerinage de reconnaissance.

X. — Une femme de Giat, atteinte d'une paralysie foudroyante, passa trois mois sans pouvoir faire le moindre usage de ses membres. Dénuée de toute espérance humaine, voyant approcher son dernier moment, elle s'adressa à Notre-Dame d'Orcival, lui fit les plus ardentes prières, et promit de venir en pèlerinage vénérer son Image miraculeuse, si elle recouvrait la santé. Sa paralysie disparut subitement et complètement, et elle vint accomplir son vœu.

XI. — Une femme de Marsat, nommée Michelle, fut en proie pendant plusieurs années à une maladie de langueur qui amena une hydropisie, contre laquelle les secours de la médecine furent impuissants. Elle n'avait plus à attendre que la mort, lorsque son mari désolé, mais plein de foi, fit vœu de la conduire à Orcival, si Dieu daignait la guérir par l'intercession de la Sainte Vierge. Sa prière fut exaucée ; la malade recouvra subitement la santé, et le premier usage qu'elle en fit fut pour venir à Orcival accomplir le vœu de son mari.

XII. — Deux hommes de Saint-Amant-la-Chaire, considérés comme morts, étaient sur le point d'être ensevelis. Un de leurs amis, animé de la plus ferme confiance, fit vœu de les conduire à Orcival et d'y offrir les suaires qu'on leur destinait, si Dieu les rappelait à la vie. Cet acte de foi en la bonté divine toucha le cœur du Souverain Maître ; les deux hommes, qu'on avait crus morts, donnèrent d'abord quelques signes de vie, et bientôt, entièrement revenus à la santé, ils se rendirent à Orcival conformément à la promesse de leur ami.

XIII. — Sidoine et Robert Savaron, enfants du célèbre Président de ce nom, étant encore en bas âge, furent atteints de plusieurs maladies successives qui finirent par les mettre en léthargie. MM Bompart et Nugier, l'un médecin en renom, l'autre chirurgien célèbre, de la ville de Clermont, après avoir épuisé toutes les ressources de leur art, les avaient abandonnés, convaincus qu'ils étaient morts. Leur mère, dans la plus profonde désolation, reçut la visite de son confesseur, qui lui conseilla d'avoir recours à Notre-Dame d'Orcival. Réconfortée par cette parole du prêtre qui avait sa confiance, elle voua ses deux enfants à la Sainte Vierge, promettant d'aller au plus tôt les lui offrir à Orcival, s'ils échappaient à la mort. Les enfants revinrent en effet de cet état de léthargie, et dès qu'ils furent entièrement rétablis, l'heureuse mère les conduisit en pèlerinage pour accomplir son vœu. Elle fit dresser le procès-verbal de cette double faveur, dont elle certifia la vérité sous la foi du serment, en présence de MM. Étienne Vasson, chanoine de la cathédrale de Clermont, Robert Savaron, son autre fils, Desparrains et autres. Ce fait est rapporté sans date par Dom Branche, mais le président Savaron étant mort en 1622, dans un âge avancé, on peut croire qu'il s'accomplit vers la fin du XVIe siècle.

XIV. — Noble et vénérable personne Messire Michel de

Paneveyre, prieur de Saint-Gal et Mottes, fut atteint d'une attaque d'apoplexie si foudroyante que ses domestiques le croyaient mort et préparaient son suaire. Dame Amable de la Roque, sa mère, témoin de ce douloureux spectacle et comprenant qu'elle n'avait rien à attendre des secours humains, s'adressa à Notre-Dame d'Orcival, et lui promit, si elle conservait la vie à son fils, d'aller avec lui en pèlerinage à son sanctuaire. A peine ce vœu était-il fait que le malade donna des signes de vie ; bientôt hors de danger, mais les deux bras paralysés, il se fit transporter à Orcival, le 18 juillet 1621. Tandis que Messieurs du Chapitre chantaient le *Salve Regina* en actions de grâces, il retrouva subitement l'usage de ses bras, ainsi qu'il fut attesté par le procès-verbal signé de MM. Faure, notaire, Chouvard, G. de Paneveyre, Mastois, Labrousse de Saint-Hilaire, de la Rochette, Toizat, et du sieur de Paneveyre lui-même.

XV. — En 1624, pareille faveur fut accordée par Notre-Dame d'Orcival au fils de M. Graveron, notaire à Cusset ; et en 1627, au fils de M. Prieur, receveur des tailles et commissaire des vivres à Gannat.

XVI. — Le 25 septembre 1623, la foudre tomba sur une étable du sieur Collanges, au village du même nom, paroisse de Verneughol, et l'embrasa de telle sorte qu'il était à craindre que l'incendie se communiquât à sa maison, qui était voisine, et de là à tout le village. En vain les habitants accoururent en foule et essayèrent d'éteindre les flammes; ils ne purent pas même en approcher. Devant ce spectacle, Collanges s'adressa à Notre-Dame d'Orcival, fit vœu de se rendre au plus tôt dans son sanctuaire et d'offrir un don considérable en cire, s'il plaisait à DIEU d'arrêter l'incendie et de sauvegarder ses bâtiments ; il jeta en même temps dans les flammes un petit pain qui avait été bénit à Orcival en l'honneur de Marie. L'incendie s'arrêta à l'instant, au grand étonnement de tous les spectateurs. Peu de temps après, Collanges venait attester ce prodige à Orcival, devant noble Jacques d'Aubusson et Gilbert Desparrains ; douze ans plus tard, le 18 février 1635, il renouvela son attestation, devant l'église de Verneughol, en présence de plusieurs témoins et à la réquisition de François Desaymard, son curé, sur la demande de MM. les chanoines d'Orcival.

XVII. — Le premier septembre 1624, Jean de Bressole, de la paroisse d'Is en Combraille, étant à Orcival, déclara que vers la fête de Notre-Dame de Mars de la même année, il se trouvait au château de Vierzat au même pays, et qu'ayant voulu abaisser le pont-levis, celui-ci se brisa et l'entraîna dans sa chute. Il tomba d'une hauteur de dix-huit pieds dans le fossé rempli d'eau ; mais en tombant il se recommanda à Notre-Dame d'Orcival, la suppliant de l'arracher à la mort, qui lui paraissait autrement inévitable. Grâce à cette prière, sa chute n'eut aucune conséquence grave, et il sortit sans peine du fossé. Sa déclaration, confirmée par Gilbert Perron, qui avait été présent à l'événement, fut reçue par Bourbon, notaire royal à Orcival.

XVIII. — En 1626, Marie Désolian fut ensevelie sous les ruines de sa maison avec ses deux filles, deux servantes et un valet. S'étant mise sous la protection de Notre-Dame d'Orcival, elle sortit saine et sauve ainsi que toutes les personnes qui avaient partagé son sort.

XIX. — Le 15 septembre 1626, noble Antoine de Montagnac, seigneur de la Roche-Neuve, paroisse de Marsillac, était à toute extrémité par suite d'une rétention d'urine. M. Rochette, son curé, après lui avoir administré les derniers sacrements, lui conseilla de se recommander à Notre-

Dame d'Orcival. Il ne l'eut pas plus tôt fait que ses douleurs cessèrent et tous accidents disparurent. Animé de la plus vive reconnaissance, il vint à Orcival, le 4 octobre suivant, et déclara le miracle opéré en sa faveur. Il attesta également que peu de temps auparavant, Rose de Saint-Julien, son épouse, avait été atteinte d'une maladie violente, qui dura trois mois, et dont elle n'avait été guérie qu'en promettant d'aller en pèlerinage à Orcival. Cette double déclaration fut faite en présence de MM. de Pennacourt et Tournadre, doyen du Chapitre.

XX. — Le 30 août 1627, dame Gilberte de Sallière, épouse de M. Guyot, de la ville de Gannat, accompagnée de Pierre Guyot, son fils, arriva à Orcival pour s'acquitter d'un vœu qu'elle avait fait depuis un an, à l'occasion d'un rhumatisme dont ledit Pierre Guyot avait été atteint. Le mal s'était étendu à tous ses membres, avait opiniâtrément résisté à tous les remèdes, et l'avait conduit aux portes du tombeau. Aucun espoir de guérison ne lui restait, lorsque sa mère le voua à Notre-Dame d'Orcival, et lui conseilla de ratifier lui-même le vœu qu'elle venait de faire en sa faveur. S'étant rendu à cette pieuse inspiration, il se sentit subitement guéri, sortit de son lit, s'habilla sans le secours de personne et marcha aussi facilement que s'il n'eût jamais été malade. La mère et le fils attestèrent ce prodige devant MM. Becaine, notaire, M. Champagnat et J. Champagnat, de la ville de Gannat ; et le fils laissa ses béquilles à Orcival, en mémoire de la faveur qu'il avait reçue de Dieu par l'intercession de Marie.

XXI. — Le 21 mai 1629, Annet Ravel, sergent royal, de la paroisse de Gelles, étant à Orcival, déclara sur la foi du serment, devant le notaire et les témoins soussignés, la vérité des faits suivants. Madame de Montfant l'avait envoyé à

Montauban pour avoir des nouvelles de son mari, qui était avec le roi, au siège de ladite ville. Reconnu comme catholique par les calvinistes, il fut arrêté par les ennemis de sa foi, qui le garrottèrent, lui mirent la corde au cou, lui voilèrent les yeux et l'emmenèrent pour le pendre à un arbre, où cinq catholiques avaient eu déjà le même sort. Bien convaincu du supplice qui l'attendait, il se résigna chrétiennement et se prépara de son mieux à la mort. Mais se souvenant de toutes les bontés de la Sainte Vierge pour ceux qui recourent à elle, il implora son assistance en s'écriant plusieurs fois : « Sainte Vierge, Notre-Dame d'Orcival, secourez-moi ! » Cette invocation mit ses ennemis dans des transports de fureur : ils l'accablèrent d'outrages et de coups, en vomissant mille blasphèmes, jusqu'à l'arrivée d'un personnage respectable, habillé en officier de justice, qui les réprimanda fortement, leur faisant observer que si le roi traitait avec les mêmes rigueurs ceux de leur religion, il n'en exempterait pas un seul de la mort. Cette réprimande ou plutôt la Sainte Vierge, qui est la terreur des hérétiques, changea si subitement les dispositions des bourreaux d'Annet Ravel, qu'ils lui rendirent la liberté après lui avoir donné quelques coups de plat de sabre. Le sieur de Pontgibaud, averti de son arrestation et le croyant mort, envoyait chercher son corps pour l'ensevelir, lorsqu'il le vit arriver plein de vie et de santé, proclamant qu'il devait sa délivrance à la Mère des affligés, Notre-Dame d'Orcival. La déposition de ce miracle est signée par Ravel, sergent, Roux, notaire, Suzanneau et Cluzel, témoins.

XXII. — En 1630, Françoise Marmotaix, fille de François, tailleur de pierres de la ville d'Ussel en Limousin, ayant perdu les deux yeux par suite de la petite vérole, passa six mois sans rien voir, malgré tous les remèdes possibles. Ses parents, invités à la mettre sous la protection de Notre-Dame d'Orcival, le firent avec un grand esprit de foi, promettant de la conduire en pèlerinage, si elle guérissait. Aussitôt cette promesse faite, la jeune aveugle recouvra subitement la vue, ainsi que ses parents l'attestèrent juridiquement au lieu d'Orcival, devant Chauriol et Lafarge, notaires, et un grand nombre d'autres témoins.

XXIII. — En 1630, noble homme Charles de la Roque, seigneur de Chuseis, étant à Castelnau en Languedoc, fut atteint d'une fièvre continue, accompagnée de douleurs si vives qu'il perdit pendant cinq jours l'usage de tous ses membres. Dans ce péril de mort, il eut recours à DIEU et à sa glorieuse Mère, promettant que s'il recouvrait la santé, il irait à Orcival, aussitôt après son retour en Auvergne, pour rendre grâces de sa guérison et y laisser une attestation écrite en mémoire de cette faveur. Immédiatement après cette promesse, il entra dans un doux sommeil, et se réveilla complètement guéri. Il vint bientôt à Orcival faire sa déposition devant Roux, notaire, Toizat, chanoine, et Antoine Boucheix.

XXIV. — Le 10 septembre 1634, Michelle Puislochet, mère de Julien Mandet, du lieu et paroisse de Cunlhat, Antoine Dumas, son oncle, Antoine Live, son cousin, Jean Flodéas et autre Antoine Live, ses voisins, sur la demande de Jean Gripel, curé de Cunlhat, et du Chapitre d'Orcival, après serment prêté devant Chambon, notaire et lieutenant de Montboissier et Cunlhat, déclarèrent ce qui suit. Le susnommé Julien Mandet fut affligé pendant six mois d'une paralysie, qui lui enleva l'usage de ses bras et de ses mains. Sa mère, voyant que tous les remèdes étaient inutiles, le fit conduire à Orcival. Après l'avoir placé devant l'image de Notre-Dame, on lui présenta deux cierges de cire blanche pour qu'il les offrît à la divine Mère ; et au moment même il retrouva l'usage de ses mains et de ses bras. Ce miracle fut consigné dans un second acte passé à Orcival devant Roux, notaire royal, en présence de Védrinet, Rodier, de l'Estrange, sieur de Saint-Antoine, dans la Marche, Béringer et quelques autres.

XXV. — Noble Géraud de Roux, conseiller du roi au présidial de Riom, nous a raconté lui-même, dans un opuscule qu'il a intitulé *Les Travaux surmontez par G. D. R.*, les événements douloureux qui agitèrent son existence en 1652. Premier consul de la ville de Riom, il s'était rendu à Paris pour s'occuper des affaires de sa charge, lorsqu'il apprit, vers les derniers jours de juin, l'invasion du royaume par Gaston d'Orléans, frère du roi. A cette nouvelle, il quitta précipitamment la capitale pour regagner l'Auvergne et mettre sa ville en état de défense contre les attaques du prince révolté. Arrivé à Moulins, il fut informé que la cavalerie de Gaston courait le pays qui le séparait de Riom, et pour l'éviter il se dirigea vers Saint-Pourçain par des chemins détournés, espérant franchir ensuite, à la faveur des ténèbres, l'espace qui lui resterait à parcourir. Ses calculs furent malheureusement trompés ; il tomba entre les mains du sieur Lamirault, cornette d'une compagnie de cavalerie du régiment commandé par le colonel baron de Ciray. On employa d'abord tous les moyens, sans en excepter les menaces de mort, pour l'amener à user de son influence auprès des habitants de Riom afin de les décider à ouvrir les portes de leur ville au duc d'Orléans. M. de Roux fut inébranlable dans sa fidélité au roi. Déclaré prisonnier de guerre, dans un conseil présidé par le duc au camp de Volvic, le 9 juillet, sa rançon fut fixée à vingt mille livres tournois, et en attendant le paiement de cette somme, il fut emmené par ces pillards, au milieu de mille avanies. Longues furent ses souffrances, car le plan de campagne du frère du roi consistant à opérer sa jonction en Languedoc avec le duc Henri de Montmorency, révolté comme lui, le prisonnier eut à parcourir cette distance dans des conditions où les brutalités se mêlèrent aux privations de toute nature. Comme localités ayant marqué son itinéraire, il nomme Bussière, près de Montpensier, Riom, dont on lui fit longer les murailles pour augmenter son supplice, Cournon, où on lui donna connaissance du conseil de guerre qui avait réglé son sort, la Chapelle-Laurent, où il fut présenté au duc pour plaider vainement sa cause, Larsac, Nîmes et Beaucaire. De cette dernière ville, on le fit rebrousser chemin vers Remolin, où il fut mis en prison sous bonne garde. Sa réclusion ne fut pourtant pas longue. Grâce à l'état d'ébriété où se mirent ses gardiens, il put pratiquer dans la grille de la fenêtre une ouverture assez large pour y passer en chemise, et se procurer une corde pour descendre le long de la haute muraille qui le séparait du sol. Ces préparatifs achevés, il se munit du signe de la croix, se recommanda avec ferveur à la Sainte Vierge, et commença sa périlleuse descente. Pendant qu'il était suspendu sur l'abîme, la corde se brisa, et il fut précipité sur les ruines d'un ravelin. Cette chute, qui aurait dû être mortelle, n'eut pas de conséquences graves ; il put se relever et sortir des ruines. Mais à quelques pas coulaient les eaux profondes du Guardon. Pour un homme qui ne savait pas nager, et qui, selon son expression, « était dans une naturelle hydrophobie, » c'était une barrière difficile à franchir. Elle fut franchie quand même sans grande difficulté. M. de Roux nous raconte ensuite les péripéties tragiques de ses courses en chemise, nu-pieds, en proie à la faim et surtout à une soif brûlante, pendant deux nuits et un jour qu'il mit pour arriver à Nîmes. Cette ville était restée fidèle au roi. Il y fut accueilli avec les plus grandes marques de sympathie par toute la population, mais spécialement par les magistrats. Après avoir guéri ses plaies et reçu de la générosité de ses hôtes les secours pécuniaires qui pouvaient lui être nécessaires, il reprit résolument le chemin de l'Auvergne. Dix fois il aurait dû retomber entre les mains des cavaliers du duc d'Orléans ; mais, « par les inspirations qui l'avoient toujours assisté dans l'ouvrage de sa délivrance, » il arriva à Riom sans encombres (1).

Dans cette narration faite, sur le conseil du cardinal de Richelieu, pour être présentée au roi, M. de Roux parle en homme convaincu de la protection miraculeuse que lui accorda la Sainte Vierge. Mais ce qu'il ne dit pas, c'est que son espérance et ses vœux s'étaient tournés vers Notre-Dame d'Orcival. Il vint, quelques jours après sa délivrance, le proclamer à genoux devant l'Image miraculeuse, en compagnie de sa femme et de ses enfants, en présence de Messieurs les chanoines. Trois ex-voto furent donnés au sanctuaire comme attestation de sa croyance à plusieurs miracles opérés en sa faveur : une lampe d'argent, un encensoir en même métal, un voile tissé d'or et de soie, travail confectionné par l'heureuse épouse à qui la Sainte Vierge avait rendu son mari. M. de Roux donna encore aux chanoines une somme de soixante livres pour la fondation d'une messe solennelle qui devait être célébrée annuellement, le 2 août, fête de Notre-Dame des Anges et date de sa délivrance. Dans le procès-verbal qu'il laissa aux mains des chanoines, il déclarait se mettre lui-même, sa femme et ses enfants, sous la protection de Notre-Dame d'Orcival, sa divine Libératrice, lui rendant mille actions de grâces pour les faveurs qu'il en avait obtenues.

Dans la *Vie des Saincts et Sainctes d'Auvergne*, au chapitre consacré à Notre-Dame d'Orcival, Jacques Branche cite quelques miracles opérés par son intercession. Il s'est intéressé plus spécialement à ceux qui avaient eu pour objet la délivrance des captifs. Parmi ceux qu'il signale, il en est

---

1. « Les Travaux surmontez par G. D. R. » Paris, MDCXXXII. Réédité par les soins de M. Paul Le Blanc, dans les *Mémoires* de l'Académie de Clermont, avec tirage à part, 1881.

seulement deux que nous ne connaissions pas encore, et que nous allons rapporter.

I. — Jean de Lazarche, de la paroisse de Champs, constitué prisonnier, ayant les yeux bandés, les pieds et les mains garrottés, réclama l'assistance de Notre-Dame d'Orcival et fut miraculeusement délivré, ayant pu sans difficulté arracher les barres de fer qui étaient à la fenêtre de sa prison. Ce miracle fut attesté par son fils, curé de la paroisse de Champs, qui était venu à Orcival pour accomplir le vœu de son père.

II. — Léger Blanc-Germain, de Plauzat, avait été condamné à mort à Paris, et on le conduisait dans son village pour lui faire subir sa peine. Arrivé à Moulins, au logis de Saint-Georges, il fut lié et bien attaché au pied du lit où dormaient les archers chargés de sa conduite. Le sommeil fuyant sa paupière il rentra sérieusement au-dedans de lui-même, se mit à examiner comment il pourrait échapper à son lamentable sort, et conclut qu'il n'y avait pas de meilleur moyen que de se réfugier sous la protection de Notre-Dame d'Orcival. Il lui adressa donc ses vœux, et aussitôt ses chaînes lui tombèrent des mains, les cordes qui l'attachaient se délièrent, les portes du logis s'ouvrirent devant lui, et il prit la fuite vers minuit. Rentré à Plauzat, il y vécut tranquillement sans être recherché.

Il révéla ce miracle à l'article de la mort, après avoir reçu les derniers sacrements ; s'accusa publiquement de n'avoir pas accompli son vœu, et promit à Dieu de s'en acquitter s'il revenait à la vie.

Les nombreux miracles opérés par Notre-Dame d'Orcival en faveur des prisonniers, l'avaient fait nommer Notre-Dame-des-Fers. L'authenticité de ces miracles n'était pas seulement établie par les dépositions des intéressés et les procès verbaux conservés dans les archives du Chapitre, elle était encore proclamée par les nombreuses chaînes suspendues sur la façade sud de l'église. De ces nombreux ex-voto il n'en reste plus que trois, qui sont encore là pour exprimer la reconnaissance des captifs délivrés et la puissance de leur divine Libératrice. Quelques autres chaînes se voient dans l'intérieur de l'église, autour du sanctuaire. On montre celles qu'a portées M. l'abbé Suchet, curé de Saint-Pierre-Roche au moment de la Révolution, et devenu curé d'Orcival au rétablissement du culte. Arrêté comme prêtre assermenté, il était conduit à Clermont par la gendarmerie nationale, lorsque ses paroissiens, armés de faux, l'arrachèrent à ses gardiens, le débarrassèrent de ses chaînes et le ramenèrent triomphalement à Saint-Pierre. Cette évasion fit grand émoi dans le clan des Jacobins Le directoire du département mit tout son zèle à faire chercher le fugitif ; mais ce fut peine perdue, le curé de Saint-Pierre sut échapper à toutes les perquisitions. Au mois de septembre 1797, l'administration du canton d'Olby, chargée de fournir l'état des prêtres résidant dans sa circonscription, en vue de l'exécution de la loi du 19 fructidor an V, signalait Joseph Suchet, ex-curé de Saint-Pierre-Roche, et Jacques Bogros, ex-curé de Gelles, « comme ceux qui ont le plus grand crédit sur l'esprit du peuple, qui ne voit, ne pense, n'agit que d'après eux. »

Dans une nouvelle édition du livre du chanoine Chardon, publiée en 1838 par les soins des marguilliers d'Orcival, on a inséré quelques autres faits merveilleux.

I. — « Anne-Thérèse de Préchonnet, d'une famille très
» honorable et puissante, de Mont-Ferrand, près Clermont,
» épousa, sous le règne de Henri IV, le comte de Dallet, de
» l'illustre famille de Langeac. A peine ce mariage, si ardem-

» ment recherché, eut été célébré, que le jeune seigneur
» conçut, contre sa vertueuse épouse, la plus vive aversion,
» et lui fit éprouver les plus cruels traitements : il en vint à
» ce point de transport, qu'il la frappait à coups de plat
» d'épée comme si elle eût été son esclave ; et pour qu'elle
» eût toujours présent à l'esprit le souvenir de sa haine, tous
» les soirs il plaçait auprès de son lit des pistolets chargés
» et une épée nue, de manière que cette pauvre dame se
» considérait comme une brebis destinée au sacrifice, et
» une victime qui n'attendait que le moment où elle serait
» immolée.

» Néanmoins la comtesse supporta ces indignes traite-
» ments sans ouvrir la bouche pour se plaindre, appré-
» hendant que ses parents ne fussent obligés de tirer raison
» des outrages qui lui étaient faits contre toute justice.
» Dépérissant tous les jours de frayeur et de chagrin, les
» domestiques de la maison en eurent bientôt découvert la
» source. Ils s'empressèrent d'en instruire sa mère, qui,
» transportée d'indignation contre la conduite brutale de
» son gendre, s'empressa elle-même de la retirer auprès
» d'elle.

» C'est là que la jeune dame fut frappée d'une paralysie
» universelle, pour la guérison de laquelle tous les remèdes
» naturels furent employés inutilement. Sur ces entrefaites,
» cette pauvre patiente fut inspirée de se faire porter en
» l'église de Notre-Dame d'Orcival, lieu de grande dévotion
» dans les montagnes d'Auvergne et célèbre par un grand
» nombre de miracles opérés par l'intercession de la Sainte
» Vierge en faveur de ceux qui, dans leurs afflictions, im-
» plorent son assistance auprès de DIEU. La pauvre para-
» lytique, pour accomplir son vœu, se fit transporter sur un
» brancard en cette église miraculeuse, et à peine fut-elle
» entrée que le comte de Dallet, son mari, y arriva aussi,
» quoiqu'il n'eût aucune connaissance de la démarche de

» sa malheureuse épouse. Il ne faut pas néanmoins s'ima-
» giner que cette rencontre fut un trait casuel et fortuit. La
» Providence avait ses desseins ; elle voulut que par les
» mérites de la Vierge Marie, cette Mère de la belle dilec-
» tion, leur amitié, qui avait été si pure dans son origine, si
» fervente dans leur recherche, et si funestement éteinte dès
» le premier instant de leur mariage, fût rétablie dans sa
» première suavité et confirmée pour jamais entre les mains
» de Notre-Dame d'Orcival.

» Le comte, en entrant dans l'église, ayant vu son épouse
» aux pieds de l'autel de Marie, sentit un grand trouble en
» son âme et se cacha dans un coin de l'église pour y atten-
» dre la fin de cette scène.

» La pieuse dame, pour se rendre plus digne d'être exau-
» cée, se confessa, puis fit la sainte Communion avec une
» profonde révérence, dévotion et pureté de cœur ; et comme
» elle avait les yeux fixés sur l'Image miraculeuse, priant avec
» une très grande ferveur, au même instant la paralysie s'éva-
» nouit ; la guérison fut si complète qu'elle se trouva rétablie
» dans ses premières forces, et l'évidence du fait, la nature
» du mal et la manière de la guérison surprirent tellement
» tous ceux qui étaient présents, qu'ils s'écrièrent tous dans
» un transport d'admiration et de joie : Miracle ! Miracle !
» Miracle !!...

» M. le comte de Dallet, qui jusque-là sentait bien le com-
» bat et le trouble dans son esprit, mais dont le cœur se
» roidissait encore pour demeurer insensible à la compassion,
» ne put résister plus longtemps à cette atteinte ; étant venu
» se prosterner aux pieds de la Statue miraculeuse de la
» Vierge, son cœur fut tout changé et attendri, et, lui sem-
» blant que Marie faisait tomber de ses yeux de grosses
» écailles, au même instant il vit Madame la comtesse tout
» d'un autre air qu'auparavant. Elle n'était à ses yeux qu'un
» objet hideux et insupportable, et dès ce moment elle lui

» apparut non seulement avec ses grâces naturelles, mais plus
» aimable et plus belle que jamais, la grâce divine ayant
» ajouté de nouveaux attraits à ses premiers agréments, ce
» qui fit reconnaître évidemment que c'était le démon et ses
» illusions qui étaient la cause de son divorce.

» Mais, de quelque principe que vînt l'aveuglement de ce
» seigneur, il est certain qu'il fut entièrement dissipé et que
» la Sainte Vierge opéra tout à la fois deux insignes miracles,
» rendant la santé corporelle à la comtesse et la vie spiri-
» tuelle au comte, son époux ; et impossible de dire lequel
» des deux miracles fut le plus grand, ou d'avoir guéri un
» corps paralysé, ou dissipé le trouble d'une vue égarée et les
» illusions d'une imagination lésée par les artifices du démon.
» Dès lors il fit prier sa chère épouse de venir le trouver aux
» pieds de l'autel de la Sainte Vierge, qu'il ne pouvait plus
» quitter et qu'il arrosait de ses larmes. Dès qu'elle fut
» proche, d'un cœur touché d'un véritable repentir et d'une
» voix entrecoupée de sanglots qui étaient l'expression de la
» douleur de son âme, il lui demanda pardon des outrages et
» des traitements indignes qu'il lui avait fait souffrir avec
» tant d'injustice ; et il fit cette action avec des démonstra-
» tions si touchantes que tous les assistants ne purent s'em-
» pêcher de l'accompagner de leurs larmes.

» A l'heure même, devant le Saint-Sacrement et l'image de
» Sainte Vierge, en présence de toute l'assistance et de la
» cour céleste qu'ils prirent pour témoins de leur réunion, ils
» voulurent recevoir la bénédiction du prêtre et se jurer l'un
» à l'autre une amitié et fidélité immuable, mettant en oubli
» le passé et admirant les dispositions de la divine Provi-
» dence qui faisait succéder à la désolation les plus ineffa-
» bles consolations ; devenant dès lors tous les deux des
» modèles de vertu et l'édification de toute la province.

» Ils eurent ensemble plusieurs enfants. Le mari mourut
» assez jeune ; et, devenue veuve, la comtesse se retira

» tout à fait du monde, fondant le monastère de la Visitation
» à Mont-Ferrand, en Auvergne, dont elle fut supérieure (1). »

II. — « Aujourd'hui, 27me jour du mois d'août 1640, en
» présence du notaire royal et témoin soubscrit, en l'église
» séculière et collégiale de Notre-Dame d'Orcival, dame
» Françoise de la Vergne, dame d'Antoine de Blot, venue en
» dévotion et ayant fait vœu à la Vierge, après lui avoir fait
» ses dévotes prières, y a fait déclaration par sa bouche, qu'il
» y a entour neuf mois qu'elle fut détenue au lit par maladie
» d'abattement de cœur et desbordement du cerveau, en telle
» sorte qu'ayant gardé icelle maladie l'espace de deux à trois
» mois ou environ, et ayant été traitée par les médecins, apo-
» thicaires et chirurgiens, elle fut excluse et perdit la parole, et
» demeura ainsi sans parler le temps de trois jours entiers,
» comme il lui fut dit après qu'elle fut revenue en bon sens.
» Les médecins, qui l'avaient traitée en ladite maladie, la
» voyant en telle extrémité, la jugèrent à mort, et assurèrent
» audit temps qu'elle ne pourrait vivre que jusqu'à l'heure de
» midi du jour de leur déclaration. Il fut préparé en l'inten-
» tion de ladite (dame) des jats et clous pour dresser et faire
» sa bière et l'inhumer, avec de la cire pour faire luminaire à
» ses obsèques funèbres. Et au même temps tous ne trou-
» vant et ne jugeant signe de vie à ladite dame, avec un vrai
» signe de mort, illec étant présents plusieurs parents et bons
» amis de ladite dame, déplorant la captivité où ils étaient,
» sachant et s'assurant que plusieurs personnes avaient eu
» recours aux faveurs et prières de la Vierge en ce lieu et
» église d'Orcival, et y avaient reçu des grâces incom-
» parables en semblables ou autres captivités, firent vœu et
» dévotion à la Vierge à l'endroit de ladite dame ; et, à ce

---

1. Extrait de la *Vie des vertueuses filles de l'Ordre de la Visitation Sainte-Marie*, par Françoise-Magdeleine de Chaugny, religieuse de la Visitation à Mont-Ferrand.

» sujet, lui fit mis sur elle son linceul en forme de suaire ; et
» est à noter que, en même temps dudit vœu, il fut reconnu
» et jugé du pouls à ladite dame, et qu'il lui revint chan-
» gement à la face. De morte qu'on la croyait, la vie lui
» revint, et entour quatre à cinq heures après, la parole aussi
» lui revint ; et en même temps la compagnie et assistants
» firent entendre à ladite dame le vœu fait par eux en l'hon-
» neur et faveur de la Vierge, et reconnut sa puissance et
» grande faveur de quoi icelle dame fort contente loua et
» remercia la Vierge, et reconnut sa puissance et grande
» faveur, desquelles elle en avait reçu sa bonne protection,
» et croit ladite dame que par son mérite et sa faveur elle
» recouvra la vie. Et pour certifier la vérité de la susdite
» déclaration et rapport, à ce ont été présents honorable et
» discrète personne Léonard Fourest, archi-prêtre d'Aubus-
» son, noble Antoine Seiglière, sieur de Combe-Roche, et
» Antoinette-Françoise sa consorte, M. Fourest, Anna Pine-
» ton, noble Denis Gatian, sieur de Vallintz, de Tours en
» Touraine, qui ont tous été assistants à la susdite décla-
» ration ainsi que Gabrielle Meusenier.

» Suivent les signatures des sept personnes précitées, aux-
» quelles il faut ajouter celle d'un M. la Gaune, d'un Capucin
» nommé Frère Ambroise, de Fontaine-Française, et enfin du
» rédacteur de cette pièce, le notaire royal A. de la Farge (1).

Il est un genre de miracles que nous n'avons trouvé consigné dans aucun document imprimé ou manuscrit. Le souvenir en est conservé par trois ex-voto suspendus aux voûtes
du sanctuaire et de la crypte ; ce sont trois vaisseaux de
guerre dont un seul porte une date avec le nom du personnage qui s'était voué à Notre-Dame d'Orcival. On lit en effet
sur le navire : « Vœu rendu par maistre Antoine Geneix,

---

1. Extrait de *Notre-Dame de France*, par M. le curé de Saint-Sulpice.

habitant de Clermont, estant en mer, de l'année 1684. » A la poupe du vaisseau est une gravure avec ces mots : « *Sanctus Paulus.* » — Le second est sous pavillon tricolore et n'a d'autre inscription que son nom : *Enée.* — Le troisième porte cette acclamation : « Amour, honneur et gloire à la maternité divine ! »

Quels sont les nobles marins qui ont invoqué Notre-Dame d'Orcival sous le vocable d'Étoile de la mer ? Quels dangers ont-ils eu à redouter de la fureur des flots ou de la rencontre d'ennemis puissants ? Nous chercherions vainement sans doute la réponse à ces questions. Mais les faits sont là pour attester qu'il n'est pas de genre d'épreuves qui n'ait réveillé dans le cœur des chrétiens le souvenir d'Orcival ; ils sont là, bravant l'oubli et le travail destructeur du temps, pour proclamer que, du sein de l'Océan comme des rives lointaines, des regards pleins de confiance se sont tournés vers la Vierge de nos montagnes.

O Vierge, ô Reine, ô Mère ! serons-nous moins confiants en votre amour que l'ont été nos ayeux ? Cesserons nous de tourner nos regards vers ce phare lumineux allumé par votre tendresse maternelle pour nous guider dans nos ténèbres, nous rassurer dans nos frayeurs, nous consoler dans nos angoisses, nous fortifier dans nos labeurs, nous rappeler toujours que la traversée s'accomplit sous votre main bénissante et que le port est proche ? Nous le savons, ce phare ne s'éteindra jamais. Il y a juste cent ans, l'esprit de vertige soufflait sur cette terre de France qui est votre royaume. Satan avait inoculé dans des cœurs égarés sa rage contre vous. Ils avaient juré de brûler votre Image, de ne pas laisser pierre sur pierre de votre sanctuaire béni. Où sont-ils vos ennemis d'alors, ô Vierge d'Orcival ? Ils se sont couchés dans la poussière du tombeau, repentants ou ivres de fureur. Et votre sanctuaire reste debout ; et votre trône reste immobile ; et votre Image reste glorifiée ; et les flots pressés du peuple chrétien ont repris leur cours dix fois séculaire vers Orcival ; et vos enfants, ô Mère bien-aimée, viennent innombrables s'agenouiller devant vous, chanter votre amour et votre gloire, redire que vous serez toujours Mère de Dieu et toujours Mère des hommes !...

Il nous reste maintenant à parler des miracles accomplis en ce siècle.

A ceux qui s'étonneraient que notre temps fût encore témoin de faits opérés par la seule puissance surnaturelle de Dieu, nous pourrions répondre à propos d'Orcival : « Et quel temps fut jamais si fertile en miracles ? » Parmi les nombreuses paroisses qui s'honorent d'une véritable dévotion à notre glorieuse Vierge, il n'en est peut-être pas une seule où ne se conserve le souvenir de quelque faveur spéciale obtenue par son intercession depuis le commencement de ce siècle. Dans beaucoup de ces paroisses, il suffit de prononcer le nom de Notre Dame d'Orcival pour provoquer à l'instant le récit d'événements merveilleux. Et ce n'est pas sur le ton du doute et de l'hésitation qu'on redit la bonté et la puissance de la Vierge Immaculée, c'est dans un langage où se peint la conviction la plus profonde, la plus sincère, la plus éclairée ; c'est en invoquant des témoignages nombreux et irréfutables. Nous n'avons certes pas la prétention de relever tous ces faits, dont retentissent les échos de nos montagnes et de nos vallées ; nous avons encore moins celle de mettre en lumière les événements qui sont restés le secret des individus ou des familles. Nous glanerons d'ici, de là, quelques-uns de ceux qui sont arrivés à notre connaissance.

En première ligne nous devons mentionner un genre de miracles que nous n'avons pas rencontré dans les siècles passés, la résurrection des enfants mort-nés, qui sont revenus à la vie le temps nécessaire pour recevoir le baptême, et sont immédiatement rentrés dans le repos éternel.

Le premier de ces miracles, suivant l'ordre chronologique, fut opéré en faveur d'un enfant de François Giraud et d'Anne Durand, du village de Ville-Jacques, paroisse de Saint-Bonnet près Orcival. Extrait du sein maternel, le 20 mai 1806, vingt-quatre heures après la mort de sa mère, et au moment où on allait l'inhumer, cet enfant n'était plus qu'un cadavre visiblement atteint par la loi de la décomposition. Profondément attristées de cette mort sans baptême, mais animées de la foi qui transporte les montagnes, Marie Randanne et Marie Giraud, tantes de l'enfant, accompagnées d'Anne Gagnadre, d'Antoinette Giraud, de Marie Randanne jeune, de Marie Ollier, de Françoise Valleix, de Jeanne Cotin, de Françoise Bonabry, de Jeanne et Anne Bony, d'Anne Durand, prirent ce corps inanimé, et se dirigèrent, nu-pieds, vers le sanctuaire de Notre-Dame d'Orcival, convaincues que la Sainte Vierge ne leur refuserait pas un miracle pour procurer à l'enfant le sacrement qui ouvre le Ciel. Leur espérance ne fut pas déçue. Après avoir déposé le corps devant l'Image miraculeuse, elles eurent la joie de le voir revenir à la vie : l'odeur cadavérique qui s'en exhalait disparut complètement ; le visage, noirci par la mort, devint frais et vermeil ; la langue retrouva le mouvement ; l'œil gauche s'ouvrit à plusieurs reprises. Cet état de résurrection évidente dura près d'une demi-heure. M. l'abbé Amant Couvreuil, ancien chanoine d'Orcival, héroïque confesseur de la foi pendant la Révolution, et alors vicaire de la paroisse, après s'être bien convaincu de ce retour à la vie, donna le baptême à l'enfant, qui expira sous ses yeux. L'acte d'authenticité de ce fait, dressé par M. Couvreuil lui-même, affirme qu'il s'est passé devant un grand nombre de personnes, parmi lesquelles sont mentionnées, en outre de celles qui avaient porté le cadavre, Françoise Chausson, Anne Chausson, Marguerite Clément, de Reygnat, paroisse de Montaigut-le-Blanc, Marie Pigeon, Anne Archer dite Baratelle, deux Marie Nicolas, sœurs,

Catherine Valleix, Anne Moranges, Marie Laguy, la femme d'Alexis Battut, Annet Lacasse, de Saint-Saturnin, Françoise Ollier, Jeanne Brun, de Vareilles, Antoinette Lassalas, de Ville-Jacques, Marie Brouillier, Anne Poudurut, Michelle Poudurut, etc. Le corps de l'enfant, rapporté à Saint-Bonnet, fut inhumé, dans la soirée du 20 mai, par M. Ladevie, curé de la paroisse, qui consigna dans les registres de son église tous les détails de l'événement. Les parents et voisins du père de l'enfant, hommes et femmes, vinrent ensemble, nu-pieds, pendant neuf jours consécutifs, en pèlerinage de reconnaissance à Notre-Dame d'Orcival (1).

Au commencement de l'hiver 1835, par une température des plus rigoureuses, plusieurs personnes de la paroisse d'Heume-l'Église arrivèrent à Orcival, pendant la Grand'Messe du dimanche, portant le corps d'un enfant mort-né et glacé par le froid. Elles le déposèrent devant l'Image miraculeuse, et bientôt il donna des signes de vie non équivoques. Monsieur le vicaire lui administra le sacrement de baptême en présence de toute la paroisse. L'enfant ayant de nouveau exhalé son dernier soupir, une attestation de son baptême fut signée par M. le curé et M. le vicaire pour être remise au desservant d'Heume-l'Église en vue de la sépulture ecclésiastique. Le souvenir de cet événement, conservé par un ex-voto encore existant dans l'église d'Orcival, a été également consigné dans la nouvelle édition du petit opuscule du chanoine Chardon, et l'acte d'inhumation de l'enfant, extrait des registres paroissiaux d'Heume-l'Église, vient confirmer ces documents. Le voici, textuellement transcrit, au mois d'octobre 1893, par M. l'abbé Delaroche, curé actuel : « Aujourd'hui 24 novembre 1835, a été inhumé un enfant, fils légitime à Marien Vidal et à Catherine Lacombas, sa femme, du village de Chalusset. Cet enfant, étant né sans donner aucun

---

1. Chardon, op. cit. édition de 1839. Registres paroissiaux de Saint-Bonnet.

signe de vie et ayant été transporté à Orcival devant la Sainte Vierge, a donné des signes de vie non équivoques, d'après l'attestation de M. le curé et de M. le vicaire. Signé : Goutte-Fanghas, desservant. »

Après une enquête sérieusement faite, M. l'abbé Cromarias, curé de Saint-Pierre-le-Chastel, nous a signalé deux résurrections d'enfants mort-nés de sa paroisse. Le premier, venu au monde dans le village de Roure-les-Mines, avait pour père Jean Fournier et pour mère Françoise Vazeille. Ces deux époux étaient encore en vie au mois de mai 1893, le mari âgé de quatre-vingt-huit ans et la femme de soixante-dix neuf. Interrogés par leur pasteur, en présence de personnes dignes de foi et appelées comme témoins de l'événement, ils ont raconté qu'ayant eu un enfant mort-né, une quarantaine d'années avant cette époque, le père l'avait porté, nu-pieds, devant la Statue miraculeuse de Notre-Dame d'Orcival, où la vie lui avait été rendue pour quelques instants, durant lesquels il avait reçu le Baptême. Ayant ensuite expiré, il fut inhumé dans le cimetière d'Orcival. — Le second miracle de ce genre, dont a été favorisée la paroisse de Saint-Pierre-le-Chastel, remonte seulement à l'année 1884. Le 21 mars de cette année, au village de Labantusse, la famile de Pierre Boucheix-Voûte était dans la désolation qu'éprouve toute famille chrétienne à la naissance d'un enfant mort sans Baptême. La mère surtout se montrait inconsolable. Sur ses pressantes sollicitations, Marie Mangat, grand'mère de l'enfant, Catherine Boucheix, sa tante, et Mariette Montel se décidèrent à le porter à Notre-Dame d'Orcival pour demander sa résurrection et la grâce du Baptême. A peine étaient-elles entrées dans le sanctuaire que l'enfant revint à la vie. M. l'abbé Mallet, alors vicaire et maintenant curé, s'empressa de lui donner le Baptême, et il affirme lui-même que l'enfant poussa plusieurs cris pendant qu'il lui versait l'eau baptismale sur le front. Une plaque de marbre a été placée dans l'église d'Orcival pour perpétuer la mémoire de ce fait merveilleux. Elle porte cette inscription un peu trop laconique : « 24 mars 1884. Enfant mort, ressuscité, grâce du Baptême obtenue (1). »

Voici un autre ex-voto sur lequel nous lisons ce qui suit : « Un enfant, dont le père se nomme François Dumont et la mère Anne Biète, du village de Brousse, commune du Mas, canton d'Auzances (Creuse), mort avant de naître et par conséquent privé de la grâce du Baptême, fut porté, aux vives instances de sa mère, par sa grand'mère et sa tante, qui arrivèrent, pieds nus, en l'église et devant la Statue miraculeuse de Notre-Dame d'Orcival, le 30 octobre 1862, trois jours après la naissance de l'enfant. Tout à coup, aux pieds de Celle qui peut tout auprès de Jésus, son divin Fils, et à la suite de ferventes prières, la figure de l'enfant, la peau et les chairs, qui étaient toutes carbonisées et semblaient être déjà en putréfaction, deviennent fraîches et vermeilles, ravissantes de beauté, en présence d'un grand nombre de personnes qui sont dans l'étonnement et la joie de cette merveille. Cet enfant, en un mot, donne des signes de vie si manifestes qu'il est baptisé. Le lendemain il fut enterré dans le cimetière de sa paroisse. » M. l'abbé Mallet, alors vicaire d'Orcival, qui a baptisé cet enfant, a conservé de cet événement un souvenir qui l'émeut encore chaque fois qu'il en parle ; il affirme que le corps était en état de véritable décomposition et que la résurrection fut d'une évidence qui ne supporte pas d'objection. M. l'abbé Gay, vicaire d'Auzances, dans sa lettre du 17 mai 1893, nous signalait ce même fait, reconnu comme parfaitement authentique par les habitants du Mas et des environs.

Le 12 mai 1867, à 4 heures du matin, au village de Banson, paroisse de Gelles, naissait un enfant qui ne donna

---

1. Lettre de M. l'abbé Cromarias, du 29 avril 1893. — Témoignage oral de M. l'abbé Mallet.

aucun signe de vie. Son père s'appelait François Maillot et sa mère Marie Duton. Suivant la pieuse et presque universelle coutume des familles de nos montagnes, il fut décidé qu'on porterait ce corps inanimé à Notre-Dame d'Orcival. La grand'mère, Anne Souchal, femme Maillot, la sœur, Marie Maillot, et la tante, Antoinette Ganne, femme d'Antoine Maillot, furent désignées pour accomplir cet acte de foi. Elles partirent de Banson par un froid excessivement rigoureux pour la saison, s'imposèrent religieusement la loi du silence durant tout le parcours, et, tout absorbées par la grandeur de leur démarche, elles ne cessèrent de prier avec ferveur et confiance. Arrivées à Orcival, elles déposèrent devant l'Image miraculeuse ce petit corps glacé par la mort et par le froid. D'autres personnes pieuses se joignirent à elles pour demander à Marie son intercession toute-puissante auprès du Maître de la vie ; et, au bout de quelques instants, le miracle de la résurrection s'accomplissait ; une douce chaleur se répandait sur le corps de l'enfant, son cœur battait régulièrement, ses yeux et ses lèvres s'entr'ouvraient. Appelé en toute hâte, M. le vicaire, qui avait constaté la mort, put sans peine s'assurer du retour à la vie, et il donna le Baptême à ce petit prédestiné. A peine le sacrement administré, l'enfant se rendormit du sommeil des élus (1).

Un ex-voto en forme de cadre, renfermant l'effigie d'un enfant en plastique, contient cette inscription, dont nous regrettons le laconisme : « 15 juillet 1873. Reconnaissance à Marie. Enfant rendu à la vie et baptisé sous les auspices de la Mère de Dieu. »

On nous a signalé d'autres résurrections d'enfants mort-nés, accomplies dans différentes localités, à la suite de prières

---

1. Nous devons les détails circonstanciés de ce miracle à une lettre du 25 mai 1890, écrite par le frère de l'enfant mort-né, sous la dictée de ses parents ; à une lettre de M. le curé d'Orcival, du 28 novembre 1893 ; au récit de la mère de l'enfant, que nous avons interrogée, le 8 janvier 1894.

ou de vœux adressés à Notre-Dame d'Orcival. Mais les renseignements ne nous ont pas paru assez précis pour trouver leur place dans un travail auquel nous tenons à conserver son caractère historique.

Nous permettra-t-on de manifester notre étonnement du peu de publicité qu'on avait donné jusqu'ici à ces événements merveilleux? Nous n'oserions demander la raison de cette discrétion voulue ou inconsciente ; mais si on nous disait que Notre-Dame d'Orcival aime les reconnaissances muettes ou exprimées dans l'intimité, nous répondrions que le devoir des chrétiens est de glorifier la Mère de Dieu, qui est aussi leur Mère. O Marie, nous voudrions avoir toutes les voix de l'univers pour proclamer aux quatre vents du monde les merveiles de bonté et de puissance opérées par vous, dans ce coin reculé de l'Auvergne !

Sous l'administration curiale de M. Joseph Suchet (1802-1812), les habitants d'Orcival et des paroisses voisines étaient sur le point de voir périr leurs moissons par suite de pluies continuelles, qui faisaient germer le grain sur pied. Déjà la disette la plus affreuse se montrait en perspective, lorsqu'un cri de détresse et d'espérance s'éleva de toute la région vers Celle qu'on n'invoque jamais en vain. On demanda à Monseigneur de Dampierre, évêque de Clermont, l'autorisation de faire une procession solennelle où serait portée la Statue miraculeuse. Sur l'avis favorable du prélat, les fidèles accourent de toute part dans l'église d'Orcival, malgré une pluie diluvienne ; les longues files de la procession se déroulent sur la montagne ; et, au moment où l'Image de Marie paraît sur le seuil du sanctuaire, la pluie s'arrête, les nuages se dissipent, le soleil se montre radieux. Dès le soir de cette journée, les travaux de la moisson furent commencés pour ne plus être interrompus (1).

1. Chardon, Op. cit., Édition de 1839.

Vers la fin de l'hiver 1830, Marie Langoille, âgée de vingt-six ans, originaire de Laqueuille, se rendait de Clermont dans sa famille, lorsqu'arrivée au pied du Puy-de-Dôme, elle se crut l'objet de poursuites hostiles à sa vertu. Pour échapper au péril, elle quitta sa chaussure et marcha, nu-pieds, dans la neige, jusqu'à la baraque de Saint-Bonnet, c'est-à-dire sur un parcours d'environ deux lieues. Cet acte héroïque provoqua une maladie des plus graves, qui dégénéra en hydropisie et paralysie. Les médecins du pays natal lui donnèrent vainement les soins les plus empressés ; force leur fut de se déclarer impuissants devant l'opiniâtreté du mal. Transportée à l'Hôtel-Dieu de Clermont, à deux reprises différentes, la malade y fut l'objet d'une sollicitude spéciale ; mais là, comme à Laqueuille, elle fut déclarée incurable. En 1834, se voyant complètement abandonnée par la science humaine, elle s'adressa à la Sainte Vierge, lui promit de réciter tous les jours ses litanies et d'aller en pèlerinage à Orcival, aussitôt qu'elle en aurait la possibilité. Quand elle parla de cette seconde promesse, ses proches s'y opposèrent de tout leur pouvoir, persuadés que la tentative du voyage lui coûterait la vie. Sa confiance et la volonté d'être fidèle à un vœu triomphèrent de toutes les résistances ; elle se fit hisser sur un âne, et, soutenue par une sœur dévouée, elle se mit en route. Les prédictions de mort le long du chemin ne se réalisèrent pas ; elle arriva à Orcival la veille de la Pentecôte, à la tombée de la nuit. Le lendemain, pendant le Saint Sacrifice offert à son intention, se produisit un changement subit et humainement inexplicable. Au moment de l'Élévation, celle qui ne pouvait faire aucun mouvement sans le secours d'une main étrangère, se mit à genoux, se prosterna devant le Dieu de l'Eucharistie, se releva ensuite sans effort et sans douleur. Elle était guérie ! Si bien guérie qu'au moment de la Communion, elle s'avança vers la sainte Table d'un pas assuré, comme l'aurait fait une personne qui n'aurait jamais été atteinte d'aucune maladie. Après la messe, elle se présenta à la sacristie pour faire constater la merveille opérée en sa faveur. Prêtres et fidèles de la paroisse, pèlerins nombreux venus ce jour-là à Orcival, se pressent autour d'elle, admirent la fermeté de ses mouvements, et dans un élan d'enthousiasme irrésistible entonnent un cantique d'actions de grâces à la Vierge Marie. Cet événement, raconté au loin par les nombreux étrangers qui en avaient été témoins, fit grand bruit dans nos montagnes ; et la suite prouva que ce n'était pas un phénomène attribuable à une impression momentanée, car Marie Langoille jouit, à partir de ce moment, d'une santé si parfaite qu'elle put entrer, comme domestique, dans une des plus honorables familles de Clermont, où elle était encore en 1839 (1).

Nous avons sous les yeux les inscriptions, récits, attestations contenus dans tous les ex-voto qui ornent le sanctuaire, et qu'on a bien voulu relever à l'occasion de ce travail (2). Malheureusement un trop grand nombre ne se présentent pas sous forme de documents historiques. Ce sont des cris de reconnaissance, des acclamations d'amour et de gloire à Marie, des monologues mystérieux d'une âme qui fait son histoire intime sous les yeux de la Reine du Ciel, lui rappelant les grâces intérieures ou autres reçues par son intercession ; ce sont aussi des interpellations aux chrétiens, trop peu croyants ou trop peu confiants en la protection de la Mère de Dieu. Tout cela est assurément très touchant et rappelle bon nombre de faits surnaturellement accomplis ; mais tout cela échappe aux lois de l'histoire. Nous le mentionnons, en priant la Vierge Sainte d'avoir pour agréable un de ces

---

1. Chardon, op. cit. édition de 1839.

2. Nous devons ces transcriptions à l'obligeance de M. l'abbé Coudert, vicaire d'Orcival, qui nous a également fourni le plan de l'église et beaucoup d'autres renseignements précieux avec une complaisance dont nous aimons à le remercier.

chants d'amour que les habitants de cette terre n'entendent pas, et que les anges redisent sans cesse devant son trône.

Mais il est d'autres ex-voto qui contiennent des récits circonstanciés, empreints de tous les caractères de sincérité, ayant par conséquent la valeur d'un témoignage respectable. Nous en citerons quelques-uns.

Anastasie Mourlon, de Minsat, canton de Bellegarde, diocèse de Limoges, atteinte d'une maladie de poitrine et d'une fièvre pernicieuse que les médecins désespéraient de guérir, avait reçu les derniers secours de la religion et s'attendait à mourir. Sur le conseil de M. le vicaire de la paroisse, on commença une neuvaine de prières à Notre-Dame d'Orcival, avec promesse de conduire la malade en pèlerinage, si elle guérissait. Le jour même où commença la neuvaine, 29 mai 1856, la jeune fille fut subitement guérie des deux maladies, qui l'avaient conduite aux portes du tombeau ; et le 8 mai de l'année suivante, elle venait accomplir le vœu fait en son nom, accompagnée de deux personnes qui certifièrent avec elle l'authenticité de cette guérison.

Le 2 janvier 1858, Antoine Brany, entrepreneur, du village du Deveix, commune de Rochefort-Montagne, était occupé à extraire des blocs de pierre, au sommet de la Roche Sonadoire, avec son fils et son frère. La carrière s'ouvrait sur un abîme béant, qui rendait l'opération périlleuse. Malgré les précautions les plus sages, le point d'appui se déroba subitement sous leurs pieds, et Antoine Brany se trouva précipité dans le vide. Son frère, affolé de frayeur, dans l'impossibilité de lui venir en aide autrement que par la prière, le voua à Notre-Dame d'Orcival par un de ces cris du cœur, expression de foi et de confiance, que Marie se plaît à entendre. Le malheureux ouvrier, après une chute de trente et un mètres, fut arrêté par une saillie de rocher tellement inclinée et si peu apparente qu'un homme de sang-froid aurait eu de la peine à s'y tenir debout. Il était sauvé, quoique suspendu sur l'abîme. Dès qu'il fut ramené à la surface, les trois hommes tombèrent à genoux pour proclamer la miraculeuse protection de la Sainte Vierge.

L'année suivante, le même Antoine Brany fut atteint d'une maladie à symptômes alarmants. Le médecin déclara que le mal serait long. Toujours confiant en Marie, le malade envoya chercher de l'eau de la fontaine de Notre-Dame d'Orcival ; il l'employa en breuvage et en frictions. C'était le vendredi 13 mai 1859 ; le lendemain, le médecin constatait une guérison complète.

Au mois d'août 1859, Henri Champeaux, âgé de huit ans, fils d'Édouard Champeaux, pharmacien à Felletin (Creuse), et de Marceline Jouandeaux, était en proie à une fièvre pernicieuse et sur le point de succomber à la violence du mal. Il fut guéri sous l'invocation de Notre-Dame d'Orcival. Signé Marie Champeaux, Henri Champeaux, Marceline Jouandeaux.

Le 4 septembre 1860, Sœur Marie Saint-Michel, religieuse de la Congrégation du Sauveur et de la Sainte Vierge, a été guérie d'une maladie de la moelle épinière, dont elle souffrait depuis huit ans.

Madame Françoise Fochon, épouse d'Étienne Beleau, atteinte d'un abcès, qui l'avait rendue boiteuse et que les médecins avaient jugé incurable, a été guérie, au mois d'octobre 1861, par l'intercession de Notre-Dame d'Orcival.

En 1866, un père de famille du canton de Saint-Amant-Tallende, désolé de voir sa jeune fille sur le point de perdre la vue, malgré tous les secours de l'art médical, vint à Orcival faire célébrer une Messe en sa faveur. Peu de temps après, l'enfant fut guérie et vint en pèlerinage de reconnaissance, accompagnée de quelques-uns de ses parents.

Annette Fajhou, femme de Guillaume Giraud, âgée de quarante ans, demeurant à Mareuge, commune du Vernet-Sainte-Marguerite, fut atteinte, au mois de juin 1867, d'une violente inflammation, qui produisait physiquement et moralement des effets très-alarmants. Des deux médecins appelés auprès d'elle, l'un avait déclaré cette maladie mortelle. Transportée une première fois à Orcival, la malade obtint un soulagement passager et retomba bientôt dans le même état. Sa confiance en Marie ne fut pas ébranlée par cet insuccès ; elle entreprit un second pèlerinage, malgré les oppositions de sa famille, qui la croyait au terme de sa vie. Arrivée à Orcival, elle commença une neuvaine, et au cinquième jour elle fut complètement guérie.

« Je soussignée Louise Beaudan, habitante de la commune
» de Thiers, rends hommage à Marie pour la faveur immense
» que j'en ai reçue. En l'année 1868, je fus atteinte d'un rhu-
» matisme nerveux qui paralysa tous mes membres. Dans
» cette extrémité, j'eus recours à Notre-Dame d'Orcival ; je
» promis de faire un pèlerinage au sanctuaire béni, si je recou-
» vrais l'usage de mes membres. Le jour même, je pus faire
» quelques pas dans ma chambre. Néanmoins, je n'étais pas
» guérie ; mes forces ne revenaient point ; j'étais toujours
» percluse. Pleine de confiance en Marie, je conjurai mes
» bons parents de me faire porter dans son église de Notre-
» Dame d'Orcival, espérant obtenir ma guérison. Ils acquies-
» cèrent à ma demande J'eus le bonheur espéré au saint
» Sacrifice de la Messe, pendant lequel je priai avec ferveur.
» Au moment de la Communion, j'étais exaucée ; Marie, ma
» bonne Mère, m'avait rendu les forces ; je pus me rendre à
» la sainte Table sans l'aide d'aucun bras. Depuis ce jour,
» ma santé s'est améliorée. Je ne suis pas forte, mais je
» puis encore être utile à ma famille. Amour, honneur
» et gloire à Marie, consolatrice des affligés ! Reconnais-
» sance ! »

« Le 21 avril 1868, un chef de famille, âgé de trente-
» quatre ans, fut, par suite d'un procès, atteint d'aliénation
» mentale. Sa famille, dans la désolation la plus profonde,
» fit célébrer une Messe dans le sanctuaire béni de Marie.
» Le jour même, et à peu près à la même heure où l'on célé-
» brait le saint Sacrifice, on reconnut un mieux dans sa
» triste position. Cependant, la maladie se prolongeant tou-
» jours et les secours de l'art devenant inutiles, le 13 mai
» 1870 son épouse, une sœur dévouée et plusieurs autres
» personnes pieuses eurent recours à un pèlerinage à Notre-
» Dame d'Orcival. Elles partirent pleines de confiance, pre-
» nant saint Joseph pour leur intercesseur auprès de la Con-
» solatrice des affligés. Leurs prières ferventes furent exau-
» cées, et le 13 juin de la même année eut lieu la guérison
» tant désirée. Vous qui lisez ces lignes, si l'affliction vient
» jamais vous visiter, rappelez-vous qu'il est au Ciel une
» Mère qui a choisi sur la terre des lieux privilégiés pour
» manifester sa puissance, et ne quittez jamais ce sanctuaire
» sans faire partir de vos cœurs un de ces élans d'amour qui
» vont droit au cœur de Dieu. »

Nous sommes en l'année 1870. Un immense voile de deuil
s'est déroulé sur la France, à mesure que les nouvelles de
nos désastres ont répandu partout la désolation et la terreur.
La patrie aux abois a fait appel à tous ses enfants valides.
Dans la plupart des foyers, des places sont restées vides. Des
cœurs maternels broyés par la douleur Dieu seul sait le nombre ; lui seul aussi a compté les larmes versées dans le secret ;
lui seul enfin a entendu les prières que la terre adressa au
Ciel. Dans chaque région les visites, les pèlerinages, les vœux
affluèrent devant les autels et les images des célestes protec-
teurs. Notre-Dame d'Orcival ne fut pas oubliée. On nous
écrit de divers points de l'Auvergne et de la Marche que de
nombreuses familles lui vouèrent leurs enfants partant pour
les champs de bataille, et que beaucoup attribuèrent leur

retour au foyer paternel à sa protection toute-puissante. Quelques-uns de nos ex-voto portent cette date douloureuse sur un tableau en tapisserie, représentant une Sainte Face. On lit : — « Guerre de 1870-71. — Amour et reconnaissance à Marie ! »

Sous des dates diverses, comprises entre 1851 et 1832, dix personnes attestent avoir obtenu, pour elles et pour leurs proches, des guérisons miraculeuses, parmi lesquelles figure la guérison d'une jeune fille sourde-muette de naissance, qui recouvra l'ouïe et la parole au moment où ses parents accomplissaient, à Orcival, un vœu en sa faveur.

L'année 1886 fut marquée par la guérison d'une enfant de Crocq, dans le département de la Creuse. La modestie de ses parents n'a pas voulu révéler son nom à l'histoire. La plaque de marbre destinée à conserver le souvenir du bienfait, porte cette simple inscription : « Reconnaissance à Notre-Dame d'Orcival pour la guérison de ma fille, M. G. » Nous ne voulons pas blesser cette modestie toute chrétienne ; mais les parents et l'enfant sont bien connus à Orcival, puisqu'ils y sont venus en pèlerinage tous les ans depuis la faveur obtenue. On affirme même, sur bons renseignements, que ce pèlerinage annuel, pendant une période déterminée, est l'accomplissement du vœu qui attira sur l'enfant la protection miraculeuse de Marie.

« Le 31 juillet 1888, la jeune Antoinette-Michel Andanson, âgée de 21 mois, jouait sur la place d'Orcival, quand les roues d'une énorme voiture, chargée de pierres, ont passé sur le cou et l'épaule de l'enfant, qu'on a relevée sans aucun mal. Les parents et les personnes présentes affirment que cette petite fille aurait été écrasée, et qu'elle doit la vie à une protection surnaturelle. Louanges à Marie ! » Si quelqu'un se refusait à croire dans le cas présent, nous l'inviterions avec instance à faire une enquête auprès des témoins de l'événement. Nous lui promettons d'avance des émotions. Et bien exigeant serait-il, s'il ne revenait convaincu et de la véracité des témoins et de l'authenticité du fait.

Longue, on le voit, est la série des miracles accomplis par l'intercession de Notre-Dame d'Orcival ; et nous n'avons parlé que de quelques miracles connus. Combien plus considérable encore est la liste des merveilles que nous ignorons et dont beaucoup sont le secret de DIEU !

Toutefois, ne nous y trompons pas, tous ces faits prodigieux que nous avons rappelés, toutes ces faveurs inouïes dont nous avons ravivé la mémoire, ne sont rien en comparaison du miracle des miracles que nous devons tous demander à la Vierge omnipotente, dans son église d'Orcival, à savoir la résignation et la patience dans nos peines, l'abandon et la paix dans l'amour de son divin Fils.

Si vous avez été appelée si haut dans la gloire, ô Vierge Sainte, c'est que, telle qu'une page blanche, inaltérable, immense, toujours ouverte, toujours docile, et infailliblement fidèle, votre âme a été tout entière livrée au « doigt de DIEU, » qui est l'Esprit-Saint, et que vous avez reçu et conservé cette écriture divine. Jamais DIEU n'a trouvé un cœur plus dévoué pour écouter ses leçons, un cœur aussi pur et aussi ardent pour les garder et leur obéir.

O Vierge, vous avez été patiente, et par là « vous avez possédé votre âme, » et ainsi votre cœur a été semblable au cœur de votre JÉSUS, la douce et muette victime, exemplaire de toute sainteté.

Apprenez-nous que toute affliction est une grâce, qu'elle est un gain, un honneur, un salaire, une marque d'estime et de confiance que DIEU daigne accorder, comme il vous l'accorda à vous-même, ô Mère de douleurs ! Que c'est un gage que notre amour doit être heureux de lui rendre en échange, un degré de plus dans l'union.

Accomplissez en nous le miracle des miracles, ô Vierge

toute-puissante, en nous enlevant tout à fait à nous-mêmes par la résignation et la patience ; et qu'élevés alors au-dessus de nos instincts les plus profonds, au-dessus de nos tentations les plus vives, de nos intérêts les plus aimés, nous nous livrions tout entiers à Dieu, à ses droits souverains, à son absolu bon plaisir, sachant bien, par les lumières que vous nous donnerez, ô Reine des saints, que notre Père céleste ne fait pas souffrir ses créatures pour qu'elles souffrent, mais bien parce qu'il les aime, parce qu'il veut leur beauté et travaille à leur bonheur.

Et d'ailleurs, quelles que soient nos peines, et fussions-nous poussés jusqu'à la plus extrême agonie, est-ce que nous ne trouverons pas toujours Jésus et Marie devant nous, portant ces mêmes peines et les sanctifiant à notre intention ? Il fallait que le Christ souffrît (1), et c'est des souffrances du Sauveur, de son amour infini, que nous naissons surnaturellement, nous autres chrétiens. Le baptême n'est que l'application à chacun de nous des souffrances de l'Homme-Dieu. Chaque souffrance qui nous vient ensuite dans la vie nous retrempe dans ces ondes sacrées. Mais il y a mieux : c'est que le chrétien qui souffre n'est autre que Jésus continuant de souffrir pour le rachat du monde. « A l'heure où vous portez la croix, a dit un pieux et savant auteur de notre temps, voyez Jésus en vous ; considérez qu'il est votre Chef et que vous êtes ses membres ; livrez-vous à lui à ce titre et demeurez à ses usages. Vous avez eu besoin des douleurs de Jésus : voici qu'il daigne avoir besoin des vôtres. Les lui refuserez-vous jamais, songeant surtout qu'il a encore tant de pécheurs à convertir, tant d'infidèles à conquérir, tant d'âmes à délivrer du Purgatoire, tant d'élus à faire entrer en Paradis ? Vous êtes miséricordieusement appelés à l'aider dans cette œuvre, et ce sont justement vos souffrances qui vous mettent en

1. Luc, XXIV, 41.

mesure de l'aider. Donnez-les-lui, mais largement, mais sans mesure (1). »

O Sainte Mère du CHRIST, que nous venons ici implorer dans nos peines, obtenez nous donc cette grâce insigne d'aimer la croix en ce monde, pour avoir en l'autre le bonheur et la joie !

1. Mgr Gay, *La Douleur chrétienne.*

L A reconnaissance est une des lois les plus profondément écrites dans le cœur de l'homme. Tant que ce cœur n'a pas été gâté par l'égoïsme de quelque passion brutale, il trouve une joie intime et douce à manifester sa gratitude, dans la mesure de ses moyens et des bienfaits qu'il a reçus.

Après le chapitre des miracles opérés par l'intercession de Notre-Dame d'Orcival, il est donc tout naturel que nous rencontrions le chapitre des offrandes, expressions éloquentes et durables de la reconnaissance des générations qui se sont succédé devant son autel.

Ce chapitre serait long, si nous voulions énumérer tous les dons faits, au cours des siècles, à l'église d'Orcival. Ne pouvant disposer que d'un espace forcément restreint, nous relaterons par ordre chronologique les plus importants, constatés par des titres authentiques et subsistant encore dans nos archives départementales ou autres dépôts mis à notre disposition.

Au mois de février 1247, Robert Ier, comte de Clermont et dauphin d'Auvergne, de concert avec Alix de Ventadour, sa femme, et Robert, leur fils, pour le salut de leur âme, abandonnèrent aux doyen et chanoines tous les droits de patronage, seigneurie ou autres, qu'ils pouvaient avoir sur l'église et le village d'Orcival, et les autorisèrent à faire des acquisitions dans leurs seigneuries de Rochefort et d'Orcines, à la condition qu'un office commémoratif serait célébré pour eux, le lundi après Pâques, et que chaque chanoine présent recevrait deux deniers. L'héritier des donateurs, Jean, comte de Clermont, dauphin d'Auvergne, vulgairement connu sous le nom de Dauphinet, confirma cette donation par un *vidimus* signé le mardi après la fête de la Purification de la Sainte Vierge, 1343 (1).

Le vendredi après la Pentecôte 1248, G. de Cros, évêque de Nimolium (2), dans l'île de Chypre, et Adhémar de Cros, chanoine de Clermont, « pour la révérence et honneur de la Bienheureuse et Glorieuse Vierge Marie Mère de Dieu, et pour le salut de leur âme et de celles de leurs parents », donnèrent au Chapitre d'Orcival la quatrième partie du droit de patronage à eux appartenant sur la chapellenie de l'église ainsi que tous les autres droits qu'ils pouvaient avoir dans les limites de la paroisse (3). Nous verrons plus loin que, d'après un partage, fait en 1213, entre Géraud, Guy, Adhémar et Pierre de Cros, la seigneurie d'Orcival avait été laissée indivise. Les deux donateurs mentionnés dans le présent acte représentaient donc un des quatre copartageants de 1213. Ils étaient fils de Pierre de Cros, dit de Murat.

Guillaume Girbert, chanoine et sacristain du Chapitre, fit don d'un jardin et d'un pré, situés dans les dépendances d'Orcival, pour fonder à perpétuité son anniversaire et celui de ses parents (1250) (4).

Noble Guillaume de Peyrols, chevalier, seigneur dudit lieu, près de Rochefort, céda aux chanoines les percières et autres

---

1. Arch. du P.-de-D. Chap. d'Orcival, cote 2b. — Bibl. de Clermont, mss. rouzeix.

2. G. de Cros est qualifié *episcopus nemociensis*. Cette localité, construite près des ruines d'Amathonte, dans l'île de Chypre, est désignée dans l'histoire sous des noms divers : *Nemroiæ, Nemini, Lemisius, Nimolium*, etc.

3. Arch. du P.-de-D., Chapitre de Notre-Dame d'Orcival, cote 3.

4. Arch. du P.-de-D. Chap. d'Orcival, cotes 1, 2, 3, 4.

redevances qu'il percevait sur le village de Valchapon (1260) (1).

Le 3 août 1273, Étienne de Méjanesse, chanoine, fit don au Chapitre de quatre terres situées dans les dépendances d'Orcival, pour la fondation d'un service annuel, qui devait se célébrer le jour de la fête de saint Grégoire, pape (2).

Géraud de Banson, seigneur dudit lieu, paroisse de Gelles, transporta au Chapitre, par acte de pure donation, tous ses droits sur le tènement d'Yvons, plus un cens d'une quarte de seigle sur le même village (1275) (3).

Pierre de Châlus, noble chevalier au service du dauphin d'Auvergne, céda aux chanoines un cens d'un septier de seigle, d'une émine d'avoine et de trois sols d'argent à percevoir sur le village d'Orcival (1275) (4).

Le 12 des calendes de février 1277, Marguerite, veuve de Durand Roux, et son fils, Étienne Roux, firent aux doyen et chanoines la donation sans aucune charge : 1° d'une place située dans le village de Soussat et attenante à une maison du Chapitre ; 2° d'un champ vulgairement appelé *las Costas*, dans les dépendances du même village ; 3° des dîmes qu'ils percevaient sur le terroir de *las Costas* ; 4° d'un champ vulgairement appelé *del Lavadort*, dans les dépendances du même village. L'acte, passé devant Guillaume, official de Clermont, fut accepté par Étienne Tysseir, clerc, délégué du Chapitre et agissant en son nom (5).

---

1. Arch. du P.-de-D. Chap. d'Orcival, cotes 1, 2, 3, 4.
2. Idem.   »   »   »
3. Idem.   »   »   »
4. Idem.   »   »   »
5. Arch. du château de Cordès.

Robert II, comte de Clermont et dauphin d'Auvergne, voulut s'assurer la protection de Notre-Dame d'Orcival en fondant un office annuel dans son sanctuaire. Par son testament de l'année 1281, il fit un legs de cent sols, qui devaient être versés au Chapitre par ses héritiers, et employés à acheter une rente ou un cens qui assurerait la fondation. Il voulait que cet office fût célébré à perpétuité, le jour anniversaire de sa mort (1).

Astorgue de Montaigut, seigneur de Douaresse, paroisse d'Orcival, fit cession au Chapitre d'un cens consistant en un septier de seigle à prélever sur le moulin de Rebours, et de cinq sols de rente annuelle (1284) (2).

Pierre de Tinières, premier du nom, chevalier, seigneur dudit lieu, près de Bort, « pour témoigner sa dévotion envers la très glorieuse Vierge d'Ursivall, » constitua au Chapitre une rente de sept sols à percevoir chaque année, le jour de la fête de saint Guillaume, sur le mas de *las Ribas*, dans la paroisse de Bagnols, qui dépendait de la châtellenie de Tinières (1284) (3).

Bertrand de la Tour, troisième du nom, chevalier, seigneur dudit lieu, de Murat-le-Quaire et de la Roche-Vendès, « pour témoigner la dévotion, révérence et honneur qu'il porte à la très-glorieuse Vierge, qui reçoit d'innombrables marques de confiance des fidèles dans l'église d'Orcival, » fit don aux doyen, chanoines et serviteurs de ladite église de vingt sols de rente, payables annuellement, le jour de la fête de saint Jean-Baptiste, pour le repos de son âme et de celles de ses parents (1285) (4).

<hr>

1. Baluze, *Histoire générale de la Maison d'Auvergne*, tom. II, p. 279.
2. Arch. du P.-de-D. Chap. d'Orcival, cotes 1, 4.
3. Idem.   »   »   »
4. Idem.   »   »   liasse 12, cotes 2ᵃ, 6ᵃ.

Bertrand de la Queuille (*de la Colha*), premier du nom, chevalier, seigneur dudit lieu, de Rochefort et de Servières, donna à l'église d'Orcival, « pour le remède et salut de son âme, » une rente de deux septiers de seigle (1297) (1).

Robert de Gorce, d'une ancienne famille possessionnée en Auvergne et dans le Rouergue, donna un septier de seigle de rente, à prendre sur les tènements de la Chaze et de la Villette (1319) (2).

Philippe V, dit Philippe-le-Long, roi de France, « en considération de la dévotion des peuples pour Notre-Dame d'Orcival, » fit remise au Chapitre des décimes auxquelles celui-ci avait été taxé par la chambre ecclésiastique du diocèse de Clermont, chargée de faire la répartition des subsides votés par l'assemblée générale du clergé de France (1320) (3).

Charles IV, dit Charles-le-Bel, frère et successeur de Philipppe V, s'inspirant des mêmes motifs, fit également remise des décimes en 1326 (4).

Bertrand de la Tour, quatrième du nom, qui devait plus tard s'illustrer à la bataille de Poitiers, être choisi comme un des otages envoyés en Angleterre pour la délivrance du roi Jean, et mériter d'être le premier des chevaliers de l'*Écu d'Or* institué par Louis II, duc de Bourbon, donna à la Vierge d'Orcival cinq livres de rente assise sur la montagne des Angles (1328) (5).

---

1. Archiv. du P.-de-D. Chap. d'Orcival, liasse 12, cotes 2ª, 6ª.
2. Idem.   »   »   »   »
3. Idem.   »   »   »   »
4. Idem.   »   »   »   »
5. Idem.   »   »   »   »

Le vendredi après la fête de l'Assomption 1342, Hugues de Chalusset, issu de la famille de Rochefort d'Aurouze, dictant son testament, exprima la volonté que les dix septiers de froment qu'il avait l'habitude de donner annuellement à l'église d'Orcival, fussent payés à perpétuité par ses héritiers (1).

Raoul de Montrognon, chanoine d'Orcival, par son testament, dont la date est inconnue, avait légué aux doyen et Chapitre une rente de trois septiers de froment et d'un septier de seigle, mesure de Romagnat. Son neveu, Bertrand de Montrognon, reconnut ce legs, le vendredi après la fête de l'Épiphanie, 1344, et en garantit l'acquittement par une hypothèque donnée sur tous ses biens. Louis de Montrognon, seigneur de Salvert et de Chars, fils de Jean de Montrognon et héritier de Bertrand, fit la même reconnaissance et donna la même garantie en 1424 (2).

Au mois d'août 1364, Bernard, comte de Ventadour et de Montpensier, agissant avec l'autorisation de Jean, duc de Berry et d'Auvergne, lieutenant général pour le roi, concéda aux chanoines de l'église collégiale d'Orcival le droit de prélever annuellement et à perpétuité vingt-cinq septiers de froment sur son grenier d'Aigueperse, « en l'honneur de Dieu et pour participer lui et ses successeurs aux prières et suffrages de ladite église. » Ce don princier fut ratifié, en 1512, par Louis de Bourbon, duc de Montpensier, pair de France, souverain des Dombes, prince de la Roche-sur-Yon, dauphin d'Auvergne. En 1788, Louis-Philippe-Joseph d'Orléans, duc de Montpensier, servait encore cette rente au Chapitre (3).

---

1. Archiv. du P.-de-D. Chap. d'Orcival, liasse 12, cotes 2¹, 6².
2. Idem.　　　》　　　　　》　　　　　》　　　　》
3. Idem.　　　》　　　　　》　　　　　》　　　　》

Jean Chabert, seigneur de la Chaze, abandonna à l'église tous les cens qu'il percevait sur Orcival et ses dépendances (1366) (1).

Guillaume de Méjanesse fonda, à l'autel de saint Étienne, une messe chantée, moyennant un capital de vingt-deux livres six deniers, et une rente de deux septiers de seigle et d'un septier d'avoine (1373) (2).

René-Grégoire Astorgues, de Villetour, donna au Chapitre un pré dans les appartenances d'Orcival, au terroir de Chaillards, un jardin et deux chezals au même lieu (1383) (3).

Voici une offrande d'une nature toute différente de celles qui précèdent. Si elle n'apporta pas au sanctuaire d'Orcival une augmentation de revenus, elle lui procura un titre de gloire peu commun. C'était au temps où les bandes anglaises ravageaient le sol de l'Auvergne. Retranchées dans nos puissantes citadelles comme dans des nids de vautour, elles en sortaient pour piller les campagnes, et y rentraient chargées de butin. Impuissant à délivrer le pays, autant qu'à se concilier l'estime des habitants, le duc de Berry, lieutenant du roi, appela à son secours Louis II, duc de Bourbon, comte de Clermont en Beauvoisis, déjà célèbre par ses brillants exploits contre les Anglais dans le Poitou et dans l'Aunis. Ce prince n'était pas un étranger pour la province ; en 1371, il avait épousé, à Ardes, la fille de Beraud II, dauphin d'Auvergne. Au cri de détresse qu'on lui fit entendre, il partit de Paris, traversa le Bourbonnais, arriva aux Marches d'Auvergne, comme on disait alors, prit les châteaux de la

---

1. Arch. du P.-de-D. Chap. d'Orcival, liasse 12, cotes 2 , 6 2.

2. Idem.   »   »   »

3. Idem.   »   »   »

Roche d'Aigueperse, d'Amburs, de Trois-Croix ou Trascros, et marcha sur la Roche-Sonadoire, but principal de son expédition. Cette formidable forteresse était occupée par le capitaine anglais Robert Channel, avec trois cents hommes d'armes. Aidé des seigneurs d'Auvergne, le duc de Bourbon commença un siège capable de décourager le plus vaillant homme de guerre. Pendant trois semaines, il resta suspendu avec son armée aux flancs de ce rocher abrupt. Son courage et sa persévérance, dirigés par son habileté dans l'art des combats, eurent enfin raison de toutes les difficultés. Il entra par la brèche avec ses braves chevaliers, et son étendard, flottant sur les murs de la citadelle, annonça au pays sa délivrance. Bientôt après ce même étendard flottait sur les châteaux du Limousin arrachés à la domination des ennemis de la France. Mais le preux capitaine, qui avait rapidement accompli toutes ces merveilles, ne se laissa pas enfler par un vain orgueil. Au siège de la Roche-Sonadoire, située à une faible distance d'Orcival, il s'était souvenu du Dieu des armées et de sa sainte Mère. Ce qui se passa alors dans ce noble cœur appartient à son histoire intime ; nos annales ne le disent pas. Mais il est permis de croire qu'il s'était voué lui et son armée à Celle qu'un grand Pape devait plus tard appeler le *Secours des Chrétiens*. Aussi, son expédition terminée, il reprit, pieux pèlerin, le chemin d'Orcival, et sa vaillante main déposa devant l'Image de la Vierge, en signe d'ex-voto, ce glorieux pennon qu'elle avait promené victorieux sur les derniers remparts de la puissance anglaise. Noble trophée, les yeux du pèlerin voudraient encore se reposer sur tes plis fleurdelysés ; mais si tu as disparu dans le naufrage des temps, ton souvenir restera vivant sous les antiques voûtes du sanctuaire, dont tu fus le plus bel ornement ! On peut se demander si la dévotion de cet arrière-petit-fils de saint Louis pour Notre-Dame d'Orcival, ne fut pas le motif qui lui inspira le dernier mot de son cri de guerre :

Bourbon ! Bourbon ! Notre-Dame ! En tout cas, ce cri est une éloquente traduction de sa confiance envers la Reine du Ciel. C'est en l'année 1385 que se passèrent les faits rapportés dans cette trop courte relation (1).

Cinq ans plus tard (1390), un autre guerrier venait recommander à Notre-Dame d'Orcival une entreprise non moins périlleuse que celle du duc de Bourbon. Voici dans quelles circonstances. En 1388, une trêve avait été signée entre Charles VI, roi de France, et Richard II, roi d'Angleterre. Celui-ci avait signifié à ses capitaines de s'abstenir de tout fait d'armes, sous peine de mort. Malgré ce traité et contre toutes les lois de la guerre, Aimerigot Marchez s'empara du château de la Roche-Vendès, tenu en mauvais état de défense par son propriétaire, le seigneur de la Tour. Son premier soin fut de faire les réparations nécessaires à la puissante citadelle pour la mettre à même de résister à un siège. Ayant ensuite bien équipé sa bande, il se mit à courir le pays, à rançonner les habitants et à exercer contre eux toute espèce de violences. Bientôt il fut la terreur de la contrée. Les villes de Clermont, Montferrand, Riom, dénoncèrent au roi de France cette violation de la trêve et lui demandèrent du secours contre le redoutable bandit. Charles VI fit appel à la vaillance de Robert de Béthune, vicomte de Meaux, qui réunit à Chartres quelques compagnies royales de la Picardie et de l'Ile-de-France, et partit en toute hâte. L'Auvergne et le Limousin devaient aussi fournir leur contingent de chevaliers. Le lieu de réunion fut fixé à Orcival. Au jour indiqué, quatre cents lances et cent arbalétriers genevois défilaient dans les rues de notre village. Le chroniqueur Froissart, qui nous a transmis ces détails, ne dit pas pourquoi Robert de Béthune choisit Orcival ou, comme il écrit, « Notre-Dame d'Orcival, » pour réunir son armée et de là marcher d'un trait contre l'ennemi qu'il

---

1. Mazure, *L'Auvergne au XIVe siècle.*

allait combattre. Ce choix ne pouvait être motivé par aucune raison géographique ni stratégique, car Orcival était en dehors des voies de communication, et son peu d'importance n'offrait aucun avantage pour le ravitaillement d'une troupe en marche. Nous sommes donc autorisé, avec ceux qui ont signalé ce fait avant nous, à croire que le motif qui détermina le vicomte de Meaux fut un motif de dévotion et de confiance à Notre-Dame d'Orcival. Avant de se heurter contre une citadelle et un ennemi également redoutables, il voulut mettre sa petite armée sous la protection de Marie. L'entreprise eut en effet un heureux résultat. Après neuf semaines de siège, la Roche-Vendès tomba au pouvoir des Français. Aimerigot, qui était parvenu à s'échapper seul, fut livré au roi par le châtelain de Tournemire, près Aurillac, où il avait cherché un asile; condamné à mort par les juges du Châtelet de Paris, il fut exécuté le 13 juillet 1392. Parmi les témoins appelés à déposer dans son procès figurent Johannet, d'Orcival, Bertrandon de Vez, capitaine de Rochefort, Guillaume Constans, de Pontgibaud, Pierre Giat, de la Tour (1).

Jean de Rochefort, chevalier, seigneur d'Hautefeuille et de Servières, « à cause de la dévotion que ses prédécesseurs ont eue et qu'il a lui-même pour l'église de Notre-Dame d'Orcival et spécialement pour le repos des âmes de ses parents, » constitua une rente de vingt-huit sols de bonne monnaie, plus de six livres de cire à prélever sur le moulin de Servières, et de six septiers de seigle, mesure d'Orcival, à prendre sur le mas de Jaighald, paroisse de Saint-Bonnet, à condition qu'un office serait célébré, chaque année, pour lui et pour les siens (2).

1. *Tablettes d'Auvergne*, tom. III. — Mazure, *L'Auvergne au quatorzième siècle*. — *Revue d'Auvergne*, tom V^e, page 94.

2. Arch. du P.-d.-D., Chapitre d'Orcival, cote 2a, 3.

Pierre Delfarador (1), natif de Rochefort, demeurant à Orcival, héritier de Jean Delfarador, en son vivant prêtre, chanoine et curé d'Orcival, donna au Chapitre une grange et un chezal situés dans le lieu d'Allagnat, *(in loco de Aleniaco)* (1408) (2).

Noble N. de Perpezat fit don d'une quarte de froment de rente sur le terroir de la Maleyra, dans les dépendances de Chanonat (1419) (3).

Hugues Bastard de la Coulture, gentilhomme d'origine étrangère à notre province, devenu Auvergnat par son mariage avec Catherine de Perols, voulut avoir sa sépulture dans l'église d'Orcival. De concert avec sa femme, il céda au Chapitre tous les droits et redevances qui leur appartenaient au lieu de Polagnat, à condition qu'on leur ferait la concession d'un tombeau au bas du chœur (1426) (4).

Alix de Montaigut, dame de Douaresse, constitua à l'église une rente de sept livres de cire, assise sur tous ses biens (1426) (5).

Jean de Châlus, seigneur d'Orcival et de Cordès, céda au

---

1. Ce nom Delfarador *(del Farador)* est emprunté à un ancien quartier d'Orcival ou peut-être de Rochefort, car le *Forador* est un nom commun qui a dû exister dans plusieurs localités. Dans un acte de l'année 1517, Jean Albaron, chanoine d'Orcival, reconnaissait tenir du Chapitre une maison avec cour et jardin, située au quartier de Font-Bordeulh, alias *Delforadour.* L'étymologie de ce mot n'est pas certaine. Nous trouvons dans Du Cange *Ferrator*, celui qui ferre les chevaux, et *Ferratura*, emploi de celui qui ferre les chevaux. On pourrait supposer que le mot auvergnat *Faradour, Feradour* ou *Foradour*, désignait le lieu où l'on ferrait les animaux.

2. Arch. du P.-d.-D., Chapitre d'Orcival, cote 2a, 3.

3. Idem.   »   »   »

4. Idem.   »   »   »

5. Idem.   »   »   »

Chapitre tous les cens qu'il percevait sur le village d'Ardeyrolles, paroisse de Saint-Pierre-Roche, pour la fondation d'une Messe de morts (8 juillet 1427) (1).

Par son testament du 30 août 1429, Guillaume de Menat, damoiseau, seigneur de Perpezat, légua au Chapitre tous les cens, droits et devoirs lui appartenant sur le village d'Aurière, paroisse de Perpezat, et sur celui de Gioux, paroisse de Saint-Martin-de-Tours, pour la fondation d'une Messe chantée en l'honneur de la Sainte Vierge, le mardi de chaque semaine, à perpétuité. L'acte, passé à Perpezat, au domicile du testateur, fut authentiqué par l'official de Clermont (2).

Marcotte d'Issars, dame du Marchadial, constitua au Chapitre un cens d'un septier de seigle, mesure de Clermont (1435). Noble homme Jean de Saint-Chamans, seigneur du Marchadial, héritier de la donatrice, reconnut devoir ce sens en toute directe seigneurie et sur tous ses biens (1498) (3)

Antoine Juzaud (4), chanoine et baile du Chapitre d'Orcival, donna audit Chapitre un cens de deux septiers de seigle, mesure de Clermont, à condition que les chanoines chanteraient à son intention un *De profundis* tous les jours, après Prime et après Vêpres. Il avait acheté ce cens, moyennant neuf écus, de noble Antoine de Cros, seigneur de Saint-Bonnet, Villejacques et Monteribeyre *(Monteilh-Ribeire)*, agissant de concert, en cette vente, avec Marguerite du Mesnil, sa femme. Les censitaires sur lesquels se prélevait ce droit étaient divers habitants à Monteribeyre (1470) (5)

1. Arch. du P.-d.-D. Chap. d'Orcival, liasses 11 et 12.
2. Ibid.   »   »   »
3. Ibid.   »   »   »
4. On trouve le terroir *del Jusaud* dans les dépendances de Gioux de Tours, paroisse de Saint-Martin-de-Tours (1491).
5. Archiv. du P.-de-D. Chap. d'Orcival, Terrier Rouge, cote 1.

Jacques de la Queuille, seigneur dudit lieu et de Château-neuf-du-Drac, chambellan du duc de Bourbon et d'Auvergne, assigna au Chapitre, sur la montagne de Raza, une rente de six livres, pour tenir deux cierges allumés à l'autel de Notre-Dame, pendant qu'on y célébrerait la Messe (1441) (1)

Guy de Montaigut, deuxième du nom, seigneur dudit lieu, de Saint-Vincent et de Douaresse, dictant son testament, au mois de février 1445, légua aux chanoines de « la Bienheureuse Marie d'Orcival » une rente de huit livres tournois assise sur sa terre et seigneurie de Douaresse, pour la fondation d'une vicairie au maître autel, en l'honneur de la Sainte Vierge. Le prêtre titulaire de cette vicairie, chargé de dire une messe de *Beatâ Mariâ* tous les samedis de l'année, devait être choisi par les héritiers du fondateur, qui auraient la faculté d'éteindre la rente en versant au Chapitre une somme de cent livres. Cette fondation fut ratifiée, le 30 novembre 1639, par Gilbert de Rivoire, marquis du Palais, seigneur de Douaresse et de la Roche-Sonadoire, comme nous le verrons plus tard (2).

Louis de Bourbon, comte de Montpensier et dauphin d'Auvergne, « mû par la dévotion envers Notre-Dame d'Orcival, » eut la pieuse pensée de faire construire, dans l'église collégiale, une chapelle ou au moins un autel, dans le but d'y fonder une vicairie en l'honneur de la « glorieuse Vierge Marie, » pour le repos de son âme et de celles de ses parents. Cette érection ne pouvant se faire sans l'autorisation de l'évêque diocésain, il adressa une supplique à Jacques de Comborn, qui occupait alors le siège épiscopal de Clermont, et qui lui accorda la permission demandée par lettres du 4 janvier 1460 (3).

1. Arch. du P.-d.-D. Chap. d'Orcival, liasses 11 et 12.
2. Ibid.   »   »   »
3. Ibid.   »   »   »

Pierre de Cros, seigneur dudit lieu, de Vareille et en partie d'Orcival, avait fait une donation consistant en six livres d'argent et six septiers de blé, le tout payable annuellement par son receveur d'Orcival jusqu'à ce qu'il y aurait pourvu autrement. N'ayant pas encore fait l'assiette de cette rente et de ce cens, il confirma sa donation par un acte de 1483 (1).

Gilbert de Chabannes, baron de Rochefort, Aurière et Nébouzat, comptour de Saignes, sieur de Madic, de Curton et de la Daille, gouverneur et sénéchal du Limousin, fonda deux Messes pour le repos de son âme et de feue Françoise de Boulogne, sa première femme ; l'une devait être célébrée avec diacre et sous-diacre, tous les jours de l'année, à huit heures en hiver, à sept heures depuis Pâques jusqu'à la Saint-Remy, excepté les jours de fête de Noël, Pâques, l'Ascension, la Pentecôte, la Fête-Dieu, la Toussaint et les fêtes de Notre-Dame solennisées dans l'église d'Orcival ; l'autre devait être dite le mercredi de chaque semaine. Une rente de soixante livres tournois, assise sur la seigneurie de Rochefort, fut assignée au Chapitre pour l'exécution des volontés du fondateur (1483). Les clauses de cette fondation furent ensuite modifiées de la manière suivante : à la place des soixante livres de rente, le fondateur constitua un cens de cinq septiers de blé tiercé sur les dîmes de *las Vialas*, de neuf septiers trois quartes sur les dîmes de Bourg-Lastic, de vingt-quatre septiers sur les dîmes de Perpezat, et quelques droits sur les dîmes d'Allagnat ; en retour de cette générosité, le Chapitre lui accordait le droit de nomination à une de ses prébendes sacerdotales ; lui concédait un tombeau dans le chœur de l'église, occupant le tiers de la souterraine ; lui promettait de chanter, tous les jours, une Messe des morts avec diacre et sous-diacre, de dire une Messe basse, au maître-autel, tous

---

1. Archiv. du P.-de-D. Chap d'Orcival. liasses 11. 12. cotes 2. 4. 5.

les lundis, de chanter une antienne à la Sainte Vierge, après Complies, tous les samedis, et les Vêpres avec vigiles des morts, tous les mercredis ; il se chargeait enfin de faire son anniversaire et celui de sa femme le plus solennellement possible, avec parements, cierges et les quatre ampoules de l'église. Jean de Chabannes, fils de Gilbert, confirma cette fondation, le 24 octobre (1507) (1).

Noble Antoine de Puy-Reynaud (2), écuyer, seigneur dudit lieu, de Varennes et de Villessebroux, « pour la grande dévotion qu'il a en l'église de Notre-Dame d'Orcival, à l'occasion du divin service qui quotidiennement se fait en ladite église, » fonda à perpétuité une Messe basse, chaque jour de l'année, à l'autel de saint Michel. La volonté du fondateur était que ces messes, dites pour le repos de son âme et de celles de ses parents, fussent célébrées selon l'ordre liturgique suivant : le dimanche, Messe du jour ; le lundi, Messe pour les défunts ; le mardi, Messe des saints Anges ; le mercredi, Messe du Saint-Esprit ; le jeudi, Messe du Corps de Dieu (du Saint-Sacrement) ; le vendredi, Messe de la Croix ; le samedi, Messe de Notre-Dame. Comme honoraires de cette fondation, il donnait au Chapitre des cens en argent, grains et gélines, des droits de percières, manœuvres, festage, qu'il percevait sur les familles Quinssat de Malevesse, Prohet

---

1. Archiv. du P.-de-D. Chap. d'Orcival, liasses 11, 12, cotes 2, 4, 5.

2. Puy-Reynaud, aujourd'hui domaine, situé près du bourg d'Orcival, était jadis un petit castel avec fief rural. Plusieurs chartes nous apprennent que ce lieu était appelé indifféremment Puy-Reynaud ou Villessebroux. La famille qui lui emprunta son nom a laissé peu de traces dans l'histoire d'Auvergne. Nous avons rencontré dans nos archives les noms de Guy de Puy-Reynaud (1461) ; d'Antoine de Puy-Reynaud (1489) ; de François, Jean et Antoine de Puy-Reynaud, frères, probablement fils d'Antoine, qualifiés comme lui nobles hommes et écuyers (1518). Après la disparition de cette famille, Puy-Reynaud appartint successivement aux familles Roux et Cougoul. Jean Roux de Vaugaruyde, paroisse d'Orcival, avait épousé Marguerite de Puy-Reynaud, morte en 1532. C'est probablement par ce mariage que Puy-Reynaud passa à la famille Roux.

de Touphaleychas, Rochefort d'Olby, Vidal de Ribeyre, Faligot de la Pontézie, Rouel de la Roche-Verminisse, sur les mas de *las Coutz* et de la Vareillette. En attendant qu'il fît l'assiette des cens donnés, il s'engageait à verser quinze livres de rente annuelle (28 octobre 1489) (1). Le 14 juillet 1491, il donna hypothèque sur tous ses biens.

Antoine Gaignon, chanoine d'Orcival, « pour la dévotion qu'il a au service de ladite église, pour le salut de son âme et de celles de ses parents, » donna deux livres neufs en parchemin, l'un appelé *Official*, l'autre *Missel*, estimés au prix de quarante livres d'argent, et fit réparer un autre missel, qui lui coûta cinq livres. Un tremblement de terre ayant ensuite ébranlé le clocher, il donna trente-cinq livres tournois pour aider à une réparation devenue urgente. En retour de ces dons, le Chapitre s'engagea : 1° à chanter deux fois par jour, après Vêpres et après Matines, le *De profundis* avec le *Pater*, à voix basse, et l'oraison *Absolve ;* 2° à célébrer une Messe des morts avec diacre et sous-diacre, le jour de la fête de sainte Catherine, suivie du chant du *Libera ;* 3° à faire au donateur concession d'un tombeau dans l'église, près de ceux de Géraud Bonnet et de Jean Mercier, et à célébrer à perpétuité un service funèbre, le jour anniversaire de son décès (20 juin 1492) (2).

Durand Crespat, seigneur de Durtol, donna aux chanoines un cens d'un muid de vin, « bon, pur et marchand, » mesure du château de Durtol, à prendre chaque année audit château, et d'une émine de froment, à condition que, tous les samedis soir et aux cinq fêtes annuelles de Notre-Dame, ils chanteraient le *Salve Regina* et le *De profundis* au grand autel de Notre-Dame d'*Oursivauld*, devant son Image, et au son des cloches (30 octobre 1495) (3).

---

1. Archiv. du P.-de-D. Chap. d'Orcival, Terrier Rouge, cote 1.
2. Ibid.   »   »   »   »
3. Ibid.   »   »   » liasses 11, 12, cotes 2, 4, 5.

Noble et puissante dame Anguite de la Gastine, veuve de noble et puissant seigneur messire Jacques de Châlus, seigneur de Tours (1) et de Cordès, fonda, « pour l'honneur de la glorieuse Vierge Marie et de sainte Marie-Magdeleine, et pour le salut de son âme et de celles de ses parents » : 1° une Messe des morts à haute voix tous les premiers lundis du mois, suivie d'une absoute sur le tombeau de son mari ; 2° deux Messes de Notre-Dame chaque jour de l'année. Elle donna pour cette fondation des cens de différente nature et une rente de vingt sols tournois (9 août 1500) (2).

Durand Becaine, prêtre, curé ou recteur de l'église paroissiale du Puy-Saint-Gulmier *(Puy-Sainct-Gumyer)*, chanoine d'Orcival, accomplissant les intentions de son père et de sa mère, inhumés dans l'église collégiale, fonda deux vicairies ou chapellenies, dans la chapelle ou à l'autel de saint Jean-Baptiste, consistant en deux Messes par semaine. Il donna pour cette fondation un cens de six septiers de seigle, un septier de froment, trois septiers d'avoine, mesure de Rochefort, plus de cinquante sols tournois, qu'il avait acquis de noble Antoine de Puyrenaud, seigneur dudit lieu et de Villessebroux (1502) (3).

Jacques de Jonas, seigneur des Ramades, près du Montel-de-Gelat, avait fondé une vicairie à l'autel de saint Michel. La date de la fondation nous est inconnue, mais le fondateur exerçait ses droits de collation en l'année 1508 (4).

Antoine de Chaville, curé de Chirat, en Limousin, consti-

---

1. Nom primitif de Saint-Martin-de-Tours.
2. Arch. du P.-de-D. Chap. d'Orcival, Terrier-Rouge. cote 6².
3. Ibid.   »   »   »   cote 1.
4. Ibid.   »   »   »   liasse 11. cote 6².

tua au Chapitre un cens de huit septiers de seigle et une rente de quarante sols pour fondation de deux messes à perpétuité (1516) (1).

Catherine de Bourbon, fille de Jean II, duc de Vendôme, et d'Isabeau de Beauveau, fut la seconde femme de Gilbert de Chabannes, dont nous avons parlé plus haut. Devenue veuve, elle porta le titre de douairière de Rochefort, et se retira à Aigueperse, chez son neveu, Louis de Bourbon, comte de Montpensier, auquel François Ier avait rendu une partie des biens enlevés au connétable de Bourbon, son oncle maternel. C'est dans cette résidence que Catherine dicta son testament, le 10 juin 1533. Elle déclara vouloir être inhumée dans l'église Notre-Dame d'Orcival, « au lieu où est enterré feu de bonne mémoire Mgr Gilbert de Chabannes, son mari. » Elle institua pour ses héritiers Louis de Bourbon, comte de Montpensier, fils de son frère, Louis de Bourbon-Vendôme, et Anne de Boulogne, fille de sa sœur, Jeanne de Bourbon, les chargeant de donner cent livres à l'église de Notre-Dame de Rochefort, cent livres à l'église Notre-Dame des Champs, cent livres à l'église de Notre-Dame d'Orcival, pour son anniversaire et celui de ses parents trépassés (2). Les annales d'Orcival ont entouré d'une auréole le nom de cette pieuse princesse, que le peuple avait surnommée *la Sainte*. Voici ce qu'écrivait, en 1769, le chanoine Chardon, parlant de son tombeau : « Ce tombeau ayant été ouvert dans le dernier
» siècle, on y trouva cinq bières de plomb, et dans l'une le
» corps, exempt de corruption de Catherine de Bourbon,
» épouse de Gilbert de Chabannes, morte en odeur de sain-
» teté, au commencement du seizième siècle, et qui de son
» vivant mérita, par ses abondantes aumônes, que Dieu

1. Arch. du P.-de-D. Chap. d'Orcival, liasse 11, cote 6².
2. Idem.	»	»	»	»

» opérât en sa faveur un miracle. On raconte que cette dame,
» portant elle-même l'aumône à quelques pauvres, fut rencon-
» trée par son époux, qui, souffrant avec peine qu'elle fît de
» si continuelles et si abondantes aumônes, lui ordonna de
» montrer ce qu'elle portait ; qu'ayant obéi, au lieu d'au-
» mônes il ne fut aperçu que des roses. La mémoire de
» cet événement miraculeux a été conservée à la postérité
» par deux anciens tableaux, que l'on voit encore aujour-
» d'hui, l'un dans la chapelle et l'autre dans le cabinet
» d'assemblée du château de Paulagnac, peu éloigné d'Orci-
» val. » Ce phénomène d'incorruptibilité persévéra jusqu'à
la Révolution ; et peut-être persévérerait-il encore, si la dé-
pouille mortelle de Catherine de Bourbon n'eût été réduite
en cendres. Les Vandales de 1793, poussés par la haine contre celle que la voix du peuple avait canonisée, lui firent l'honneur de la traiter comme ils traitèrent les saints eux-mêmes.
Après avoir amoncelé toutes les statues de l'église dans la
partie sud du transept, derrière la porte encore existante, entre
le bénitier et l'autel Notre-Dame de Pitié, ils ouvrirent le tombeau des de Chabannes, en sortirent le corps intact de celle
qui était morte depuis deux cent soixante ans, le placèrent
sur le bûcher des saintes images, et allumèrent le feu destiné à anéantir ce qu'ils appelaient les signes de la supers-
tition. Une jeune enfant, nommée Françoise Mabrut, fut
témoin de cet acte d'odieuse profanation. Déjà pénétrée
de la vénération que tout Orcival professait pour *la Sainte*,
elle eut le pieux désir de soustraire à la destruction une
relique quelconque de ce corps respecté par la mort. Grâce
au peu de défiance qu'inspirait son âge, grâce aussi au
tumulte, elle put retirer du brasier un doigt de la main de
la noble défunte. Heureuse de son trésor, elle regagnait la
maison paternelle, lorsqu'une femme étrangère à la localité,
remarquant les signes de satisfaction qui éclataient sur son
visage, lui en demanda la raison. Dans un transport de joie

naïve, Françoise Mabrut montra sa relique, et l'étrangère la lui ravit. Au récit de son aventure, le père de la fillette la réprimanda vivement d'avoir, par son étourderie, privé sa famille d'un tel joyau (1).

Jean de Châlus, écuyer, seigneur de Cordès, Orcival, Voingt, Saint-Martin et Pratghoul, dicta son testament, le 23 avril 1520, « considérant le voyage d'outre mer au Saint-Sépulcre de Jérusalem que j'ai désiré faire et aller visiter, ce que Dieu aydant accomplirai le plus tôt qu'il me sera possible. » Il veut être enterré dans l'église collégiale de Notre-Dame d'Orcival, au tombeau de ses ancêtres ; ordonne qu'à ses funérailles, quarantaine et bout de l'an, assisteront tous les prêtres d'Orcival, de Saint-Martin-de-Tours, de Rochefort, de Perpezat, de Saint-Pierre - Roche, d'Olby, d'Allagnat, d'Aurières, de Vernines et de Saint-Bonnet ; que treize pauvres de ses terres porteront des torches ornées d'écussons à ses armes. Il donne au Chapitre dix livres pour chanter une Messe quotidienne depuis le lendemain de sa sépulture jusqu'à sa quarantaine, et vingt livres de rente pour la fondation d'une Messe, chaque samedi et chaque jour de fête de la Sainte Vierge. Un autre testament de 1544 confirmait ces deux fondations, en ajoutant que la Messe de chaque samedi serait suivie de l'*Inviolata*, et que la Messe des jours de fête de la Sainte Vierge serait chantée avec diacre et sous-diacre, dans la chapelle que le testateur voulait faire bâtir en l'honneur de Notre-Dame de Pitié (2).

Pierre Becaine, chanoine, et ses deux frères, Antoine et Jean Becaine, notaire, fils de feu *maistre* Antoine Becaine et

---

1. Arch. du P.-de-D. Chap. d'Orcival. — Chardon, op. cit. — Tradition orale conservée dans la famille de M. Legay, curé de Saint-Georges-de-Mons, fils de Françoise Mabrut.

2. Arch. du P.-de-D. Chap. d'Orcival, liasse 11.

de *damoiselle* Catherine de la Maronye (1), se conformant aux intentions de leurs parents, fondèrent une Messe basse, qui devait se dire, tous les mercredis, au commencement de l'Office des Matines, et devait être suivie d'un *Libera* sur leur tombeau, plus une Messe chantée avec diacre et sous-diacre le jour de la fête des onze mille Vierges (1527) (2).

Michel de Laudouze, chanoine d'Orcival, par son testament de l'année 1536, demandait à être enterré dans l'église, « au-devant de la grande nef, devant l'Image, » et léguait au Chapitre « une grange, une étable vachiale, un hort, un foumoureyrial (3), un courtil, au village de la Croix, plus un pré au terroir de *las Planchettas* (4).

Louis Bonnet, prêtre, chanoine d'Orcival et curé de Saint-Bonnet, par contrat du 24 mars 1554, donnait au Chapitre une rente de trente sols et un cens de cinq septiers de blé, à condition que les chanoines donneraient un salut solennel, annoncé par le son des cloches, la veille de Saint-Gabriel, et diraient une Messe le lendemain (5).

Noble et religieuse personne Jacques de Saint-Martin, issu d'une famille qui avait pris son nom de Saint-Martin-des-Plains, propriétaire lui-même du château de ce nom et chambrier de l'abbaye de Souvigny, fonda : 1° une Messe chantée, tous les jours, à l'autel de la Sainte Vierge avec des collectes et oraisons en rapport avec le temps, les fêtes, les

---

1. On trouve le mas de la Maronye, paroisse de Vernines (1464).

2. Arch. du P.-d.-D. Chap. d'Orcival, Terrier-Rouge, cote 1.

3. Foumoureyrial. La première forme de ce mot est Fémourial (1533) ; on trouve ensuite *Fémoureyrial* et *Foumoureyrial.* L'étymologie *Femorarium, Femorasses,* indique un lieu destiné à recevoir les fumiers.

4. Arch. du P.-d.-D. Chap. d'Orcival, liasse 11.

5. Ibid. — Les *Planchettes,* hameau de la commune d'Orcival.

dévotions de chaque jour, et suivie d'une antienne à la Sainte Vierge selon la division de l'année liturgique ; 2° un service solennel des morts avec premières Vêpres, vigiles, Messe chantée pour les défunts, Messe basse du Saint-Esprit, Messe basse de la Sainte Vierge ; et le même jour on devait distribuer aux pauvres la valeur de deux septiers de blé en pain. Il donna pour cette fondation cinq cent trente-trois écus. L'acte fut passé, le 22 octobre 1581, au château de Saint-Martin-des-Plains, entre Michel d'Entraigues, doyen d'Orcival, et Jean Girardias, baile du Chapitre, délégués par acte capitulaire, et noble Jacques de Prades, religieux de Souvigny, prieur de Salles, délégué par le fondateur, en présence de noble Christophe de Calard, chevalier de l'Ordre du roi, seigneur de Frayssonne (1).

Antoine Roux, seigneur de Vaugaruyde, légua au Chapitre trois livres de rente assise sur un pré aux appartenances de Villessebroux, terroir du Redondet, en l'année 1606 (2). Il descendait des de Puy-Reynaud par Marguerite de Puy-Reynaud, son aïeule.

Dame Claude de la Tour fonda dans l'église d'Orcival douze Messes par an, moyennant la somme de douze livres de rente (1616). Nous ne connaissons d'autre dame Claude ou Claudine de la Tour que la fille unique d'Antoine de la Tour, seigneur de Murat-le-Quaire, et de Magdelaine de Pierre-Buffière. Elle fut mariée avec Jean de la Queuille, et fut tuée à la chasse en 1607, sans laisser d'enfants. On peut croire qu'elle avait exprimé la volonté de faire cette fondation, volonté qui n'aurait été exécutée qu'après sa mort (3).

---

1. Arch. paroissiales d'Orcival.

2. Archiv. du P.-de-D., Chapitre d'Orcival, cotes 4, 8.

3 Idem.   »   »   »

Puissant seigneur messire Louis d'Aubusson, seigneur de Banson et de la Mallerée de Cébazat, résidant en son château de Banson, « désirant l'augmentation du service divin rendu et faict en l'église d'Orcival, en l'honneur de la glorieuse Vierge Marie, et pour laquelle il a particulière dévotion, » fonda douze Messes chantées avec diacre et sous-diacre à l'autel de la Sainte Vierge, qui devaient se dire dans l'ordre suivant : en janvier, avril, mai, juin, octobre, le second samedi du mois ; en février, mars, juillet, août, septembre, novembre et décembre, le premier samedi du mois. A ces Messes devaient assister les chanoines, prêtres habitués, enfants de chœur, et à la suite on devait chanter le *Salve Regina* ou l'*Inviolata*. Le fondateur constitua au Chapitre une rente de douze livres (5 avril 1625) (1).

Gilbert de Châlus, seigneur de Cordès, et Claude de Châlus, son fils, seigneur et baron d'Orcival, « mus de dévotion et désirant l'augmentation du divin service rendu et fait dans l'église dudit Orcival, en l'honneur de la glorieuse Vierge Marie, à laquelle ils ont particulière dévotion, » fondèrent quatre Messes, que les chanoines devaient acquitter dans la chapelle du château de Cordès, les jours des fêtes de saint Antoine, au mois de janvier, saint Joseph, au mois de mars, saint Claude, au mois de juin, saint François, au mois d'octobre, à l'intention des fondateurs, de leurs parents et amis, vivants et trépassés. Comme honoraires de cette fondation, ils donnèrent au Chapitre trente sols de rente. François Crégut, vicaire d'Orcival, fut témoin de l'acte notarié (1625). En 1688, les chanoines ne pouvant plus acquitter ces Messes selon les clauses du contrat, parce que le château de Cordès était inhabité et fermé, ils les acquittaient dans l'église collégiale ; mais cette atteinte portée à la

---

1. Arch. du P.-de-D. Chapit. d'Orcival.

volonté du fondateur inquiétait leur conscience, et ils en référèrent à l'autorité diocésaine (1).

Anne Bartomœuf, veuve de François Duranton, du lieu d'Orcival, par acte testamentaire de l'année 1627, fonda une Messe basse annuelle, moyennant une rente de cinq sols, hypothéquée sur un jardin au quartier de Pradallée (2).

Antoine Ruzé, seignenr et marquis d'Effiat et de Longjumeau, gouverneur et bailli pour Sa Majesté au pays de Touraine, (père de l'infortuné Cinq-Mars,) « pour la reconnaissance des biens et grâces qu'il a à rendre à la divine bonté par les faveurs et intercessions de la glorieuse Vierge Marie, et voulant en donner l'honneur et gloire à DIEU et à sa sainte Mère, » fit don à l'église, « bâtie à son nom et mémoire, dans le lieu et bourg d'Orcival, » d'une lampe d'argent pesant cinq marcs ou environ, « qu'il ordonna être placée devant le grand autel de ladite église et devant l'Image de la Vierge, pour y demeurer continuellement en signe de dévotion et satisfaction qu'il devait à sa bonté et clémence. » Il ajouta à ce don un capital de cinq cents livres tournois, qui devait être placé en rente sur des fonds certains, pour fournir l'huile et les mèches nécessaires à l'entretien de la lampe. Giraud Champflour, conseiller à la cour des Aydes de Montferrand, fut chargé de désigner le placement des cinq cents livres. Antoine Tournadre, doyen, et Nicolas Bonnet, baile du Chapitre, acceptèrent la fondation par acte passé à Orcival, le 15 juin 1628, en présence de Pierre Bouyon et de Pierre Delafarge, procureur et greffier audit lieu (3).

Gilbert de Rivoire, chevalier de l'Ordre du roi, bailli pour Sa Majesté de l'ancien bailliage d'Auvergne de Montferrand,

---

1. Arch. du P.-de-D., Chap. d'Orcival.
2. Ibid.   »   »   »
3. Ibid.   »   »   »

marquis du Palais, baron d'Orcet, de Douaresse et de la Roche-Sonadoire, après avoir ratifié la fondation faite par Guy de Montaigut, un de ses prédécesseurs, « désirant l'augmentation du divin service fait et rendu dans l'église d'Orcival en l'honneur de la glorieuse Vierge Marie, à laquelle il a particulière dévotion, » fonda une Messe basse à l'autel et chapelle de saint Michel, pour y être dite, chaque année, le jour de la fête du saint ; plus une Messe chantée au maître-autel, en l'honneur de la Sainte Vierge, à chaque fête de saint André, à laquelle devaient assister les doyen, chanoines, prêtres habitués et enfants de chœur ; après l'office on devait réciter un *De profundis* et un *Libera* sur les tombeaux des sieurs de Montaigut, situés dans le chœur et reconnaissables aux armes qui y étaient gravées ; avant cette Messe on devait sonner trois coups de la grosse cloche pour avertir ceux qui auraient la dévotion d'y assister. Pour ces deux fondations, Gilbert de Rivoire constitua une rente de douze livres au Chapitre, qui prenait l'engagement de recevoir ses dépouilles mortelles et celles de ses successeurs pour les inhumer dans l'église, et de faire graver ses armes sur l'un des piliers du chœur, le plus bas du côté droit, sur lequel le fondateur pourrait aussi faire placer un guidon ou autre drapeau portant son blason. Enfin le Chapitre concédait audit Gilbert de Rivoire et à sa famille la chapelle de saint Michel, pour être occupée par eux seuls, avec le droit d'y graver leurs armes ; et, au cas où il aimerait à se trouver dans le chœur pour les cérémonies religieuses, on lui accordait le privilège d'occuper la première place après celle du seigneur d'Orcival. Passé audit Orcival devant Delafarge, notaire royal, en la maison de vénérable personne Guillaume Augeyre, chanoine, le 30 du mois de novembre 1629, en présence de noble Pierre Dufournel, sieur de la Pradie, et d'honorable homme Pierre Chastin (1).

---

1. Archiv. du P.-de-D. Chap. d'Orcival.

Guillaume Augeyre, chanoine, fonda une Messe basse, tous les lundis de l'année, en l'honneur de la Sainte Vierge. Depuis le commencement du mois d'août jusqu'au dernier jour de septembre, cette messe devait se dire à quatre heures du matin, pour la commodité des pèlerins ; le reste de l'année, elle était fixée à sept heures ; en tous temps elle devait être annoncée par la sonnerie de la petite cloche et suivie d'un *Libera*. Le fondateur donna au Chapitre la somme principale de *douze-vingts* livres pour être placée en rente sur immeubles (1629) (1).

François Charrier, bourgeois d'Orcival, par contrat du 15 juillet 1630, fit une fondation en vertu de laquelle le Chapitre s'engageait à chanter une Messe en musique avec diacre et sous-diacre, tous les premiers dimanches du mois, et à laquelle devaient assister les doyen, chanoines, prêtres habitués et autres serviteurs de l'église ; plus à faire un service des morts, le 9 mai, à perpétuité, à la suite duquel tout le chœur irait chanter un *De profundis* sur le tombeau de famille du fondateur, situé dans l'église (2).

Damoiselle Marie de Laudouze, épouse d'honorable homme Martin Becaine, résidant au lieu de Farges, paroisse de Saint-Bonnet, par acte testamentaire du 17 octobre 1630, légua au Chapitre une rente de vingt livres pour fondation de quatre Messes, qui devaient être dites les jours de fête de la Purification, de la Nativité de la Sainte Vierge, de saint Joseph et de Notre-Dame de Pitié (3).

Guillaume Dolet, écuyer, sieur du Moulin-du-Pont, demeurant à Bourges, sur la paroisse de Saint-Ursin, dictant

1. Arch. du P.-de-D. Chap. d'Orcival.
2. Idem.　　　》　　　　》
3. Arch. paroissiales d'Orcival.

ses dernières volontés, le 18 avril 1630, fit un legs de trois cents livres à Notre-Dame d'Orcival, « à une lieue par delà de Clermont » (1).

Étienne Charrier, bourgeois d'Orcival, par acte passé devant Louis Roux, notaire royal, constitua une rente de sept livres dix sols, pour l'exposition et la procession du Saint-Sacrement, dans l'église collégiale, le jour de la FÊTE-DIEU et pendant l'Octave. Cette rente, assise sur le pré dit de l'*Hôpital*, était payable annuellement, huit jours après la FÊTE-DIEU (25 mai 1630) (2).

Jean Aufraire, laboureur, du lieu de Croux-Vallat, paroisse de Domeyrat en Bourbonnais, donna la somme de cinq livres pour fondation d'une Messe basse, qui devait être dite annuellement le jour de la fête de saint Blaise, « devant l'Image de la glorieuse Vierge Marie, au grand autel, en l'honneur de ladite Vierge. » Cette fondation était l'accomplissement d'un vœu fait par Jean Aufraire, pour obtenir la cessation d'une « maladie de peste de plusieurs bétails lui appartenant. » L'acte de donation est du 25 août 1630 (3).

Annet Duront, curé d'Arfeuilles, fonda une Messe basse à perpétuité, à l'autel de Notre-Dame, pour être acquittée le mardi après l'Assomption, et donna la somme de cinq livres (19 août 1631) (4).

Jean Coulon, du lieu de Roure, paroisse de Saint-Pierre-le-Chastel, constitua une rente de quatre livres pour fonder une Messe chantée, à laquelle assisteraient tous les chanoines;

1. Arch. du P.-de-D. Chap. d'Orcival.
2. Idem.   »   »
3. Idem.   »   »
4. Arch. paroissiales d'Orcival.

et après la Messe on devait donner un salut solennel devant l'Image de Notre-Dame d'Orcival, le 21 octobre de chaque année. Passé par devant notaire le 19 octobre 1631 (1).

François Fayot, laboureur, du lieu des Estournaux, paroisse de Montluçon, étant en pèlerinage à Notre-Dame d'Orcival, pour la remercier des bienfaits reçus d'elle, « et spécialement d'avoir conservé sa maison contre la maladie contagieuse qui régnait les années passées à Montluçon et villages circomvoisins, » fonda une Messe « en accomplissement du vœu qu'il avait fait. » Cette Messe devait être dite à voix basse, le jour de la fête de sainte Marguerite, moyennant la somme de six livres, que le fondateur versa entre les mains du baile du Chapitre. Fait à Orcival, le 3 août 1632, en présence de Guillaume Desparrins, sergent royal, et d'Urbain Astier (2).

Noble Maurice de Blanchefort, écuyer, seigneur de Beauregard, paroisse de Saint-Ours, par contrat passé au lieu de Bourdieux, le 11 juin 1633, donna au Chapitre la somme de trente-six livres pour fonder une Messe solennelle avec diacre et sous-diacre, qui devait être célébrée en l'honneur de Notre-Dame, le premier jour d'octobre de chaque année (3).

Pierre Charrier, bourgeois d'Orcival, en qualité d'héritier de Noël Charrier, son frère, donna trois cents livres aux chanoines pour fonder une Messe des morts avec diacre et sous-diacre, suivie d'un *Libera* sur le tombeau de la famille Charrier, le 15 mars de chaque année. Passé à Orcival pardevant Roux, notaire royal, le 29 juillet 1633 (4).

---

1. Arch. paroissiales d'Orcival.
2. Idem.   »   »
3. Arch. du P.-de-D. Chap. d'Orcival, liasse 11.
4. Arch. paroissiales d'Orcival.

Pierre Girard, sieur de Prolhat, chevalier, conseiller du roi, trésorier général des finances de France en la généralité d'Auvergne, à Riom, fonda : 1° une Messe des morts, à voix basse, qui devait se dire, tous les jours de l'année, à l'autel de la chapelle Saint-Pierre, à huit heures précises, « en l'honneur de Dieu et de la Bienheureuse Vierge, pour le soulagement et libération de l'âme de damoiselle Catherine Citernes, de bonne mémoire, femme en premières noces dudit Pierre Girard. » Cette Messe, annoncée par trois coups de la grosse cloche, devait être appelée « Messe fondée par Girard ou la Messe des trois coups en l'honneur de la sainte et sacrée Trinité. » Les dimanches et fêtes solennelles, où les rubriques défendent les Messes de morts, on devait dire la Messe du jour. Les jeudis, jour du décès de ladite damoiselle Citernes, on devait chanter, à l'issue des Vêpres, le *Pange lingua* avec les versets et oraison ; 2° un service des morts, consistant en premières Vêpres et vigiles, Laudes et grand'Messe avec diacre et sous-diacre, les jours ci-dessous énumérés, savoir : le 23 novembre, jour du décès de Durand Girard, père du fondateur ; le 22 février, jour du décès de Suzanne Delaire, sa mère ; le 18 janvier, jour du décès de ladite damoiselle Citernes, sa femme ; le 17 avril, jour du décès de Catherine Dalbiat, femme de noble Antoine Girard, conseiller du roi, lieutenant général et commissaire examinateur en la sénéchaussée et siège présidial d'Auvergne, à Clermont, frère du fondateur ; le 5 août, jour du décès de noble Guy Servole, conseiller du roi et son procureur général en la cour des Aydes de Clermont, son beau-frère ; le 17 janvier, jour du décès d'Antoinette Girard, femme dudit Servole, sœur du fondateur. Le Chapitre cédait en outre, en toute propriété, audit Girard, la chapelle de Saint-Pierre, qui devait s'appeler désormais *chapelle des Girard*, avec faculté de la fermer, d'y faire toutes réparations et embellissements qu'il voudra, d'y apposer épitaphes, tableaux, portraits, armes, timbres, table de marbre ou plaque de cuivre pour transcrire le présent acte, d'y construire un tombeau, et même de la céder à d'autres. En retour de tous ces engagements pris par le Chapitre, Pierre Girard s'obligeait à verser, dans l'espace de six ans, la somme de seize cents livres, pour être placée en rente sur immeubles, et, en attendant ce versement, à payer annuellement la somme de cent livres.

Fait à Orcival, devant l'autel de la chapelle Saint-Pierre, le 15 octobre 1634, en présence de noble Étienne Charrier, garde du corps du roi, et de Jean Mallet, prêtre, serviteur de l'Église. Le même jour, à trois heures, le fondateur prenait possession de la chapelle Saint-Pierre, et en faisait dresser acte par Sarliève, notaire (1).

Jean Boëtte, conseiller à la cour des Aides de Clermont, donna un capital de quinze cents livres pour constituer une rente destinée à entretenir allumées, nuit et jour, deux lampes d'argent, qu'il avait fait placer devant la statue miraculeuse de Notre-Dame d'Orcival, pour la fondation de son anniversaire et de celui de sa femme, et d'une Messe basse le jour de saint Joseph (1639) (2).

Antoinette de Saint-Priest, veuve de Claude de Châlus, seigneur et baron d'Orcival, versa entre les mains du baile du Chapitre la somme de six cents livres, pour être employée en œuvres pies, conformément à la volonté de son mari. Ayant la faculté de désigner ces œuvres, elle fonda une Messe chantée avec diacre et sous-diacre, tous les jeudis de l'année, à l'autel de Notre-Dame, et elle exprima la volonté d'employer une autre partie de la somme à fonder la confré-rie du Saint-Sacrement (premier mai 1639) (3).

1. Archives paroissiales d'Orcival.
2. Arch. du P.-d.-D. Chapitre d'Orcival.
3. Archives paroissiales d'Orcival.

Noble Marcellin Bompart, conseiller et médecin ordinaire du roi, habitant à Clermont, avait fait, par son testament du 15 octobre 1639, plusieurs legs au Chapitre d'Orcival. La plupart de ces legs, exécutés immédiatement après son décès, nous sont restés inconnus. Un seul avait, pour des motifs ignorés, subi des retards dans son accomplissement ; c'était une somme de cent livres destinée à fonder une Messe à chacune des quatre fêtes principales de la Sainte Vierge. Son fils, noble Gilbert Bompart, sieur de Saint-Victor, versa cette somme, le 20 juin 1650, entre les mains de Nicolas Bonnet, chanoine, agissant comme délégué de Louis Mègemont, doyen, et des autres chanoines (1).

Haut et puissant seigneur messire Gilbert de Saint-Priest, chevalier, marquis dudit lieu, seigneur de la ville de Saint-Étienne en Forez, baron de Cousans, de Cordès, d'Orcival et de Douaresse, fils de Claude de Châlus et d'Antoinette de Saint-Priest, substitué aux nom et armes de la famille de sa mère par le décès de son oncle Louis de Saint-Priest, mort sans enfants, voulut continuer les traditions de ses ancêtres. « Faisant réflexion, dit-il, sur la piété et dévotion que ses prédécesseurs, barons d'Orcival, ont toujours eue envers l'église dudit lieu, en laquelle ils ont fait plusieurs fondations et bienfaits, et spécialement son père Claude de Châlus, baron d'Orcival et de Cordès, désirant les imiter et suivre leur exemple, » il commençait par ratifier toutes ces fondations et nommément celle de sa mère, Antoinette de Saint-Priest, du 1er mai 1639, faite en mémoire de son père. Il donnait ensuite au chapitre une maison, nouvellement acquise d'Antoine Chabreyrias, située au lieu d'Orcival, quartier de la Place, composée d'une chambre et d'un grenier avec basse-cour, le tout confiné par la rivière, les maisons d'Antoine et

____
1. Arch. paroissiales d'Orcival.

Pierre Chabreyrias, son frère, et la halle dudit lieu. Il constituait enfin aux chanoines une rente de trente livres, rachetable moyennant le versement d'une somme de six cents livres, donnée par sa mère, sur tous ses biens, quelque part qu'ils pussent être situés, mais plus spécialement sur les villages, mas et tènements dépendant des seigneuries et baronnies de Cordès, Orcival et Douaresse. Ces deux rentes ainsi réunies, formant la somme annuelle de soixante livres, devaient être payées par semestre. En retour de ces donations, les chanoines s'engageaient à chanter annuellement une Messe solennelle, le jour de la fête de saint François, et, après la Messe, le psaume *De profundis* sur le tombeau des prédécesseurs dudit seigneur baron d'Orcival. Fait et passé à Orcival, en la maison du notaire royal, soussigné, et en présence de Louis Megemont, doyen et baile du Chapitre, acceptant, le 6 mai 1646. Signé : Delafarge, notaire royal (1).

Anne Tixier, veuve de noble Joseph Aubier, seigneur de Rioux, constitua au Chapitre un cens de trois septiers de seigle, sur la métairie de Rioux, à la charge de chanter un *Stabat*, tous les samedis de l'année, immédiatement après Vêpres, dans la nef de l'église (17 juillet 1652) (2).

Puissant seigneur messire Henri de Salvert, seigneur de Montrodès, Saint-Martin, le Monteil, Condat, etc., et dame Diane de Montrodès, sa femme, se trouvant en pèlerinage à Orcival, fondèrent six Messes basses, qui devaient être dites à l'autel de la Sainte Vierge, les jours de l'Annonciation, de la Visitation, de l'Assomption, de la Nativité de Notre-Dame, de l'Immaculée-Conception et de la Purification. Ils donnèrent pour cette fondation soixante livres (18 juin 1662) (3).

1. Arch. du P.-de-D. Chapitre d'Orcival, liasse 11.
2. Arch. du P.-du-D. Chap. d'Orcival.
3. Archives paroissiales d'Orcival.

Étienne Delafarge, ancien chanoine, fonda : 1° une Messe chantée en musique, avec diacre et sous-diacre, suivie d'un *Libera* sur son tombeau, pour être dite le jour de Notre-Dame-des-Neiges, 5 août, moyennant une rente de trois livres ; 2° un salut général, le même jour à l'issue des Vêpres, avec le chant de l'*Inviolata* et du *De profundis*, et six cierges sur la porte basse du chœur, moyennant trois livres de rente ; 3° deux Messes chantées en musique avec diacre et sous-diacre, durant sa vie seulement, les jours de saint Joseph et de l'Invention de saint Étienne, moyennant quarante-cinq sols pour chacune ; 4° un service funèbre le jour de son décès, moyennant deux cents livres, qui devaient être versées par son neveu et héritier, Pierre Delafarge, greffier à Orcival (31 juillet 1663) (1).

François Baudonnat et Michel Sarlière, son beau-frère, versèrent aux mains des chanoines la somme de soixante livres pour fonder quatre Messes, les jours de fête de saint Joseph, saint François, Notre-Dame de Février, saint Blaise, et pour acquérir le droit définitif sur un tombeau dans l'église, dont ils jouissaient depuis plus de vingt ans (24 février 1664) (2).

Vénérable personne messire Antoine Tournadre, doyen d'Orcival, constitua deux rentes de cinq livres chacune, la première pour l'entretien d'un prédicateur pendant la dernière quinzaine de Carême, la seconde pour fonder un service des morts annuel, à l'autel de la Sainte Vierge (1669) (3).

Gilbert Astier, chanoine, avait donné huit livres de rente, le 8 janvier 1674, pour fonder deux Messes chantées en

1. Archiv. paroissiales d'Orcival.
2. Idem.   ,   ,
3. Idem.   ,   ,

musique, en l'honneur du Saint-Sacrement, dont la confrérie venait d'être érigée par les R. P. Capucins, à la suite d'une mission. Le 27 septembre 1680, il octroya une seconde rente de sept livres pour la fondation d'une Messe chantée en musique, avec diacre et sous-diacre, en l'honneur de saint Joseph, le jour de sa fête et à son autel. A l'issue de la Messe on devait faire une procession générale, dans l'église ou dehors, selon que le temps le permettrait, à laquelle seraient tenus d'assister tous les chanoines et prêtres filleuls, et où l'on chanterait les litanies de saint Joseph avec versets ; au retour serait donné un salut solennel (1).

Nicolas Bonnet, chanoine et chantre du Chapitre, fonda une Messe chantée en l'honneur du Saint-Sacrement, qui devait être célébrée, chaque année, le troisième jour du mois d'août (1689) (2).

Benoît Ravel, bailli de Neschers, constitua une rente de trois livres, sur une vigne située à Neschers, au quartier du Pont, pour fondation de trois Messes basses (1691) (3).

Catherine de Palmourgue, épouse de Jean-Jacques de Tournemire, écuyer, seigneur de Vossieux, Saint-Bonnet et Villejacques, fonda : 1º une Messe à l'autel de la Sainte Vierge, qui devait se dire tous les jours, à onze heures, depuis le 1er mai jusqu'au dernier octobre inclusivement ; 2º un service funèbre le premier lundi de chaque quinzaine; 3º des prédications pour une quinzaine de jours durant le Carême. Elle donna quatre-vingt-douze livres pour la première fondation, vingt-cinq pour la seconde, trois pour la dernière, la

1. Arch. paroissiales d'Orcival.

2. Arch. du P.-d.-D., Chap. d'Orcival, Inventaire Battenay.

3 Idem.   »   »   »

moitié de ces sommes payable au premier mai suivant, l'autre moitié au premier octobre (14 février 1696) (1).

Maurice-Frédéric de la Tour d'Auvergne, seigneur du Planchat, de Saint-Exupéry et de la Terre-Basse de Murat-le-Quaire, dictant son testament à Nîmes, le 23 novembre 1703, fit au Chapitre un legs de sept cents livres, payable dix-huit mois après sa mort par Marie-Amable de la Tour d'Auvergne, sa sœur aînée, épouse d'Alexandre de Roche-monteix. Cette somme, employée en rentes sur immeubles, devait servir à fonder une Messe chantée de *Requiem*, chaque premier lundi du mois, au maître-autel, pour le repos de l'âme du testateur (2).

Michel de Becaine, sieur de Farges, chevalier de l'Ordre de Saint-Louis, demeurant audit lieu de Farges, paroisse de Saint-Bonnet, par acte testamentaire du 20 mai 1729, exprima la volonté d'être inhumé dans l'église d'Orcival, au tombeau de sa famille, priant le Chapitre entier de venir chercher son corps à Farges. Il légua aux chanoines soixante livres pour son enterrement ; huit livres pour sa quarantaine et bout de l'an ; deux cent soixante-dix livres pour un annuel de Messes ; douze livres de rente pour fonder deux saluts, l'un le jour de l'Assomption, l'autre le jour de saint Michel ; vingt livres de rente pour fonder un service funèbre solennel le lendemain de l'Assomption (3).

Joseph Chardon, dans son testament du 30 juin 1750, donnait cent livres pour les réparations de l'église, et neuf septiers de blé à distribuer aux pauvres de la paroisse (4).

---

1. Arch. du P.-d.-D., Chap. d'Orcival. Inventaire Battenay.
2. Idem.   »   »   »
3. Arch. paroissiales d'Orcival.
4. Idem.   »

Michel Delafarge, licencié en droit canon, doyen d'Orcival, et Antoine Delafarge, brigadier des gardes du corps du roi, chevalier de l'Ordre militaire de Saint-Louis, frères et héritiers d'Antoine Delafarge, chanoine et chantre du Chapitre, reconnurent et ratifièrent, le 26 septembre 1751, une fondation faite par celui ci, en vertu de laquelle les chanoines devaient chanter huit Messes pendant l'octave de la fête des morts, et après chacune d'elles dire un *Libera* et un *De profundis* sur le tombeau de la famille du fondateur, moyennant douze livres de rente, assise sur pré tenu par Annet Cohade (1).

Tous les legs, donations et fondations qui précèdent, furent faits en vue de l'église principale. Le petit sanctuaire de la source ne fut pourtant pas complètement oublié.

En 1634, Pierre Vialle, bourgeois d'Orcival, constitua au Chapitre une rente de cinq livres pour une procession solennelle à la chapelle Notre-Dame et une Messe, qui y serait chantée à chaque fête de la Visitation (2).

Pierre Augier, sieur de la Mothe, garde du corps du roi, fit une fondation d'après laquelle les chanoines s'obligeaient à aller, tous les premiers samedis du mois, dire une Messe basse dans la chapelle de la Fontaine Notre-Dame, avec deux enfants de chœur pour la servir ; et après la Messe l'officiant et les enfants devaient chanter le *Salve Regina*. Le fondateur constituait une rente de six livres et s'engageait à « faire bâtir la Fontaine de Notre-Dame. » Cet acte est du 10 février 1636. Vingt-cinq ans plus tard, le 10 décembre 1661, M. Augier étant mort, son gendre, Pierre Vialle, traitait avec les chanoines pour l'installation de son tombeau dans l'église col-

1. Arch. du P.-de-D. Chap. d'Orcival, cote 6. Inventaire Battenay.
2. Idem.   »   »   »   »

légiale. Ce tombeau devait être placé dans la nef latérale du nord, entre le mur de clôture de l'édifice et les deux piliers au-dessous de la chaire ; il devait occuper une surface de huit pieds en longueur, et de cinq pieds et demi de largeur, sur une ligne droite allant de l'escalier de la chaire au pilier suivant, dans la direction du fond de l'église ; l'emplacement était de plus délimité par le tombeau de Michel Delafarge et de sa famille, du côté du chœur, et par celui de Pierre Vialle, du côté du nord. Cette concession était faite moyennant une rente de douze deniers, payable à la Saint-Julien du mois d'août (1).

Dans sa visite pastorale du 6 septembre 1700, Mgr François Bochard de Saron permit aux chanoines d'acquitter à l'autel du Rosaire de l'église paroissiale les fondations faites dans la chapelle de la fontaine de Notre-Dame (2).

Il paraît que, malgré cette permission, le Chapitre continua d'aller dire des Messes fondées dans ce sanctuaire. Le 21 mai 1727, Massillon, visitant la paroisse, mentionne une Messe basse par mois, fondée *dans une chapelle dédiée à Notre-Dame, hors du bourg*, par Augier de la Mothe, à raison de dix sols pour chaque Messe (3). Dans la visite de Mgr François de Bonal, du 12 septembre 1782, il n'est plus question de fondations : *la chapelle rurale dite de Notre-Dame est en fort mauvais état et dans le cas d'être interdite*. Et, en effet, le prélat l'interdit, en attendant qu'elle fût réparée et ornée décemment (4).

A la fin du XVIIe siècle, les fondations étaient si nombreuses, les charges imposées aux vénérables gardiens du sanctuaire si multiples et si lourdes, que ceux-ci, pour alléger

1. Arch. du P.-de-D. Chap. d'Orcival, cote 6. Inventaire Battenay.

2. Bib. du Gd-Séminaire de Montferrand. Procès-verb. des visites pastor. tom. XVI, p. 59.

3. Ibid. tom. XXV, p. 8 et 9.

4. Ibid. tom. LIX, p. 14.

un peu le fardeau qu'avait constamment aggravé la piété des pèlerins dans la suite des temps, durent réclamer l'intervention de l'autorité ecclésiastique.

Par une supplique adressée, le 19 février 1688, aux vicaires généraux, qui administraient le diocèse pendant la longue vacance survenue après le mort de Mgr Gilbert de Veiny d'Arbouze, les chanoines demandèrent la réduction des Messes et Offices fondés. Cette pièce ne manque pas d'intérêt ; nous en extrayons ce qui suit : « Il est de notoriété » qu'il y a peu de Chapitres dans le diocèse où le service » ait toujours été fait avec autant d'exactitude et d'édifi- » cation. L'assiduité des chanoines a conservé dans cette » église une dévotion particulière à la Sainte Vierge, laquelle » y est si grande qu'en toutes saisons de l'année, il y a un » concours incroyable de personnes de l'un et de l'autre » sexe, non seulement des lieux de la province les plus » éloignés, mais aussi des provinces voisines (1). » Après une enquête minutieusement faite par M. Lourdon, prêtre, prieur et curé de Vernines, le 25 mai 1688, les vicaires-généraux, reconnaissant que les ressources des chanoines étaient insuffisantes pour leur entretien, celui des prêtres habitués nécessaires à l'acquittement des Messes, pour les réparations de l'église et les frais du culte, rendirent une ordonnance qui leur permettait de recevoir un honoraire de quinze sols pour chaque Messe acquittée (2).

Cette pauvreté n'éteignit pas dans le cœur des chanoines d'Orcival le noble sentiment de la générosité. Lorsque les désastres et les revers vinrent assombrir les dernières années du règne, jusque-là si brillant, de Louis XIV ; alors que le trésor public épuisé, à bout de ressources, était impuissant à subvenir aux dépenses énormes nécessitées par des guerres continuelles, on les vit, dans un superbe élan de patriotisme

---

1. Arch. du P.-de-D. Chap. d'Orcival, cote 4 liasse 11, 12.
2. Idem.   »   »   »

et de désintéressement, envoyer à l'hôtel des monnaies de Riom tous les objets d'or et d'argent qui ornaient et enrichissaient leur église (1) : lampes et chandeliers, aiguières et burettes, vaisselle plate et ostensoirs furent ainsi transformés en louis d'or et en écus de six livres. Magnifique abandon ! admirable dépouillement ! qu'on ne peut assez admirer, mais qui ne saurait surprendre : quelque trois quarts de siècle auparavant, Louis XIII n'avait-il pas donné son royaume à la Reine des Anges, et dès lors le trésor de Marie n'était-il pas devenu le trésor de la France ? Le Chapitre comprit cette vérité, et sans hésiter il livra à la patrie en détresse ce que la Vierge de la Vallée avait reçu de ses fidèles.

Mais il est un autre trésor bien plus précieux que tous les trésors du monde, un autre trésor que Marie, dans les temps passés, avait remis aussi à la France et que celle-ci avait le devoir de garder avec un soin jaloux. Esprit de foi et d'abnégation, dévouement sans bornes à DIEU et à son CHRIST, célestes et incomparables richesses de la Vierge Immaculée, êtes-vous toujours le patrimoine de cette nation qui mérita jadis le beau nom de Fille aînée de l'Église ? L'acte de donation, contresigné par un roi, accepté par les ancêtres, pourrait-il être renié et déchiré par les enfants? Ah ! DIEU nous garde d'un tel forfait ! Et si, en notre siècle d'indifférence et d'égoïsme, les sanctuaires de la Reine du Ciel et de la terre ne regorgent plus comme autrefois de dons matériels, splendides témoignages de fidélité et de reconnaissance, au moins, sous ces voûtes saintes, que vos vrais fils, ô Mère clémente, s'humilient en se frappant la poitrine, et que, pleins de repentir, leurs cœurs se brisent à vos pieds, comme se brisa aux pieds du Sauveur le vase d'albâtre de Madeleine !

Notre siècle n'a pourtant pas complètement oublié les

1. Chardon, op. cit. pag. 23.

traditions de générosité des ancêtres envers Notre-Dame d'Orcival. Le 21 décembre 1824, le conseil de fabrique était appelé à délibérer sur une proposition qui lui était faite par Mgr Gilbert-Paul Arragonès de Laval, évêque de Langres. Le pieux prélat désirait renouveler la fondation faite au Chapitre par ses prédécesseurs, seigneurs de Durtol. Les cens ou autres payements en nature n'étant plus dans nos mœurs, il offrait cinquante francs en rente sur l'État, à condition qu'on chanterait une antienne à la Sainte Vierge, tous les samedis de l'année, et qu'on dirait une Messe basse de *Requiem*, le premier jour libre après la Commémoraison de saint Paul, à l'intention de ses parents, seigneurs de Durtol, anciens fondateurs, et à son intention personnelle. Le conseil accepta la proposition, et une des épaves emportées par le flot révolutionnaire fut ainsi restituée au sanctuaire d'Orcival (1).

Par son testament passé devant Girard, notaire à Rochefort, le 14 mai 1833, Pierre Tixier, du village de Soussat, donna à la fabrique d'Orcival plusieurs immeubles à condition : 1º de fournir l'huile de la lampe allumée devant la Statue miraculeuse, 2º de faire publier à perpétuité les obits du testateur, d'Annet Tixier, son père, de Marie Toureix, sa mère, et de son frère, qui n'est pas nommé ; 3º de faire dire des Messes, dont le nombre était laissé à l'appréciation des fabriciens. Une délibération du conseil de fabrique, du 5 octobre 1848, accepta ce legs avec les charges (2).

A la suite de ces dons, legs et fondations, authentiquement passés par devant notaire, l'historien a le devoir de rappeler par une mention générale les innombrables offrandes des fidèles, qui n'ont cessé d'affluer au sanctuaire d'Orcival.

Dans une procédure de l'année 1464, les nombreux témoins appelés à déposer en faveur du Chapitre sont unanimes à

---

1. Archives paroissiales d'Orcival.
2. Ibid.

affirmer que les chanoines vivent en partie des dons offerts par les pèlerins, et qu'il leur serait impossible de subsister sans la générosité des peuples, constamment stimulée par leur grande confiance et vénération envers la Mère de Dieu (1).

Un mémoire de l'année 1669, rédigé en faveur des prêtres filleuls, signale le sanctuaire d'Orcival comme un des plus fréquentés du royaume, « à cause de l'ardente dévotion des peuples à la Sainte Vierge qui y est honorée d'un culte extraordinaire. » La foule des pèlerins y apporte chaque année pour plus de trois mille livres d'honoraires de Messes, et une somme égale est recueillie sou par sou dans le plat des offrandes. Comme l'argent était rare à cette époque, ceux qui n'en possédaient pas satisfaisaient leur dévotion par des dons en nature : « huile, fromage, fourme, linge, fil, miel, cire et autres objets, » recueillis ou confectionnés dans la maison du pauvre, venaient exprimer à Marie l'amour, la confiance et la reconnaissance de ses enfants (2).

N'est-elle pas particulièrement touchante cette habitude du peuple de ne jamais venir à Orcival sans porter une offrande ? Nos mœurs modernes, dégradées par le luxe et par l'affaiblissement de la foi, trouveraient matière à épigrammes dans cette exhibition de denrées et d'objets rustiques sortant de la besace des pèlerins pour s'étaler pêle-mêle sur l'autel de Marie. Mais quand le regard du chrétien, ou même du simple psychologue, pénètre au fond de ces âmes croyantes, il y découvre un sentiment qui commande le respect et l'admiration à tout esprit qui n'a pas perdu le sens du vrai et du beau dans les œuvres de la foi.

---

1. Arch. du P.-de-D. Evêché.

2. Document communiqué par M. l'abbé Legay, vicaire à Saint-Ours.

Es deux chapitres qui précèdent nous ont appris, d'une manière absolument historique, l'ardente dévotion du moyen âge pour Notre-Dame d'Orcival et la diffusion de son culte dans tout le centre de la France. Les dons innombrables offerts à son sanctuaire par les rois, les grands seigneurs, les bourgeois, les gens du peuple, sont des témoignages authentiques de la grande confiance qu'on a eue en son intercession. Les miracles plus nombreux encore qu'on lui a demandés, de près ou de loin, attestent que les populations de l'Auvergne, de la Marche, du Limousin, du Bourbonnais, du Berry, du Nivernais et de bien d'autres provinces, connaissaient notre antique Madone et tournaient vers elle leurs regards suppliants, aux heures de l'épreuve. Dès lors, sans rien exagérer et en s'en rapportant uniquement à l'histoire, ne peut-on pas dire que ce pèlerinage a été le plus célèbre de notre antique province ? celui qui a laissé le plus de traces dans nos annales ?

Cette vérité nous apparaît encore plus éloquemment démontrée par les vœux solennels, par les actes publics vouant des peuples entiers à la protection de Notre-Dame d'Orcival, quand, dans leurs malheurs, ces peuples venaient s'abriter sous son égide maternelle. C'est là surtout que nous trouvons l'immense popularité de ce culte, qui a traversé tout le moyen âge, résisté aux tendances irréligieuses du XVIIIe siècle, pour arriver encore vivace jusqu'à notre temps d'indifférence dogmatique et de matérialisme pratique.

Nous n'avons pas la prétention d'indiquer toutes les paroisses du diocèse ou d'ailleurs qui se sont vouées à Notre-Dame d'Orcival. Nous savons, hélas ! que, malgré toutes nos recherches, un bon nombre nous sont restées inconnues. Nous dirons donc simplement ce que nous avons pu apprendre de différentes sources, en mentionnant les localités par ordre aphabétique. Qu'il nous soit permis ici d'adresser un cordial remercîment à Messieurs les curés qui ont bien voulu s'intéresser à notre entreprise, en nous donnant les renseignements recueillis par eux dans leurs paroisses.

Aulnat. — Tout le monde connaît le fameux fléau désigné sous le nom de peste, qui régna en Auvergne de 1629 à 1632, « rendant les champs vides de colons et les cités les plus populeuses privées de citoyens. » Occasionnée, dit-on, par la grande disette qui désola notre pays en 1627, et fit affluer des masses de pauvres sur les routes et dans les villes, cette maladie commença, en 1628, par une fièvre contagieuse, appelée fièvre rouge. C'est ainsi que la nomme Robert Lyonnet, médecin du Puy, dans son ouvrage : « *Reconditarum pestis et contagii causarum curiosa disquisitio, ejusdemque methodica curatio.* » Au printemps de l'année suivante (1629), se déclara l'épidémie qui devait faire de si nombreuses victimes et dérouler sur toute la région un immense voile funèbre. La vie sociale fut un moment suspendue ; des cordons sanitaires interrompirent les relations de ville à ville, de paroisse à paroisse ; les assemblées délibérantes cessèrent ; l'anarchie se mit un peu partout, quelquefois accompagnée de brigandages et de crimes. « Un seul sentiment consolateur resta : chacun tendait les mains au Ciel et implorait la clémence du Tout-Puissant, attendant de lui le terme de tant de désastres. » C'est dans cette extrémité que la paroisse d'Aulnat, comme beaucoup d'autres, se consacra à Notre-Dame d'Orcival par un vœu public. Quelle était la nature de ce vœu ? de quelle manière devait-il s'accomplir ? Nous l'ignorons. Aucun document manuscrit n'est venu nous renseigner. Nous connaissons le fait par le chanoine Chardon, qui, ayant à sa disposition les archives du Chapitre, n'a pas même eu l'heureuse idée de nous transmettre le nom de toutes les paroisses qui se vouèrent à Marie. Il en nomme quinze, en ajoutant qu'il y en eut bien d'autres ; et comme pour augmenter notre regret, il termine par ces mots : « On voit en bonne et due forme, dans les archives de Messieurs les chanoines d'Orcival, les procès-verbaux qui constatent l'existence de ces vœux, des dons qui les accompagnèrent et des succès qu'ils eurent (1). »

Briffons. — Derniers anneaux d'une tradition qui disparaît, les vieillards de cette paroisse affirment que, de temps immémorial, elle est allée en pèlerinage officiel à Notre-Dame d'Orcival ; ils ajoutent, d'une manière moins affirmative, comme quelqu'un qui cherche à ressaisir un vague souvenir, que ce pèlerinage s'est fait en exécution d'un vœu motivé par une maladie épidémique, qui aurait cessé immédiatement après la première procession.

Un souvenir plus précis est celui d'une grêle qui détruisit toutes les récoltes de la paroisse, une année où le pèlerinage n'avait pas été accompli. Cette coïncidence fit croire à un châtiment ; et, depuis cette époque, un renouvellement de ferveur s'est produit dans l'accomplissement de cet acte de religion. Tous les ans, le dimanche de la Trinité, deux cent cinquante personnes environ partent par groupes pour Orcival. Aux abords de Rochefort, tous les groupes se réunissent ; la croix paroissiale se dresse comme un signe de ralliement ; les bannières déploient au vent leurs vives couleurs ; on traverse la ville en chantant des cantiques ; puis les rangs se

1. Chardon, ouvrage cité. — Peghoux, *Les Épidémies qui ont ravagé l'Auvergne.*

rompent pour se reformer à un kilomètre d'Orcival, où l'on entre sous les joyeuses volées des cloches, comme cela se pratique à l'arrivée de tout pèlerinage qui se présente en ordre processionnel. Au retour, on traverse de nouveau Rochefort en procession (1).

Cébazat. — Nos recherches n'ont pas été plus heureuses pour Cébazat que pour Aulnat ; nous connaissons le vœu de cette paroisse par la notice du chanoine Chardon, qui lui assigne comme date et comme motif la même maladie contagieuse.

Chapdes-Beaufort. — Vers la fin de l'année 1757, une épidémie des plus meurtrières se déclara dans la paroisse de Chapdes-Beaufort. Du premier janvier au premier mai 1758, le fléau emporta environ quatre-vingts personnes, parmi lesquelles M. Mallet, vicaire, mort le 11 avril, et M. Joseph Corbier, curé, décédé le 19 du même mois, l'un et l'autre victimes de leur dévouement à soigner les malades. L'autorité diocésaine ne pouvait pas laisser longtemps sans pasteur une population en proie à une pareille épreuve. Elle arrêta son choix sur M. Jean Bonhour, bachelier en théologie, jeune prêtre d'un caractère ferme et pieux, qui s'empressa de courir où l'appelait un périlleux devoir. A peine arrivé au milieu de ses paroissiens désolés, son cœur de prêtre lui inspira la pensée de les vouer à Notre-Dame d'Orcival. Son vœu fut exaucé ; le mal s'arrêta comme par enchantement ; et, le 11 mai, l'heureux pasteur partait en procession avec quatre cent soixante-seize habitants de Chapdes pour aller déposer aux pieds de Marie un éclatant hommage de reconnaissance. Les chanoines d'Orcival vinrent recevoir la procession à l'entrée du bourg, et l'introduisirent solennellement dans le sanctuaire. Arrivés devant l'Image miraculeuse, les pieux

---

1. Lettre de M. l'abbé Nouhen, curé de Briffons, du 1er juin 1893.

pèlerins se prosternèrent le front dans la poussière, laissant s'exhaler, au milieu des sanglots, les sentiments d'amour et de gratitude qui débordaient de leur âme. Une Messe solennelle fut célébrée par M. Bonhour, en présence de tout le Chapitre. Après le Saint Sacrifice, le célébrant fut introduit dans la salle capitulaire avec les consuls et les principaux habitants de sa paroisse, savoir : Antoine Mioche, Jacques Diogon, Joseph Chanteranne, François Rossignol, Pierre Moulin et autres, qui déclarèrent ne pouvoir expliquer ce qui venait de se passer dans leur paroisse autrement que par un miracle dû à la protection de Notre-Dame d'Orcival, et demandèrent qu'on dressât procès-verbal de leur attestation. L'acte fut en effet dressé et signé par le curé, par les déposants et par les témoins qui étaient : Jean-Baptiste Rochette, juge châtelain des terre et seigneurie d'Orcival, Antoine Binon, son lieutenant, Michel Delafarge, doyen du Chapitre, Annet Charrier du Conchard, chantre, Étienne Charrier de Lachaux, Julien Luquet, François Rochette, Jean-Baptiste Couvreuil, Étienne Couvreuil, René Dubois, Annet Cougoul de Bellegarde, Martin Chabaud, chanoines, Joseph Cougoul de la Monne, curé, Nicolas, greffier.

L'année suivante, 1759, la paroisse de Chapdes-Beaufort fit un second pèlerinage d'actions de grâces à Orcival. On a écrit que le fléau reparut en 1760 et motiva une troisième procession. Nous avons une preuve authentique de la procession de cette année, dans une lettre de l'abbé Bonhour aux chanoines, du 18 mai; mais ce document ne laisse pas soupçonner le moins du monde la réapparition de l'épidémie; on y voit plutôt la continuation du même sentiment de reconnaissance et l'exécution d'un vœu perpétuel. Voici au reste cette lettre : « Messieurs, Le besoin fréquent que nous » avons du secours de Notre-Dame d'Orcival, les effets visi-» bles de sa puissante protection, et notre inclination com-» mune pour cette tendre Mère nous pressent de venir pour

» la troisième fois nous jeter à ses pieds. Nous voudrions
» vous édifier, Messieurs, mais nous viendrons plutôt nous
» édifier nous-mêmes, en réunissant nos vœux à vos ferveurs.
» Vous nous avez déjà accordé cette grâce, et par là vous
» nous avez fait espérer que vous ne nous la refuseriez pas
» encore. Pleins de confiance à tous égards, nous partirons
» demain. Je le dis au nom de mon peuple : *Ecce venio ad*
» *vos :* vous saluant d'avance, les larmes aux yeux. « Bon-
» hour, curé (1). »

Il est à croire que cette procession annuelle et votive dura
jusqu'à la Révolution. Elle ne se fait plus maintenant ; mais
les fervents chrétiens de Chapdes n'ont pas oublié Notre-
Dame d'Orcival, et, chaque année, un certain nombre d'entre
eux continuent les traditions des ancêtres.

Clermont. — Le 16 août 1631, la ville de Clermont était
en proie au fléau de la *peste*. MM. les échevins, Michel
Poisson, sieur de Durtol, lieutenant particulier en l'élection,
Jean Vigier, marchand, Jean Emery procureur, convoquaient
en assemblée générale toutes les corporations et tous les
habitants de la cité, pour délibérer sur les moyens d'apaiser
le courroux céleste. L'assemblée décida que la ville ferait un
vœu à Notre-Dame de Grâce, en l'église cathédrale, à Notre-
Dame du Port et à Notre-Dame d'Orcival, et que ce vœu
consisterait à faire célébrer annuellement une Messe solennelle, dans chacune des trois églises, en l'honneur de la
Sainte Vierge. Le jour même de la délibration, les échevins
partirent pour Orcival, firent connaître aux chanoines le vœu
de la ville, et, en attendant que la fondation pût se faire
régulièrement, ils leur demandèrent de dire deux Messes par
semaine jusqu'à ce que la contagion eût cessé. Les chanoines
se prêtèrent volontiers à leur pieux désir, et le fléau cessa
vers la fin de l'année.

1. Manuscrit de M. Paul Le Blanc.

Le 15 mai suivant, 1632, deux des échevins, MM. Jean Dalmas, avocat, et Pierre Debrion, marchand, furent députés à Orcival, pour exprimer à Dieu la reconnaissance de la ville, appeler sur elle sa protection contre le retour de la maladie, par l'intercession de la Vierge Marie, et accomplir le vœu de l'année précédente. Par acte passé devant Gorce, notaire royal, il fut stipulé que chaque année, le lundi de la Pentecôte, une Messe avec diacre, sous-diacre, chapiers, serait chantée, le plus solennellement possible, par un des chanoines, au maître-autel, devant l'Image miraculeuse, et qu'après la Messe, le chœur chanterait, en musique ou en faux-bourdon, le psaume *Credidi* et le *Regina Cœli*, avec les oraisons de la Résurrection de Notre-Seigneur, de saint Gal et de saint Louis. En retour de cet engagement pris par le Chapitre, les échevins, comme mandataires de la ville, s'obligeaient à payer annuellement, à perpétuité, la somme de quinze livres, avec faculté de racheter cette rente en versant la somme principale de trois cents livres. Comme témoignage spécial de reconnaissance au nom de la ville, ils donnèrent à l'église d'Orcival une chasuble et deux chapes, portant en broderie les armes de Clermont, pour servir à la Messe de fondation. Le chanoine Chardon ajoute : « Depuis ce temps-là, Messieurs les échevins de Clermont se sont toujours rendus, à pareil jour, à Orcival, pour rendre hommage à leur Libératrice, assister à la Messe fondée par leurs pieux prédécesseurs et y communier. »

Mais il paraît que ce voyage avait fini par avoir quelques inconvénients, qui le firent supprimer en 1786. Nous lisons en effet dans une délibération du 26 décembre de cette année : « MM. les chanoines d'Orcival seront prévenus, qu'attendu l'inconvénient qui résulte du transport des maire et échevins et leur suite en la ville d'Orcival, on s'abstiendra à l'avenir de ce voyage. » La ville ne voulut pas toutefois bénéficier des cent livres que ce voyage lui coûtait annuellement. Il fut décidé que cette somme serait employée à payer l'apprentissage d'un jeune homme ou d'une jeune fille, recommandable par sa sagesse. Cet apprentissage devait durer un an, et l'apprenti devait être pris à tour de rôle dans les paroisses d'Orcival, de Notre-Dame du Port, de Saint-Genès et de Saint-Pierre de la même ville. Cette dérogation à un usage qui durait depuis plus d'un siècle et demi n'était pas une violation du vœu de la ville, car ce vœu consistait uniquement, nous l'avons vu, dans la célébration d'une Messe annuelle.

Le Chapitre de Notre-Dame du Port n'avait pas attendu le fléau pour se vouer à Notre-Dame d'Orcival. Dans un acte capitulaire du 17 avril 1598, nous lisons : « Les sieurs du Chapitre, tous d'une même voix et opinion, font vœu de faire procession solennelle, moiennant la grâce de Dieu, à Notre-Dame d'Orcival, au dimanche de l'octave de la prochaine fête de la Pentecôte, en laquelle sera appourté le chef et le reliquaire de saint Avyt (1). »

Châtelguyon. — Cette paroisse figure dans l'opuscule du chanoine Chardon parmi celles qui avaient fait des vœux publics à Notre-Dame d'Orcival.

Cournon. — Même mention que pour la précédente paroisse.

Dallet. — A une époque et pour des motifs inconnus, la paroisse de Dallet s'était mise sous la protection de Notre Dame d'Orcival par un vœu public. L'objet de ce vœu consistait à faire, chaque année, célébrer une Messe solennelle par le Chapitre. Deux des consuls étaient annuellement

---

1. Arch. du P. de D. Chapitre d'Orcival. — Extraits des Registres capitulaires de N.-D. du Port, dans le Bulletin historique et scientifique de l'Auvergne, novembre 1887.

délégués pour faire acquitter ce vœu, assister à la Messe et payer aux chanoines l'honoraire convenu. Nous avons retrouvé, dans nos archives départementales, les comptes de la gestion consulaire de Dallet pour les années 1731, 1737, 1739, 1749 ; aux dépenses ordinaires figure une somme variant de neuf à quinze livres « pour l'acquittement du vœu de la paroisse et pour les frais de voyage des consuls. » Ces feuilles de comptes, arides comme tous les documents budgétaires, ne disent point que les consuls fussent accompagnés par d'autres personnes ; mais on peut croire, sans crainte de se tromper, qu'une foule pieuse les suivait, car on connait le zèle de nos ancêtres pour les pèlerinages, et, au surplus, les quelques pèlerins que cette paroisse fournit encore, chaque année, ne font évidemment que continuer les traditions des siècles passés (1).

Issoire. — Une députation de la ville d'Issoire se présentait à Orcival en 1632. Elle était composée de MM. Tallut, l'un des curés, Jean Guérin, président de l'élection, Jean Bompart, conseiller, Blaut, lieutenant particulier, Jacques Cohade, consul, Bonnel, avocat en parlement, Corneiller, capitaine de santé. Le but de son voyage était d'exposer aux chanoines le vœu par lequel la ville s'était naguère placée sous la protection de Notre-Dame, pour être délivrée de la maladie contagieuse, et d'offrir à l'église un calice d'argent, comme *ex-voto* commémoratif de la dévotion des habitants (2).

Landogne. — Déchue de son importance d'autrefois, la paroisse de Landogne ne compte plus que quelques centaines d'habitants. Elle renfermait jadis, dans sa circonscription, Pontaumur, devenu chef-lieu de canton civil et ecclésiastique.

---

1. Arch. du P.-de-D. Intendance, Pièces comptables, liasses 24a et 24b.
2. Chardon, ouv. cité.

Les foires établies par nos rois dans cette localité, la subdélégation de l'Intendance d'Auvergne qui y fut créée au siècle dernier, attestent qu'au moyen âge ce modeste village était un centre de vie commerciale.

Le fait qui rattache cette paroisse à l'histoire d'Orcival est raconté en quelques mots par le chanoine Chardon : « En 1626, dit-il, les habitants de Landogne, étant affligés de la peste, firent un vœu à Notre-Dame d'Orcival pour en être délivrés ; et peu de temps après, la contagion ayant cessé, ils vinrent en foule avec M. Villeclerc, leur pasteur, à Orcival, témoigner leur gratitude à Marie et accomplir leur vœu. » Y a-t-il ici une erreur de date ? y a-t-il plutôt un nouveau renseignement chronologique sur la durée du fléau mentionné ? Nous ne saurions le dire avec certitude. Les documents jusqu'ici connus ne font commencer l'épidémie qu'en 1628 ; mais des causes locales auraient pu déterminer son apparition à Landogne plus tôt qu'ailleurs (1).

Mazayes. — Le pèlerinage paroissial de Mazayes se fait régulièrement, et de temps immémorial, le lundi de la Pentecôte. Les pèlerins, au nombre de cent cinquante à deux cents, partent par groupes, se mettent en procession en arrivant à l'entrée d'Orcival, assistent et communient à la Messe dite par leur pasteur, et repartent en procession jusqu'aux dernières maisons du bourg. La tradition orale nous apprend que ce pèlerinage se fait en exécution d'un vœu, qui remonte à l'époque de la grande peste (1631). La plupart des familles de cette paroisse se croient redevables de quelque grâce particulière à Notre-Dame d'Orcival (2).

Mezel. — Les comptes des consuls de Mezel, conservés aux archives du département pour la période de 1700 à 1757,

---

1. Chardon, ouv. cité.
2. Lettre de M. l'abbé Gidon, curé de Mazayes, du 1er mai 1893.

mentionnent, au chapitre des dépenses ordinaires, une somme variant entre dix et trente-cinq livres, « pour le voyage des consuls, du curé et autres habitants, qui allaient annuellement à Orcival, visiter l'Image de la Vierge, faire célébrer une grand'Messe par les chanoines, et offrir une certaine quantité de cire, en exécution du vœu fait par lesdits habitants de Mezel. » Cette manière de libeller la dépense en question nous renseigne très exactement sur la nature du vœu paroissial de Mezel ; on y voit clairement une procession présidée par le curé, une Messe chantée par les chanoines, une offrande de cire. La date et les circonstances du vœu restent dans l'ombre. Fidèles aux engagements de leurs ancêtres, les paroissiens de Mezel continuent d'aller officiellement à Orcival, le jeudi de l'octave de la Fête-Dieu. Longtemps les conseillers municipaux, successeurs des consuls, déléguèrent l'un d'entre eux pour représenter le « corps commun des habitants », comme on s'exprimait jadis. Ce rôle est maintenant laissé à un conseiller de fabrique (1).

Mirefleurs. — Nous possédons les comptes de l'administration consulaire de cette paroisse, pour une période de plus de quarante ans (1720-1762). Une somme invariable de six livres figure au chapitre des dépenses ordinaires, « pour l'accomplissement *des vœux* des habitants à Notre-Dame d'Orcival et pour les frais de voyage d'un des consuls délégué annuellement pour faire acquitter ces vœux » ; et ailleurs : « pour les prières annuelles que MM. les chanoines d'Orcival ont accoutumé de faire dans leur église pour accomplir les vœux de la paroisse. » La forme du pluriel, sous laquelle se présente constamment le mot *vœux*, laisse croire que la paroisse de Mirefleurs s'était plus d'une fois consacrée à Notre-Dame d'Orcival. Les habitants actuels

---

1. Archiv. du P.-de-D. Intendance, Pièces comptables, liasse 38. — Renseignements fournis par le clergé d'Orcival et par M. le curé de Mezel.

n'ont pas oublié les promesses de leurs devanciers. On compte parmi eux de fervents et fidèles pèlerins « qui, chaque année, la veille de l'Ascension, prennent pédestrement le chemin d'Orcival, passent la nuit en prières dans le sanctuaire de Marie, y communient, assistent à la procession, et rentrent chez eux avec le mérite de deux longs et pénibles voyages. Sur l'une des bannières qui sont portées devant la Statue miraculeuse, le jour de la grande fête, on lit : « Don fait par la paroisse de Mirefleurs, 3 juin 1886 (1). »

Montferrand. — Le chanoine Chardon assigne, comme époque et comme motif du vœu de Montferrand à Notre-Dame d'Orcival, la grande peste de 1631. D'autres ont voulu donner à cet acte religieux une antiquité quelque peu légendaire en le faisant remonter à l'année 1100, « époque du siège de Montferrand par les Albigeois. » Nous nous abstiendrons de toute réflexion sur la seconde opinion. Quant à la première, elle est évidemment fausse, comme vont le démontrer les documents parfaitement authentiques que nous avons en main.

D'après une quittance du 5 mai 1470, figurant aux comptes des consuls, la paroisse de Montferrand accomplit, cette année-là, un pèlerinage à Notre-Dame d'Orcival, où elle porta un présent offert par le duc Charles de Guyenne, frère de Louis XI, qui était venu visiter la ville. Le document ne parle pas de vœu, mais on peut croire que la procession fut réellement votive, parce qu'à cette date la population était en proie à une épidémie qui paraît avoir été violente. Quant au présent du duc de Guyenne, on peut se demander s'il était l'accomplissement d'un vœu personnel ou s'il fut simplement motivé par l'occasion du pèlerinage de la paroisse. La suite jettera quelque jour sur la question.

En 1480, une mortalité alarmante régnant à Montferrand,

la ville fit faire une procession à Orcival. Une grand'Messe y
fut dite par le vicaire, François Bonhomme. Les chanoines
d'Orcival chantèrent un *Universitaire* (sic) et un *Libera*.
Les cloches de Montferrand saluèrent le départ et le retour
de la procession. Les consuls inscrivirent les frais du pèlerinage à la suite d'une dépense faite le mardi après la Pentecôte ; ces frais s'élevaient à 15 sols pour le culte et 2 sols
« pour le boire de plusieurs des assistants au retour, à
Enval. »

Sous la date du 19 mai 1482, figurent les dépenses du
vicaire, des chapelains et habitants de Montferrand « qui
furent à Orcival à une procession que la ville feist faire pour
le bien de la paix du royaulme de France et pour la santé de
ladite ville. » Cette expression « feist faire » semble indiquer
une coutume annuelle, par conséquent un vœu. Le premier
motif indiqué, « le bien de la paix du royaulme de France, »
nous remet en mémoire le présent du duc de Guyenne, en
1470. Ce prince, par ses alliances avec les ducs de Bretagne
et de Bourgogne, avait assez troublé le royaume et assez
inquiété le roi, son frère, pour avoir un mouvement de
repentir et faire demander la paix par l'intercession de
Notre-Dame d'Orcival. Les bons habitants de Montferrand,
ayant joint cette intention à celle de leur conservation personnelle, en 1470, continuèrent d'unir les deux intentions,
alors même que le prince était mort (1472) et que rien ne
troublait la paix du royaume. Durant cette année 1482, une
épidémie était au moins redoutée. Sous la même date que
celle où sont inscrits les frais du pèlerinage, 19 mai, figure
une dépense de 12 livres 10 sols « pour avoir fait ouvrir,
par Jean Rousselin et autres médecins, le corps de Me Jehan
Astier, quand fut trespassé, pour savoir de quelle maladie il
était mort. » Le surlendemain, 21 mai, le lieutenant Guillaume de Doyat, frère de Jean, fit mettre les pauvres hors la
ville, après leur avoir fait distribuer une aumône.

Le 27 mai 1485, on trouve inscrites les dépenses « pour faire une procession à Notre-Dame d'Orcival, *comme de coutume.* » Cette manière de libeller les comptes ne laisse plus aucune incertitude. Il s'agit évidemment d'un vœu accompli chaque année. Et à partir de cette date, les frais de la procession à Orcival figurent régulièremeut au chapitre des dépenses ordinaires. A supposer donc qu'antérieurement à 1485, le pèlerinage ne se soit fait qu'en vertu d'un vœu temporaire, motivé par un danger immédiat et souvent renouvelé, on est en droit d'affirmer que postérieurement à 1485 le vœu devint perpétuel.

Voici comment il s'accomplissait aux XVIIe et XVIIIe siècles. Les consuls et le curé, accompagnés d'un grand nombre d'habitants, se rendaient à Orcival, le dimanche après l'octave de la Fête-Dieu. Le pasteur célébrait la grand'Messe, faisait le prône, publiait les mariages, faisait les annonces intéressant la paroisse, donnait la communion à ses fidèles, comme s'il eût été dans sa propre église, pour exprimer que ce jour-là toute la vie religieuse et paroissiale de Montferrand se trouvait transportée à Orcival. A partir de 1731, époque où Montferrand perdit son autonomie pour être uni à Clermont, l'accomplissement du vœu perdit aussi de sa solennité ; le curé ne figura plus à la tête de ses paroissiens ; on se contenta de déléguer un échevin qui s'unissait à ceux de Clermont, pour aller à Orcival faire acquitter les vœux des deux villes.

Une particularité intéressante, et peut-être exclusive à l'accomplissement du vœu de Montferrand, apparaît dans cette histoire, en l'année 1638, pour se continuer pendant longtemps. En cette année 1638, « le maître des enfants de chœur d'Orcival, » c'est-à-dire le maître de musique du Chapitre, composa un motet « en l'honneur de la Vierge et en faveur de la ville de Montferrand, » qui fut chanté à la réception de la procession et à la grand'Messe. La musique fut ensuite donnée aux consuls, qui la remirent au Chapitre de Montferrand. On paya au compositeur 58 sols « sans tirer à conséquence. » Le même fait s'étant reproduit en 1639, les auditeurs des comptes refusèrent d'accepter cette dépense ; peut-être cette sévérité ne fut-elle pas ratifiée en consulat ; en tout cas, la composition d'un motet spécial pour le pèlerinage de Montferrand et la gratification au maître des enfants de chœur d'Orcival devinrent un usage régulier à partir de ce moment.

Les feuilles comptables de 1673-1678-1691 contiennent une dépense ordinaire et invariable de 20 livres « pour un vœu fait à Notre-Dame d'Orcival, que les consuls ont accoutumé de faire accomplir (1). »

Montluçon. — Dépendant au civil de l'ancienne province du Bourbonnais, cette ville appartenait, avant la Révolution, au diocèse de Bourges. Rien donc ne la rattachait à l'Auvergne ni au diocèse de Clermont. Si elle figure dans l'histoire d'Orcival, c'est en vertu de la célébrité de notre antique pèlerinage. Nous citons textuellement l'opuscule du chanoine Chardon : « En la même année 1631, la ville de Montluçon, en Bourbonnais, affligée de la peste comme les précédentes, envoya des députés à Orcival pour faire, au nom de tous les habitants, un vœu à Notre-Dame, et offrir une lampe d'argent à son église. »

Olby. — La tradition orale de cette paroisse raconte qu'elle est allée en procession à Orcival, non seulement pendant toute la durée de ce siècle, mais dans les siècles qui ont précédé la Révolution. Cette tradition, qui aurait déjà par

1. Arch. municipales de Clermont, section de Montferrand. Communication due à l'obligeance de M. Emmanuel Teilrard de Chardin, auteur de l'inventaire de ces archives. — Arch. du P.-de-D. Intendance, pièces comptables, liasse 39. — Chardon. op. cit.

elle-même une véritable valeur historique, étant donnée la proximité des lieux, se trouve en parfait accord avec les documents écrits. En l'année 1666, les consuls en exercice, François Roussel, Thomas Hugon, Pierre Garabou, Blaise Cohade, portaient au compte des dépenses ordinaires une somme de sept livres « pour les processions de la paroisse à Orcival et au Puy-de-Dôme. » Cette feuille de compte ne dit pas, à la vérité, que la procession se faisait en exécution d'un vœu ; mais comme la dépense était supportée par le corps commun des habitants, qu'elle était inscrite au chapitre des dépenses ordinaires, il est à croire que telle était bien la raison de cet acte de dévotion. N'aurait ce été d'ailleurs qu'une pieuse coutume, il n'en ressortirait pas moins que la paroisse s'était placée d'une manière spéciale sous la protection de Notre-Dame d'Orcival (1).

Olliergues. — La ville d'Olliergues, chef-lieu de canton ecclésiastique et civil, a fait partie de la paroisse de La Chabasse jusqu'à la Révolution. D'après le chanoine Chardon, cette localité fut atteinte par la peste de 1630, et fit un vœu à Notre-Dame d'Orcival pour en être délivrée. Cet auteur ne fait aucune mention de la paroisse de La Chabasse, ce qui laisse croire que la seule section d'Olliergues eut à souffrir du fléau, et que seule elle se voua à la Sainte Vierge.

Orcines. — A la suite d'un printemps très chaud, une maladie épidémique se déclara dans cette paroisse et y causa une mortalité des plus alarmantes. Les habitants demandèrent à Notre-Dame d'Orcival de les délivrer du fléau, lui promettant d'aller, tous les ans, en pèlerinage à son sanctuaire. La maladie disparut, et le vœu fut accompli régulièrement pendant un certain nombre d'années. Mais la négligence

---

1. Arch. du P.-d.-D. Intendance, pièces comptables, liasse 43. — Lettre de M. l'abbé Brassier, curé d'Olby, du 4 mai 1893.

ou quelque autre motif inconnu ayant amené une interruption dans l'acquittement de cette dette sacrée, le mal reparut avec une intensité plus grande que la première fois. Le vœu fut renouvelé ; la maladie cessa de nouveau, et depuis cette époque les paroissiens d'Orcines se sont montrés d'une fidélité exemplaire. Le pèlerinage, fixé au lundi de la Pentecôte, se fait, chaque année, non plus processionnellement, mais par groupes qui se rendent à Orcival, à l'heure indiquée au prône du dimanche précédent. On estime à trois cents le nombre des personnes qui accomplissent cet acte de piété, soit le jour même du pèlerinage paroissial, soit le jour de l'Ascension.

La date du vœu n'est pas restée dans la mémoire des habitants. On parle d'environ trois siècles. Cette date peut être exacte, car on sait que bien des maladies ont régné en Auvergne avant ce qu'on a appelé la peste de 1630.

En 1658, les luminiers de la paroisse, Guillaume Vazeilhes et François Posny, rendant leurs comptes devant vénérable personne Messire Sidoine Savaron, chanoine de l'église cathédrale de Clermont, seigneur et baron de Sarcenat, curé d'Orcines, marquaient une somme « de six livres de dépenses fournies le jour de la procession à Orcival (1). »

Orcival. — S'il est une paroisse qui ait dû se mettre sous la protection de Notre-Dame d'Orcival avec une confiance sans limites et une piété toute filiale, c'est assurément celle dont les habitations sont groupées à l'ombre du sanctuaire où ont afflué, de tout temps, les pèlerins de l'Auvergne et du centre de la France. Combien de fois ce peuple privilégié d'Orcival est-il venu, dans ses épreuves, s'agenouiller devant l'Image vénérée de sa divine Protectrice ? Combien de fois

---

1. Arch. du P.-d.-D. Intendance, pièces comptables, lasse 46. — Lettre de M. Meyzonnier, curé d'Orcines, du 5 mai 1893.

a-t-il fait entendre ses cris de détresse et d'espérance à Celle qui a daigné établir le trône de ses miséricordes sur le sol qu'il habite et qu'ont habité ses ancêtres ? Il doit y avoir ici toute une série de scènes intimes entre les enfants éplorés et la Mère consolatrice. Mais les scènes intimes ne tombent pas dans le domaine de l'histoire ; elles constituent le livre d'or de la famille. Aussi connaissons-nous à peine deux ou trois faits de ce livre de la paroisse bien-aimée de Marie.

En 1629, alors que de toute part le redoutable fléau poussait les peuples vers Orcival, les habitants de cette paroisse furent eux-mêmes atteints par la maladie. Les chanoines, gardiens fervents du sanctuaire et de la Statue miraculeuse, se firent l'organe de la population en deuil. Ils promirent par un vœu solennel de réciter, tous les jours de férie, l'office de la Sainte Vierge ; et, tant que subsista le Chapitre, ils accomplirent ce vœu avec une édifiante ponctualité.

La veille de la Nativité de Notre-Dame 1641, un violent incendie se déclara sur un des côtés du bourg. Le vent, soufflant en tempête, poussait les flammes comme les vagues d'un océan de feu. Nulle puissance humaine ne pouvait atténuer le désastre imminent, et la localité entière allait disparaître dans la fournaise. Dans cette extrémité, tous les regards se tournèrent vers Marie ; on sortit en procession la Statue miraculeuse ; le vent continua de souffler, mais les flammes, soustraites à son influence, s'éteignirent sous un autre souffle protecteur.

Nous avons raconté ailleurs comment, en 1758, Orcival et les paroisses de la région furent délivrées des pluies qui détruisaient les récoltes en pleine maturité (1).

Pontgibaud. — Aujourd'hui chef-lieu de canton civil et ecclésiastique, Pontgibaud ne fut jusqu'à la Révolution qu'une

---

1. Chardon, ouvr. cité. — Jacques Branche, ouvr. cité.

annexe de la paroisse de Saint-Pierre-le-Chastel. Cette annexe avait son église, devenue paroissiale en 1802, et formait un centre religieux plus important que le chef-lieu lui-même. Il semble résulter des registres de catholicité conservés aux archives municipales, que le curé de Saint-Pierre résidait plus habituellement à Pontgibaud. Dès 1550, Giraud Tardes s'intitulait « curé de la ville de Pontgibaud. » Les annales de cette localité ont conservé le souvenir de trois maladies contagieuses, l'une en 1580, la seconde en 1584, la troisième en 1631. La tradition orale dit que cette dernière fit deux cents victimes en quinze jours ; mais les monuments écrits viennent considérablement modifier cette affirmation. Le registre des décès a été dressé avec soin par un prêtre, originaire du lieu, qui remplissait les fonctions du saint ministère après la mort du curé, Jean Morel, emporté par le fléau. Ce registre, écrit sur une feuille isolée, porte en tête cette mention : « Rolle où est contenut le nombre de ceulx qui sont mors de la contagion en la ville de Pontgibaut en l'année 1631, par moy Mre Gabriel Gilles prestre servant (sic) en ladicte maladie. » Le nombre des décès enregistrés par lui s'élève à deux cent huit, distribués entre quatre-vingt-deux maisons, de la manière suivante : cinq décès dans trois maisons ; quatre décès dans vingt-et-une maisons ; trois décès dans seize maisons ; deux décès dans dix-neuf maisons ; un décès dans vingt-trois maisons. Il fait observer en terminant qu'avant ceux-là d'autres étaient morts, alors que la maladie n'était pas encore bien connue, ce qui, d'après ses calculs, porterait à deux cent vingt-cinq le nombre total des victimes.

Atterrée par ce mal foudroyant, la population de Pontgibaud se voua à Notre-Dame d'Orcival, lui promettant un pèlerinage en ordre processionnel, chaque année, le lundi après l'Ascension. La redoutable maladie cessa immédiatement. Le vœu s'accomplit toujours, sous une forme un peu modifiée par les mœurs modernes. Après s'être réunis à l'église, les pèlerins partent en procession jusqu'à la croix de la Palle, située au-delà des dernières maisons de la ville. Là, ils reçoivent la bénédiction du prêtre qui les a accompagnés, et montent en voiture. A l'entrée d'Orcival, ils se remettent en procession, et se dirigent vers l'église sous la présidence du prêtre qui est venu les recevoir. Ils entendent la Messe, où ils font la sainte Communion, passent leur journée d'une manière pieuse et recueillie, et repartent en procession jusqu'à la sortie du bourg. A leur retour, toute la population de Pontgibaud se porte au-devant d'eux, jusqu'à la croix de la Palle, émaillant la route de gracieuses tapisseries de fleurs naturelles, cueillies sur le parcours, et les ramène procession-nellement à l'église, où la journée se termine par un salut solennel du Très-Saint Sacrement (1).

Romagnat. — Le nom de cette localité figure depuis le XIVe siècle dans les terriers du Chapitre d'Orcival, par suite de la donation de cens que lui avait faite Raoul de Montro-gnon. Si ce n'était pas là un lien extraordinairement puissant pour rattacher les habitants au sanctuaire de Notre-Dame, c'était au moins une occasion de relations avec les chanoines, dans lesquelles la piété traditionnelle de cette paroisse pou-vait trouver quelques incitations au pèlerinage.

Il paraît que la tradition orale n'a conservé aucun souvenir du vœu public fait par les habitants à Notre-Dame d'Orcival. Ce vœu est pourtant un fait acquis à l'histoire. Le chanoine Chardon en avait trouvé le procès-verbal, « en bonne et due forme, dans les archives de Messieurs les chanoines d'Orci-val. » Il le place à l'époque de la grande peste (1629-1632). Les comptes de l'administration consulaire de cette paroisse n'ont pas été retrouvés dans nos archives départementales.

---

1. Archiv. municipales de Pontgibaud. — Lettre de M. l'abbé Brun, curé, du 29 avril 1893.

Les paroissiens de Romagnat n'ont pas oublié le chemin d'Orcival. Chaque année, un nombre relativement considérable de pèlerins se rend à la grande fête de l'Ascension. On nous assure que, compte bien fait, ceux de ces deux dernières années ont atteint le chiffre de soixante à quatre-vingts.

Royat. — C'est une des quinze paroisses nommées dans le petit ouvrage souvent cité par nous, comme ayant fait un vœu public à Notre-Dame d'Orcival, à l'époque de l'épidémie de 1630. Le pèlerinage, objet probable du vœu, se fait officiellement, chaque année, le lundi de la Pentecôte, mais sans procession ni au départ ni à l'arrivée.

Saint-Amant-Tallende. — Le 17 mai 1626, les quatre consuls de Saint-Amant, MM. Thomas Ribbes, Jacques Blanc, Pierre Daumas, Jean Chamboullat, accompagnés des principaux habitants, se réunissaient dans la maison de M. Graisle, curé de la paroisse. Le but de cette assemblée de ville était de délibérer sur un événement qui venait de jeter la désolation dans le pays. Une violente tempête avait éclaté, les jours précédents, accompagnée de grêle qui avait dévasté la plus grande partie du vignoble.

Invité à prendre la parole, le pasteur rappela que les désastres sont souvent une manifestation du mécontentement de Dieu, à cause des iniquités de son peuple. Pour fléchir le juste courroux du Très-Haut, il invita ses paroissiens à s'humilier sous la main qui les châtiait, et proposa d'aller en pèlerinage à Notre-Dame d'Orcival, le lundi après la Pentecôte. Malgré la perte immense que venait de subir la paroisse, il aurait voulu qu'on prît une partie du pain de l'aumône distribuée, chaque année le jour de l'Ascension, avec quelques barriques de vin pour les porter aux pauvres d'Orcival.

L'assemblée, voyant une occasion de désordre dans cette distribution de pain et de vin aux pauvres d'Orcival, délibéra qu'elle n'aurait pas lieu ; mais qu'en retour les consuls donneraient un peu plus que d'habitude aux pauvres qui se présenteraient à Saint-Amant, le jour de l'Ascension. La proposition d'un pèlerinage à Orcival fut accueillie avec empressement, et les consuls furent chargés de convoquer à cette pieuse cérémonie tous les prêtres de la ville ainsi que les RR. PP. Récollets, « à chacun desquels ils pourraient donner cinq sols pour leur dîner. »

La paroisse de Saint-Amant est une de celles qui fournissent régulièrement un certain nombre de pèlerins à Notre-Dame d'Orcival, le jour de l'Ascensson (1).

Saint-Ours. — Cette paroisse fournit annuellement près de trois cents pèlerins à Notre-Dame d'Orcival, le dimanche après l'Ascension. L'entrée et la sortie du bourg d'Orcival se font en ordre processionnel. Il y a une cinquantaine d'années, les pèlerins, encore plus nombreux qu'aujourd'hui, faisaient tout le parcours en procession, ce qui porte à croire que dans le principe le pèlerinage avait lieu en exécution d'un vœu. Cependant les preuves écrites ou orales de ce vœu font défaut (2).

Saint-Pierre-le-Chastel. — Une tradition orale, encore très vivante dans le pays, affirme que la population de cette paroisse, décimée par la *peste noire*, vers 1630, fit vœu d'aller, chaque année, en procession à Orcival, le lundi de la Pentecôte, si elle était délivrée du fléau. Ce vœu, religieusement accompli jusqu'à la Révolution, fut forcément interrompu par le bouleversement social de cette époque. Mais au réta-

---

1. Arch. municipales de Saint-Amant-Tallende.

2. Lettre de M. l'abbé Rochefort, ancien vicaire et curé actuel de Saint-Ours, du 1er mai 1893.

blissement du culte, en 1802, les habitants de Saint-Pierre, fidèles aux engagements contractés par leurs ancêtres, s'empressèrent de renouer les pieuses traditions des temps passés. Le pèlerinage paroissial continue de se faire, le lundi de la Pentecôte ; mais on ne se met en procession qu'à l'entrée d'Orcival. En dehors de cet acte de foi, qui garde son caractère officiel, la piété privée fournit encore de nombreux pèlerins à Notre-Dame d'Orcival, le jour de l'Ascension et le dimanche qui suit la Nativité de la Sainte Vierge (1).

Thiers. — L'émission, l'acceptation et l'accomplissement du vœu de la ville de Thiers nous fournissent des documents se rapportant à trois années consécutives. En 1629, la ville, en proie à la maladie contagieuse, délègue à Orcival MM. Dulac et d'Hellon, chanoines de la collégiale de Saint-Genès, Dulac, lieutenant général, et Astier, avocat en parlement, pour promettre, au nom de tous les habitants, de faire, le plus tôt possible, une procession votive au sanctuaire de Notre-Dame et d'y laisser une lampe d'argent comme *ex-voto*. Le premier juillet 1630, les chanoines d'Orcival, réunis en assemblée capitulaire, déclaraient accepter la lampe que la ville de Thiers demandait à faire suspendre dans leur église. La procession ne put encore s'effectuer, cette année-là, à cause des cordons sanitaires qui interceptaient les communications entre les localités contaminées et celles qui étaient indemnes ; ce ne fut qu'en 1631 que les passages commencèrent à être assez libres pour que la procession promise pût franchir la distance de soixante-dix kilomètres qui sépare Thiers d'Orcival (2).

Vertaizon. — A une date que l'on ne peut préciser, cette

1. Lettre de M. l'abbé Cromarias, curé de Saint-Pierre-le-Chastel, du 29 avril 1893.

2. Chardon, op. cit. — Communication de M. Ant. Guillemot de Thiers.

paroisse s'était mise sous la protection de Notre-Dame d'Orcival. Nous en avons la preuve authentique dans les comptes des consuls pour les années 1728, 1729, 1730. Ces trois feuilles comptables, les seules conservées aux archives du département, mentionnent une dépense de « dix livres données au sieur Mallet, chanoine et distributeur du Chapitre de Notre-Dame d'Orcival, comme il est d'habitude de faire chaque année, pour l'accomplissement du vœu fait par la paroisse », plus une dépense variant de cinq livres à cinq livres dix sols pour le voyage que les consuls sont obligés de faire annuellement à Orcival dans le même but. Cette manière de libeller la dépense en question laisse voir que le vœu avait pour objet une grand'Messe et d'autres œuvres pieuses, que les habitants de Vertaizon s'étaient engagés à faire acquitter à perpétuité dans le sanctuaire d'Orcival. Nous disons une Messe et d'autres œuvres pieuses, parce que l'honoraire d'une Messe même chantée ne se serait pas élevé à dix livres (1).

Vic-le-Comte. — On a écrit que la paroisse de Vic-le-Comte se voua à Notre-Dame d'Orcival à l'occasion de la peste de 1629 et années suivantes. Nous n'avons pas de documents positifs qui contredisent cette date ; mais nous la tenons quand même pour suspecte. Vic-le-Comte fut une des localités épargnées par le fléau ; son état de salubrité lui valut de recueillir dans ses murs les membres de la sénéchaussée et du siège présidial de Clermont, au mois d'avril 1631, alors que les magistrats de la cour des aides émigraient vers Pont-du-Château. La sénéchaussée de Clermont resta à Vic-le-Comte jusqu'au mois de février 1632. Il semble donc que le motif du vœu à Notre-Dame d'Orcival doit être cherché ailleurs que dans les ravages de la maladie épidémique de 1629.

---

1. Arch. de P.-du-D. Intendance, Pièces comptables, liasse 55.

Quoi qu'il en soit, ce vœu existait. Nous le trouvons mentionné dans l'assemblée de ville du 20 juin 1647, où les consuls exposent « qu'ils ont fait exécuter les processions votives à Orcival, à Authezat et à Manglieu, suivant l'ancienne coutume de la paroisse. » Nous le trouvons également dans les comptes des consuls où, chaque année, jusqu'à la fin du XVIIe siècle, figure une somme « payée au batelier de Broslac pour le passage des processions qui vont rendre les vœux de la ville à Orcival et à Authezat (1). »

Yronde-et-Buron. — Les fléaux qui désolent la pauvre humanité sont de natures bien différentes. Ici ce n'est plus la maladie qui pousse le peuple à se jeter dans les bras de Marie, mais bien l'épouvante causée par les tempêtes. La situation topographique de la paroisse d'Yronde en a fait la terre classique des orages et de la grêle, et les plans très inclinés de ses coteaux offrent aux ravines des flancs faciles à dénuder jusqu'aux dernières couches du sol végétal.

A une époque inconnue, le double fléau de la grêle et des ravines avait pris des proportions désolantes. Cette malheureuse population se voyait menacée d'une ruine prochaine, tant par la perte de ses récoltes annuelles que par les érosions qui emportaient dans l'Allier de larges zones de son territoire. Pour obtenir la fin de ces dévastations, elle fit vœu d'aller en procession à Orcival, chaque année, à perpétuité, le lundi après l'Ascension. Ce vœu fut accompli jusqu'à la Révolution. Au commencement de ce siècle, il fut commué en une Messe célébrée dans la chapelle du village de Buron, dédiée à la Sainte Vierge, but d'un pèlerinage qui a eu quelque célébrité dans les environs. Les habitants des différents villages de la paroisse venaient en foule, il n'y a pas

---

1. Arch. du P.-de-D. Intendance, Pièces comptables, liasse 56. — Procès verbaux des assemblées de la ville de Vic-le-Comte, mss. communiqué par M. F. Boyer.

encore bien longtemps, à cette Messe qui est toujours désignée sous le nom de « Messe de Notre-Dame d'Orcival (1). »

En dehors de ces paroisses historiquement vouées à Notre-Dame d'Orcival par des vœux publics, il en est d'autres. qui lui sont vouées par une dévotion traditionnelle, reposant le plus souvent sur des vœux dont le souvenir s'est perdu. Nous signalerons d'abord celles qui vont annuellement en pèlerinage officiel.

Allagnat. — De temps immémorial, la paroisse d'Allagnat se rend processionnellement à Orcival, le dimanche après l'Ascension. Le nombre des pèlerins est de deux cent cinquante à trois cents. Tous les adultes visitent le sanctuaire au moins une fois par an, et un certain nombre, deux fois.

Aurières. — L'érection d'Aurières en paroisse ne date que de ce siècle ; c'était précédemment une annexe de Vernines. Il est à croire que, depuis son origine, cette paroisse est allée en pèlerinage à Orcival, comme elle y va actuellement, le dimanche après l'Ascension.

Ceyssat. — Démembrement de la paroisse d'Allagnat, érigé en succursale dans le cours de ce siècle, Ceyssat s'est mis, dès l'époque de sa création, sous le patronage de Notre-Dame d'Orcival. Son pèlerinage annuel a lieu le quatrième dimanche après Pâques.

Coheix. — Séparée de la paroisse de Mazayes, en 1869, la section de Coheix continue fidèlement les traditions des ancêtres. Son pèlerinage, fondé sur le vœu paroissial de Mazayes, s'accomplit le dimanche de la Trinité.

Gelles. — Nous n'avons aucun renseignement sur le

---

1. Tradition orale recueillie par M. l'abbé Fouilhoux, mission. diocésain.

culte de cette importante paroisse pour Notre-Dame d'Orcival. Nous savons seulement qu'elle va en pèlerinage le dimanche avant l'Ascension.

Laschamps. — Le lundi de la Pentecôte est le jour traditionnel du pèlerinage de cette paroisse.

Massagettes. — Érigée depuis peu en chapelle vicariale, la section de Massagettes faisait partie de la paroisse de Saint-Pierre-Roche. Habitués de vieille date à venir en pèlerinage avec leur ancienne paroisse, les habitants ont voulu continuer cette pieuse coutume en organisant un pèlerinage local, qui se fait le dimanche de la Pentecôte.

Nébouzat. — Le pèlerinage traditionnel a lieu le dimanche après l'Octave de la FÊTE-DIEU.

Perpezat. — Le pèlerinage s'effectue le dimanche de la Trinité.

Rochefort. — Quoique centre important au point de vue de la juridiction féodale, Rochefort n'était pas anciennement chef-lieu de paroisse, mais simple annexe de Saint-Martin-de-Tours. Érigée en 1802, la paroisse, comme toutes celles des environs d'Orcival, a pris la pieuse habitude de venir en pèlerinage, le jour même de la FÊTE-DIEU.

Saint-Bonnet-d'Orcival. — De nombreuses relations ont existé entre cette paroisse et Orcival. La cure était à la nomination de notre Chapitre. Vers 1550, le curé était Louis Bonnet, un de nos chanoines. Plusieurs des habitants étaient censitaires de l'église de Notre-Dame. Un certain nombre de prêtres, originaires de Saint-Bonnet, furent pourvus de prébendes dans notre collégiale. De nombreuses alliances ont été contractées entre les habitants des deux localités. Dans la chronologie des miracles opérés par l'intercession de Notre-Dame et dans la série des fondations, legs et dons faits en faveur de son sanctuaire, figurent des paroissiens de Saint-Bonnet. Il est incontestable que, depuis bien des siècles, cette paroisse a été vouée à Notre-Dame d'Orcival par une dévotion toute spéciale. L'expression actuelle de son culte ne se trouve pas seulement dans le pèlerinage officiel du jour de la Fête-Dieu, qui amène un grand nombre de fidèles aux pieds de la Statue miraculeuse, mais aussi dans de fréquentes visites isolées.

Saint-Martin-de-Tours (1). — L'antique paroisse de Saint-Martin-de-Tours, aujourd'hui bien réduite par l'érection de celle de Rochefort, est topographiquement la plus rapprochée d'Orcival. Aussi sa dévotion envers Notre-Dame se manifeste-t-elle sous de nombreuses formes. Aux fêtes de l'Ascension et de la Nativité de la Sainte Vierge, comme le dimanche après l'Octave de la Fête-Dieu, jour du pèlerinage officiel, la moitié de la population est à Orcival. Lorsqu'une personne est gravement malade, sa famille et son village recueillent l'honoraire d'une Messe, auquel chacun

---

1. Le nom primitif de cette localité était *les Tours*. Nous en avons des preuves multiples dans les actes et terriers de la fin du XVe et du commencement du XVIe siècle. Le village de Gioux y est appelé *Gioux des Tours*, le moulin placé sur le Sioulet, *Moulin des Tours*, et les de Châlus, seigneurs du lieu, s'intitulent tantôt seigneurs *des Tours*, tantôt seigneurs de Saint-Martin. On sait que, dans le langage ecclésiastique du moyen âge, on ne désignait jamais les paroisses par le seul nom vulgaire du lieu, mais en le faisant toujours précéder du nom du saint patron ; nos pouillés en font foi. Le langage moderne a supprimé le nom du saint et n'a laissé subsister que le nom vulgaire, dans la dénomination de la plupart de nos paroisses. Saint-Martin-de-Tours (primitivement Saint-Martin-*des*-Tours) n'est pourtant pas la seule exception faite à l'usage moderne ; nous avons encore Saint-Martin-des-Olmes, Saint-Jean-des-Ollières, Saint-Jean-en-Val, Saint-Jean-les-Monges, Notre-Dame-de-Mons, Saint-Pierre-Colamine, Saint-Martin-d'Ollières, Saint-Clément-de-Régnat, Saint-Georges-de-Mons, etc. etc.

contribue avec empressement, et de nombreux délégués partent pour Orcival afin de faire célébrer cette Messe, et tous y
assistent. Dans le courant de l'année, il n'est pas rare de voir
des personnes de Saint-Martin aller se confesser et communier dans l'église d'Orcival. La moitié des habitants fait le
pèlerinage trois ou quatre fois par an, et quelques-uns bien
plus souvent. L'origine de la procession annuelle est inconnue, comme date et comme motif; mais il n'est pas douteux
qu'elle remonte à une époque reculée (1).

Saint-Pierre-Roche. — Depuis l'année 1246, la nomination du curé de Saint-Pierre-Roche appartenait au Chapitre d'Orcival. Outre la proximité relative des lieux, ce
patronage a dû entretenir des liens assez intimes entre les
deux paroisses, les chanoines ayant bien soin de choisir
comme pasteur de Saint-Pierre un prêtre qui leur fût sympathique et qui fût capable d'inspirer à son peuple la dévotion
envers leur sanctuaire. Aucun renseignement ne vient nous
dire quand et comment a commencé le pèlerinage de cette
paroisse. Il existe de temps immémorial et s'effectue le dimanche de la Trinité.

Saulzet-le-Froid. — Un des derniers et des plus
fervents chanoines d'Orcival fut curé de Saulzet au commencement de ce siècle. Cette circonstance suffirait à interpréter la dévotion de cette paroisse à Notre-Dame d'Orcival. Mais elle est assurément plus ancienne. Son pèlerinage
se faisait autrefois le jour de la Fête-Dieu ; actuellement il
se fait sans jour fixe, mais toujours très solennellement.

Vernines. — Cette paroisse, qui clôt notre liste, ouvre

1. Lettre de M. l'abbé Marmoiton, curé de Saint-Martin-de-Tours, du
1er juin 1893.

chaque année l'ère des pèlerinages à Notre-Dame d'Orcival. Elle y vient le dimanche de Quasimodo.

Les quarante-trois paroisses que nous venons d'énumérer forment comme la garde d'honneur de Notre-Dame d'Orcival. Elles sont venues, dans le cours des âges, se ranger sous sa bannière pour proclamer bien haut son amour de Mère et sa puissance de Reine. Mais autour d'elle gravite toute une légion d'autres paroisses, qui lui envoient chaque année des pèlerins et forment une nombreuse et pieuse milice destinée aussi à honorer son trône. Nous ne voulons pas essayer cette seconde énumération ; les renseignements nous manquent ; et nos lacunes pourraient froisser de légitimes susceptibilités. Il est pourtant un coin du domaine de Notre-Dame d'Orcival que nous ne pouvons passer sous silence c'est le canton de Manzat. Sur une belle et riche bannière, portée à la procession de l'Ascension, on lit d'un côté : « A Notre-Dame d'Orcival le canton de Manzat ; » au-dessous de cette inscription est représentée avec assez de ressemblance l'Image miraculeuse. Sur l'autre face sont les noms des paroisses du canton : « Manzat, Charbonnières-les-Varennes, Saint-Angel, Comps, Charbonnières-les-Vieilles, Châteauneuf, Saint-Georges, Loubeyrat, Vitrac, Lachaux, Pognat, Sauterre, Queuilhe, les Ancises. 1891. »

On nous signale trois paroisses dans lesquelles le culte de Notre-Dame d'Orcival a laissé des traditions spéciales ; ce sont les paroisses d'Église-Neuve-sur-Billom, de la Celle et de Montcel.

A l'Église-Neuve, une quête se fait annuellement, à l'office des Vêpres, les trois dimanches qui précèdent l'Ascension, pour faire célébrer une Messe en l'honneur de Notre-Dame d'Orcival, le mardi dans l'Octave de la fête (1).

1. Renseignements fournis par M. l'abbé Roussel, vicaire d'Église-Neuve.

A la Celle, on recueille également, par une quête faite à l'église, l'honoraire d'une Messe en l'honneur de Notre-Dame d'Orcival, qui se célèbre la veille de la Pentecôte (1).

A Montcel, « la confiance filiale à Notre-Dame d'Orcival se traduit chaque année par des pèlerinages individuels et par des Messes fréquemment célébrées en son honneur, dans la paroisse même, surtout pendant le mois de mai. C'est à elle qu'on s'adresse dans les circonstances difficiles et pour les grâces extraordinaires que l'on désire obtenir (2). »

Nous devons enfin mentionner les cantons, situés en dehors du diocèse, qui ont pour Notre-Dame d'Orcival une dévotion particulière. Ce sont les cantons d'Aubusson, Auzances, Bellegarde, Crocq, Evaux, Felletin, La Courtine, dans le diocèse de Limoges, département de la Creuse, et le canton d'Eygurande, dans le diocèse de Tulle. Ces régions fournissent, chaque année, un contingent de pèlerins relativement considérable, qui ne craignent pas d'entreprendre un voyage de soixante à quatre-vingts kilomètres, « à pied, vivant plus que médiocrement, se mortifiant beaucoup, faisant tout le parcours en récitant le chapelet ou en chantant des cantiques, passant ensuite la nuit dans l'église. » Les générations qui ont précédé la nôtre faisaient mieux encore : portant dans cet acte de piété l'esprit de foi et de macération du moyen âge, elles ajoutaient à toutes les autres mortifications celle de faire le voyage nu-pieds. Quand on objectait à des vieillards, à des malades, à de faibles femmes ou enfants, les conséquences fâcheuses qui pourraient résulter d'une telle entreprise, tous répondaient par ce dicton populaire encore usité dans bon nombre de paroisses : « On ne se fatigue jamais en allant à Orcival. » C'est en effet une conviction répandue dans certaines populations de l'Auvergne et de la Marche que Notre-Dame d'Orcival n'obtient pas seulement la guéri

1. Renseignements fournis par M. l'abbé Meynial, curé de la Celle
2. Lettre de M. l'abbé Douris, curé de Montcel, du 15 mai 1893

son des malades qui ont confiance en son intercession, mais qu'elle leur donne la force d'effectuer le pèlerinage à son sanctuaire sans fatigue et sans peine. On nous écrit de différents côtés des phrases comme les suivantes : « C'est sous le vocable de Notre-Dame d'Orcival que la Sainte Vierge est ici le plus honorée et le plus aimée. » « Dans les maladies, dans les afflictions et les grandes épreuves on entend répéter souvent : Notre-Dame d'Orcival, venez à notre secours ! ne nous abandonnez pas ! »

Cette invocation était si souvent sur les lèvres de nos ancêtres qu'elle est restée dans notre langage, sous forme d'une exclamation souvent inconsciente, mais qui n'en est pas moins une preuve authentique de la diffusion du culte dont nous retraçons l'histoire. A tout propos, en effet, devant un événement qui porte à la joie ou à la tristesse, au récit d'un fait qui excite l'étonnement, en présence d'une singularité de parole ou de conduite, comme en présence d'un phénomène de la nature, on entend ce cri s'échapper des lèvres de nos braves paysans : « Bonne Vierge d'Orcival ! » Pourquoi cette exclamation plutôt que toute autre ? Évidemment parce que le nom de Notre-Dame d'Orcival est depuis longtemps populaire, parce que son intercession s'est imposée à l'amour et à la confiance de nos populations, parce que son culte a été chez nous l'idéal du culte voué à la Mère de Dieu.

L'AUTORITÉ ecclésiastique ne pouvait rester indifférente à un sanctuaire favorisé des plus éclatantes manifestations de la miséricorde divine, évidemment choisi par la Reine du Ciel comme un des trônes terrestres où elle se plaît à recevoir les hommages des fidèles et à les combler de ses bienfaits, à un sanctuaire où les générations se sont pressées en foule avec l'enthousiasme de la foi et de la confiance, de l'amour et de la reconnaissance. Il est hors de doute que les évêques de Clermont et les Souverains-Pontifes reçurent avec bienveillance toute demande de faveurs spirituelles qui leur fut faite par les pieux serviteurs de l'église. Malheureusement la plupart des titres officiels de ces faveurs se sont perdus, comme se sont perdus les procès-verbaux des miracles. Ces deux fonds constituaient la partie la plus précieuse des archives du Chapitre. A l'époque de la Révolution, les chanoines, voulant les sauver du naufrage, les sortirent de leur chartrier, et chacun en emporta une portion dans le lieu de sa retraite. Des familles d'Orcival, qui avaient recueilli et caché quelque chanoine pendant la persécution, ont longtemps conservé de vieux sacs pleins de parchemins. Mais la destruction a fini par faire son œuvre ; et, quand nous sommes arrivé pour recueillir ces précieuses épaves, ce n'était plus temps. Le peu que nous avons retrouvé a pourtant suffi pour nous montrer que les chanoines avaient surtout emporté les documents se rapportant à l'histoire religieuse du sanctuaire ; et cette vérité se trouve confirmée par l'état du fonds du Chapitre, conservé aux archives départementales, qui ne contient guère que les documents de l'histoire matérielle : terriers, fondations, titres de possessions foncières, etc.

Nous avons déjà parlé des indulgences accordées par plusieurs évêques de Clermont, savoir : par Jacques d'Amboise (1470), par Charles de Bourbon (1496), par Thomas du Prat (1518), à ceux qui feraient des aumônes aux chanoines d'Orcival, pour les aider à nourrir les pauvres qu'ils recueillaient dans leur hôpital. On ne peut pas dire que ces faveurs s'adressaient directement au sanctuaire de Marie, mais il est bien évident qu'elles s'y rapportaient d'une manière indirecte, puisque les pauvres en question étaient pour la plupart des pèlerins nécessiteux ou malades, qu'on gardait pendant tout le temps nécessaire à leur dévotion ou à leur guérison.

Aux XVIIe et XVIIIe siècles, les évêques de Clermont continuèrent la tradition de leurs prédécesseurs en encourageant les aumônes par des indulgences ; mais il est spécialement dit à ces époques qu'une partie de ces aumônes sera employée à l'entretien de l'église de Notre-Dame d'Orcival (1).

Une bulle du pape Urbain VIII, donnée à Castel-Gondolfo, le 4 mai 1632, accordait une indulgence plénière aux fidèles qui, après avoir reçu les sacrements de pénitence et d'Eucharistie, visiteraient l'église collégia'e dédiée à la Bienheureuse Vierge Marie dans le bourg d'Orcival, au diocèse de Clermont, le jour de la fête de l'Ascension, depuis les premières Vêpres jusqu'au coucher du soleil, et y prieraient pour la paix entre les princes chrétiens, pour l'extirpation des hérésies et pour l'exaltation de la Sainte Église catholique. Cette faveur était accordée pour sept ans (2).

---

1. Archiv. du P.-de-D. Chapitre d'Orcival, passim.

2. L'original de cette bulle nous a été communiqué par M. l'abbé Legay, vicaire à Saint-Ours. Elle est une des rares épaves d'un fonds d'archives déposé dans sa famille par un chanoine qui s'y était réfugié pendant la Révolution.

C'est là tout ce que nous avons pu recueillir de documents antérieurs à la Révolution.

En 1836, le pape Grégoire XVI accorda une indulgence plénière, aux conditions ordinairement requises par l'Église, à tous ceux qui visiteraient le sanctuaire d'Orcival un des sept jours indiqués dans la bulle, savoir : le jour de l'Ascension, le jour de l'Octave de cette solennité, ou le jour d'une des cinq fêtes principales de la Sainte Vierge.

Le 20 mars 1866, Mgr Féron rendait une ordonnance épiscopale pour l'érection de la « Confrérie de Notre-Dame Auxiliatrice d'Orcival » ; et le 7 mai 1867, le Souverain-Pontife Pie IX instituait canoniquement cette Confrérie par un bref dans lequel il accordait aux confrères les indulgences suivantes : 1º Indulgence plénière le jour de leur réception dans la Confrérie ; 2º Indugence plénière à l'article de la mort, en invoquant le saint Nom de Jésus, s'ils ne pouvaient recevoir les Sacrements ; 3º Indulgence plénière le jour de la Nativité de la Sainte Vierge, fête de la Confrérie, ou l'un des jours de l'Octave ; 4º Sept ans et 7 quarantaines d'indulgences les trois dimanches après l'Ascension et le jeudi de la Fête-Dieu, à ceux des confrères qui feront une visite dans l'église où est établie la Confrérie ; 5º Soixante jours d'indulgence toutes les fois qu'ils assisteront à la Messe ou autres offices divins, dans l'église de la Confrérie, ou qu'ils assisteront aux processions, ou qu'ils accompagneront le Saint-Sacrement porté en procession ou chez les malades, ou qu'ils réciteront un *Pater* et un *Ave* au son de la cloche, s'ils sont empêchés de l'accompagner, enfin chaque fois qu'ils réciteront cinq *Pater* et cinq *Ave* pour les confrères défunts.

Le 24 mai suivant, le même Pontife signait deux nouveaux brefs en faveur du sanctuaire d'Orcival. Par le premier il accordait le privilège de l'autel à tout prêtre qui célébrerait les saints Mystères au maître-autel de cette église

Par le second il accordait : 1° Une indulgence plénière à tous les fidèles qui communieraient dans ladite église, une fois par an, au jour de leur choix ; 2° Une indulgence plénière à ceux qui assisteraient aux exercices spirituels ou retraites prêchées dans l'église; 3° Cent jours d'indulgences à tous ceux qui visiteraient l'église et y prieraient aux intentions ordinaires.

Mgr Féron attacha une indulgence de quarante jours à la récitation de l'invocation suivante : « Sainte Marie, Mère de Dieu, Bonne Dame d'Orcival, refuge des pécheurs, consolatrice des affligés, priez pour nous (1). »

Mais le plus précieux privilège accordé à notre antique sanctuaire est son agrégation à la sainte Maison de Lorette. L'intelligence de cette faveur demande un rapide exposé des faits qui constituent l'histoire merveilleuse de Notre-Dame de Lorette.

On était en l'année 1291. La Palestine était presque entièrement au pouvoir des Sarrasins. Les Saints Lieux étaient envahis. Sous le marteau destructeur était tombée la magnifique église de Nazareth, construite par l'impératrice Hélène, pour enchâsser la modeste Maison où avait vécu la Sainte Vierge, où s'était accompli le mystère de l'Incarnation, où Jésus avait coulé la plus grande partie de son existence mortelle. Dieu ne voulut pas laisser plus longtemps exposée aux outrages des infidèles cette demeure bénie. Sur un signe de sa volonté, les anges la prirent sur leurs ailes et la transportèrent en Dalmatie, sur les rivages de l'Adriatique. Cet événement miraculeux s'accomplit le 10 mai 1291, huit jours avant la chute de Ptolémaïs, dernier rempart des chrétiens en Orient.

Trois ans et sept mois plus tard, le 10 décembre 1294, pour des raisons dont la divine Providence a gardé le secret,

---

1. Arch. paroissiales d'Orcival.

les anges prirent de nouveau la sainte Maison, et la transportèrent sur le rivage opposé de l'Adriatique, dans l'ancienne province italienne du Picenum, près de la ville épiscopale de Récanati, en un lieu appelé Lorette, à cause d'une forêt de lauriers. Deux autres translations successives, opérées dans l'espace d'une année, déposèrent le précieux édifice d'abord sur une colline voisine de la forêt de lauriers, et ensuite sur une voie commune qui passait au pied de la colline.

Les habitants de Récanati élevèrent une église qui enferma la sainte Maison dans son enceinte. Une ville se forma autour, qui prit le nom de Lorette, et que le pape Sixte V érigea en évêché, l'an 1585.

Les Souverains-Pontifes qui se sont succédé depuis ces événements merveilleux n'ont cessé de prodiguer des faveurs spirituelles à ce sanctuaire, devenu l'objet d'une dévotion universelle et l'un des grands pèlerinages du monde catholique. Pie IX, désirant mettre ces faveurs à la portée du plus grand nombre possible de chrétiens, autorisa la Congrégation des cardinaux chargés de la garde et de l'administration de Notre-Dame de Lorette, à lui agréger tels sanctuaires qu'ils jugeraient à propos, voulant que les églises ainsi agrégées jouissent des mêmes faveurs, et que les fidèles qui les visiteraient pussent y gagner les mêmes indulgences qu'on gagne en visitant la basilique de Lorette.

Mgr Boyer demanda le privilège de l'agrégation pour le sanctuaire de Notre-Dame d'Orcival et l'obtint par le diplôme suivant :

« Louis Jacobini, cardinal-prêtre de la Sainte Église romaine, du titre de Sainte-Marie de la Victoire, Préfet de la Sacrée Congrégation de Lorette. Les Lettres apostoliques du Souverain-Pontife de Rome, Pie IX, « *Inter omnia,* » accordant à la Sacrée Congrégation des Éminentissimes et

» Révérendissimes cardinaux de la Sainte Église romaine,
» préposée à la garde de la Maison de Lorette et à l'admi-
» nistration de ses biens, et, pour elle, au Préfet de ladite
» Congrégation, la faculté d'agréger à cette sainte Maison,
» dans laquelle le Verbe s'est fait chair, et qui a été divinement
» transportée de Syrie en Dalmatie d'abord, puis dans le
» Picenum, quelques églises et oratoires du monde que ce
» soit, afin qu'ils participent aux grâces spirituelles accordées
» par les largesses pontificales à ce très auguste édifice,
» Nous, en qualité de Préfet de la Congrégation déjà nom-
» mée, avons accueilli avec bienveillance les prières du Très
» Illustre et Très Révérend Seigneur l'évêque de Clermont,
» en France, qui, pressé par son affectueuse dévotion envers
» l'Immaculée Vierge Mère de Dieu, désire ardemment faire
» admettre à la participation de ce privilège le sanctuaire de
» Notre-Dame d'Orcival, situé dans son diocèse. En con-
» séquence, Nous affilions et agrégeons ledit sanctuaire à la
» sainte Maison (de Lorette), conformément auxdites Lettres
» (apostoliques) ; en sorte que tous les fidèles chrétiens de
» l'un et de l'autre sexe, qui, vraiment pénitents, confessés
» et communiés, visiteront dévotement ledit sanctuaire, et y
» prieront pour l'exaltation de la Sainte Église Romaine,
» pour l'extirpation des hérésies et pour la paix entre les
» princes chrétiens, pourront jouir des grâces spirituelles
» énumérées plus bas, de la même manière que s'ils visitaient
» personnellement la sainte Maison de Lorette, à savoir : ils
» pourront gagner une indulgence plénière et rémission de
» leurs péchés, applicable par mode de suffrage aux âmes de
» fidèles retenues dans le Purgatoire, les jours des fêtes de
» la Nativité de Notre-Seigneur Jésus-Christ, de la Con-
» ception de la Bienheureuse Vierge Marie, de sa Nativité,
» de l'Annonciation, et de l'arrivée de la sainte Maison en
» Italie ; aux autres fêtes solennelles de Notre-Seigneur et
» de sa Sainte Mère, ainsi qu'aux fêtes de sainte Anne et de

» saint Joseph, il leur est accordé sept ans et sept quaran-
» taines d'indulgences. Ces grâces dont jouit la Maison de
» Lorette, nous les communiquons et concédons au susdit
» sanctuaire, en vertu de la susdite faculté, et avec l'appro-
» bation de l'Ordinaire, pourvu toutefois que ledit sanctuaire
» n'ait pas déjà été mis par nous en participation d'indul-
» gences de même nature, et qu'il ne soit agrégé à aucun
» Ordre religieux, Institut, Archiconfrérie et Congrégation
» par lesquels il aurait pu obtenir la jouissance de semblables
» privilèges.

» Donné à Rome, en notre Palais, le 19 janvier 1884,
» du Pontificat de Notre Très-Saint Père et Seigneur le
» Pape Léon XIII, l'année sixième.

» L. Cardinal Jacobini, Préfet. J. Capri, secrétaire. »

Une gloire manquait à notre antique Madone, celle du
Couronnement. Déjà deux de nos Vierges miraculeuses
avaient reçu ce suprême honneur. Sa Sainteté le Pape
Pie IX, de g'orieuse mémoire, l'avait accordé à Notre-Dame
du Port ; et Sa Sainteté Léon XIII, providentiellement
régnant, avait honoré de la même faveur Notre-Dame de
Vassivière. On se demandait pourquoi Notre-Dame d'Orcival
était laissée dans la pénombre, à côté de ces deux diadèmes
lumineux. Son culte n'avait-il pas creusé un sillon assez
profond dans les annales de notre province ? Manquait-il
quelque éclat aux miracles accomplis par son intercession ?
N'étaient-elles pas assez nombreuses et assez ferventes, les
foules qui accouraient à son sanctuaire ? Les siècles n'a-
vaient-ils pas donné une consécration suffisante à une
dévotion dont les origines remontent à des époques inconnues ?.... Le jour est enfin venu où toutes ces questions
pieusement anxieuses vont se changer en allégresse pour les
cœurs voués à Marie.

Avant de quitter l'Auvergne, Mgr Boyer pensait au couronnement de Notre-Dame d'Orcival ; il préparait les pièces historiques et autres qui devaient justifier la demande de cette faveur, lorsque le Souverain-Pontife l'appela sur le siège archiépiscopal de Bourges.

Dès les premiers jours de son arrivée parmi nous, Mgr Belmont prenait à cœur ce pieux dessein, et l'annonçait aux prêtres réunis autour de lui, à Orcival, le jour de l'Ascension 1893. Peu de temps avant son premier voyage *ad limina Apostolorum*, Sa Grandeur se faisait une joie de redire ce dessein aux prêtres de la ville de Clermont. Dans la pensée de notre nouvel évêque, les négociations de ce projet devaient faire une des principales occupations de son séjour à Rome. Ces négociations ont eu le succès désiré. Le décret du couronnement est déjà signé. Le 3 mai 1894, fête de l'Ascension, Notre-Dame d'Orcival recevra le plus insigne honneur usité dans la liturgie catholique.

Les couronnes de la Vierge et de l'Enfant Jésus, déjà bénites par le Saint-Père, sont dues à la pieuse libéralité d'une des plus honorables familles de la noblesse d'Auvergne. Mme Martha-Beker, comtesse douairière de Mons, de concert avec ses petits-enfants, M. le comte et Mme la comtesse de Bonnevie de Pognat, a voulu faire tous les frais de ces magnifiques joyaux, continuant ainsi les nobles et religieuses traditions des anciens seigneurs de Cordès, qui furent toujours les insignes bienfaiteurs de Notre-Dame d'Orcival.

Ces couronnes font le plus grand honneur à notre compatriote, M. L. Coiffier, bijoutier à Clermont, qui en a conçu le dessin et surveillé l'exécution. Il règne dans l'ensemble de cette œuvre de joaillerie une ordonnance de bon goût et un caractère de bonne antiquité qui ne la rendent pas moins remarquable que la richesse des ornements

L'artiste s'est inspiré de la couronne de Charlemagne, conservée au trésor impérial de Vienne, en y portant les modifications réclamées soit par l'allègement qu'il voulait donner à son œuvre, soit par l'emploi des bijoux qui lui étaient fournis, et auxquels on voulait laisser autant que possible leur disposition première.

Les deux couronnes, identiques de forme, sont octogonales, composées de huit panneaux qui vont en décroissant d'avant en arrière, afin d'obtenir le galbe d'un diadème royal. Le fond est repercé et ciselé suivant des lignes d'enroulement dessinant des rinceaux byzantins, sobrement garnis d'émail vert, destiné à harmoniser les couleurs des pierres précieuses. Le couronnement des panneaux est trilobé, et le lobe central surmonté d'un chaton de diamant, remplacé par une topaze ou hyacinthe au plus petit panneau. Les lignes de jonction des huit compartiments sont couvertes par des colonnes torses d'une grande légèreté, terminées à la base et au sommet par des saphirs taille ancienne. Un bandeau en émail bleu se déroule au bas des couronnes portant en relief l'inscription propre à chacune d'elles.

Cette composition, étudiée avec un soin minutieux, nous paraît irréprochable. Les lignes sont d'une grande pureté ; les parties ajourées ont le double avantage de donner à l'ensemble un ton d'élégance et de produire des jeux de lumière du plus heureux effet.

Les détails ne nous paraissent pas moins satisfaisants.

Le panneau de face de la couronne de la Vierge est orné au centre d'une fleur joaillerie toute en diamant, représentant une croix grecque posée sur une croix de Saint-André en rubis, qui lui sert de rayons. Ce superbe motif de décoration est encadré de deux saphirs taille ancienne, deux rubis taille en cabochon, deux chatons de diamant de la plus belle eau.

Les deux panneaux adjacents ont comme ornement une

marguerite de diamant accompagnée de six chatons, dont trois émeraudes, un rubis, un saphir et un diamant.

Les deux panneaux suivants portent chacun une médaille byzantine ciselée, en argent bruni, rapportée en plein relief, rappelant une scène de l'histoire de Notre-Dame d'Orcival. Sur la première, Louis II de Bourbon offre son pennon à la Vierge, après la prise de la Roche-Sonadoire et ses autres exploits victorieux contre les Anglais. Sur la seconde, un prisonnier offre à Marie les chaînes dont il a été délivré par son intercession. Ces médailles sont accompagnées de cinq chatons, dont deux émeraudes, deux rubis et un saphir.

Les deux panneaux, toujours symétriques, qui viennent après sont également décorés de deux médailles byzantines représentant deux attributs de la Vierge : la rose mystique et le vaisseau surmonté d'une étoile. Trois chatons les accompagnent, deux rubis et une émeraude.

Sur le huitième et plus petit panneau, une médaille de même style, même métal et même travail que les précédentes, représente la tour de David. Elle est accompagnée de deux chatons d'émeraude.

Sur le bandeau on lit en lettres capitales du XIIe siècle : « *Sancta Maria, Regina Orcivallis, ora pro nobis.* » Ce bandeau est orné de sept diamants et d'une topaze.

Nous avons dit que la couronne de l'Enfant Jésus est identique à celle de la Vierge, quant à la composition d'ensemble. Avant de passer aux détails, nous devons remarquer que l'artiste a eu le bon goût de varier le dessin de tous les panneaux ; si les rinceaux sont tous byzantins, leurs enroulements donnent sur chacun des figures différentes. Le premier panneau est garni d'une fleur joaillerie, semblable en tout à celle de l'autre couronne, sauf la différence de grandeur exigée par la différence des surfaces. Cette fleur ou croix grecque est accompagnée de quatre chatons, dont un diamant, un rubis et deux saphirs.

Le second et le troisième panneau portent deux médailles byzantines sur lesquelles sont tracés en diamant l'*Alpha* et l'*Oméga*, garnis au centre d'un gros diamant et surmontés d'une émeraude.

Le quatrième et le cinquième présentent sur leurs médailles l'Agneau et le Pélican, surmontés d'un rubis.

Sur le sixième et le septième se voient d'un côté le calice, de l'autre une gerbe d'épis accostée de deux raisins, et au-dessus une émeraude.

Le huitième porte le millésime de 1894.

L'inscription du bandeau est la suivante : « *Jesu Fili Mariæ, miserere nobis.* »

A l'intérieur des couronnes le travail est soigné comme à l'extérieur ; les lignes des rinceaux ont la même pureté et le même fini de ciselure. Des inscriptions rappellent les noms des donateurs, ceux des collaborateurs et les fêtes du couronnement. Les donateurs étant connus, nous citerons seulement deux de ces inscriptions.

Dans la couronne de la Vierge : « *L'an 1894, et le 3 mai, à la prière et aux applaudissements de toute l'Auvergne, Léon XIII, Pape, m'a couronnée solennellement. Pierre-Marie Belmont étant évêque de Clermont, et Marien Mallet, curé d'Orcival.* »

Dans celle de l'Enfant-Jésus : « Collaborateurs : L'abbé Antoine Uhlerich, ancien précepteur du comte Henry de Bonnevie, L. Coiffier, bijoutier à Clermont-Ferrand. »

Inutile de dire que la matière première de ces joyaux est en métal fin, or et argent. Mais nous ne devons pas laisser ignorer que les ornements sont exclusivement en pierres fines, au nombre de trois cent quatre-vingt-quatorze.

CHAPITRE ONZIÈME.

Le village d'Orcival et ses seigneurs. — Justice seigneuriale. — Châtelains. — Greffiers. — Notaires. — Écoles. — Familles. — Vie provinciale. — Guerres religieuses. — Bureau de contrôle. — Foires. — Population. — Écarts et hameaux.

L E vallon d'Orcival a été habité, on peut le croire, dès la plus haute antiquité. Les cours d'eau, nous l'avons déjà dit, ont toujours été une cause puissante d'agglomérations humaines ; et cette double circonstance d'une source sur le flanc de la montagne et d'un ruisseau au fond de la vallée, nous serait ici une raison suffisante pour émettre l'hypothèse très vraisemblable que les huttes gauloises ont précédé sur les bords du Sioulet les maisons du village. Sur le flanc de la montagne de Laufi, au-dessus de l'église, dans le jardin actuel du presbytère, ont été découvertes des inhumations qui appartiennent à une époque très reculée. Creusés dans le grès et superposés à la façon des *loculi* des catacombes romaines, ces tombeaux contenaient des ossements qui avaient pris le ton jaunâtre de la roche avec laquelle ils étaient en contact, et qui se sont réduits en poussière dès qu'on a tenté de les recueillir. Aucun objet religieux ou d'usage profane n'a été extrait de ces sépultures. Deux autres cimetières ont été retrouvés non loin de là : l'un au chevet de l'église, et probablement contemporain de l'édifice ; l'autre à proximité du Chancel, sous le lieu appelé *la tombe*. Celui-ci a précédé celui-là. Il présente des caractères d'inhumation bien connus, retrouvés dans les cimetières du haut moyen âge et des premiers siècles du christianisme. On n'y a pas encore rencontré de sarcophages monolithes, cercueils réservés aux personnages placés au-dessus du peuple par la fortune ou par la situation sociale ; mais toutes les tombes mises à découvert par les éboulements de la montagne ou par les déblais des travaux de vicinalité, ont été trouvées identiques : ce sont des cercueils construits en pierres plates, placées sur champ, sans traces de ciment quelconque, et recouvertes d'autres pierres posées à plat. Ces éléments de construction sont, pour la plupart, sans aucune marque de travail, et de nature minéralogique variée ; on voit que les constructeurs ont pris pour cette œuvre, des plus rudimentaires, toute pierre affectant la forme d'une dalle à peu près régulière, sans bien s'inquiéter des vides que pouvait laisser la juxtaposition. Tout fait supposer que les corps étaient déposés dans ces cercueils après avoir été simplement enveloppés d'un suaire, et nullement renfermés dans une bière en bois. Dans ce même cimetière ont été trouvés des vases funéraires, dont un seul a été recueilli à peu près intact. C'est un de ces petits vaisseaux de terre désignés sous le nom générique d'*ampulla*, au col étroit et au corps enflé comme une vessie (1). Était-ce un vase chrétien, destiné à contenir de l'eau bénite ? Était-ce un de ces vases païens qui avaient servi aux repas du défunt et qu'on mettait dans sa tombe ? Nous n'oserions nous prononcer sur cette question.

Tous ces vestiges de sépultures attestent incontestablement une longue série de siècles ; ils prouvent une très ancienne civilisation dans ce petit coin de terre de l'Auvergne, civilisation qu'on peut faire remonter à l'époque gauloise.

Quant aux documents écrits concernant notre village, ils sont, cela va sans dire, de date bien postérieure, car il faut arriver au déclin de l'époque carolingienne pour trouver les premiers linéaments d'une histoire politique un peu suivie ; il faut arriver à l'établissement des comtes héréditaires, vers la fin du IXe siècle. C'est seulement à partir de cette époque

---

1. **Anthony Rich**, *Dictionnaire des Antiquités romaines*.

qu'il est possible d'établir la chronologie des seigneurs d'Orcival.

Depuis le mariage de Bernard, fils du comte de Poitiers, avec Ermengarde, fille du comte d'Auvergne, vers 886, jusqu'à l'avènement de celui de nos comtes que l'histoire a nommé Guillaume VII ou Guillaume le Jeune, la terre d'Orcival fit partie du comté d'Auvergne ; ce qui représente une période d'environ cent quatre-vingts ans.

Lorsque la couronne comtale était portée par Guillaume VII, en vertu de la loi d'hérédité, son oncle, qu'on a appelé Guillaume VIII ou Guillaume le Vieux, lui suscita une querelle de famille, où la possession du comté se trouva en jeu. Soutenu par le roi d'Angleterre, l'oncle déposséda le neveu, vers le milieu du douzième siècle. L'usurpateur n'eut pourtant pas le pouvoir de dépouiller complètement sa victime. Il lui laissa une partie du patrimoine de ses ancêtres, comprenant les terres de Chamalières, Montrognon, Plauzat, Saurier, Issoire, Vaudable, Herment Rochefort, avec leurs dépendances et, par conséquent, Orcival, qui dépendait de cette dernière seigneurie. Ce démembrement du comté prit le nom de *Dauphiné d'Auvergne*, appellation empruntée à son propriétaire, Dauphin, comte de Clermont et de Montferrand, fils de Guillaume VII, et tige des seigneurs connus depuis sous le nom de *dauphins d'Auvergne*, qui eurent Vaudable pour capitale.

A une date qui n'est pas précisée par les documents, mais que les données historiques placent à la fin du douzième ou au commencement du treizième siècle, Dauphin vendit Orcival à la famille de Cros, autrement dite de Murat, en se réservant les droits de suzeraineté. Par un acte passé à Champeix, au mois de mai 1213, Dauphin et son fils Guillaume déclaraient ne posséder aucun droit de juridiction, coutume, redevance, milice, transport, tailles ou autres services féodaux, sur le village d'Orcival, ni sur l'église du lieu, ni sur les

habitants ; ils reconnaissaient que tous ces droits appartenaient à leurs fidèles vassaux les seigneurs de Cros, et qu'ils
n'avaient eux-mêmes que les droits de mutation et d'hommage
dus par un desdits seigneurs de Cros (1). Cette réserve du
droit de suzeraineté est encore attestée par l'acte de foi et
hommage que Robert, dauphin d'Auvergne, fit à Alphonse
de Poitiers, le mercredi après la fête de saint Martin d'hiver
1262. On lit dans cet acte : « Nous faisons connaître à tous
ceux qui liront ces lettres que nous tenons en franc fief de
très illustre et très excellent seigneur Alphonse, fils du roi
de France, comte de Poitiers et de Toulouse, les choses qui
suivent...... le fief d'Orcival, que les de Cros tiennent de
nous (2). » Deux autres documents des années 1260 et 1298
montrent que les dauphins d'Auvergne continuèrent de
s'intéresser au sanctuaire d'Orcival, même quand ils eurent
cessé d'en être les seigneurs usagers (3).

Les premiers personnages de la famille de Cros connus
comme seigneurs d'Orcival, sont : Geraud, archevêque de
Bourges, Guy, doyen du Chapitre cathédral de Clermont,
Adhémar, chevalier, et Pierre de Murat, tous frères. Le 13
juillet 1213, ils firent le partage de leurs biens patrimoniaux,
les divisant seulement en deux parties, l'une pour Guy et
Adhémar, l'autre pour Geraud et Pierre ; ils stipulèrent de
plus qu'Orcival et tout ce qui était compris entre les cours
d'eau de la Clidane et de la Burande resterait indivis entre
eux (4). Dans la suite la terre d'Orcival appartint aux héritiers de Pierre de Murat, seigneurs de Vernines. Après
l'extinction de cette branche, elle passa aux de Murat, sei-

1. Baluze, *Histoire généalogique de la Maison d'Auvergne*, tome II,
page 254.

2. Ibid., page 273.

3. Ibid., ibid. — Mss. Crouzeix, Extraits des arch. de Mercœur, Bibl. de
Clermont.

4. Baluze, loc. cit., p. 254.

gneurs d'Allagnat, issus d'une branche cadette. Le 7 novembre 1461, Gilbert et Jacques de Murat, seigneurs d'Allagnat, autorisèrent Guy de Puy-Reynaud, leur vassal, à cause d'Orcival, à construire au lieu de Puy-Reynaud ou Villessebroux un château ou forteresse, à condition qu'ils auraient le droit d'y enfermer les malfaiteurs arrêtés par leurs ordres. Jacques de Murat, fils de Gilbert, est encore qualifié seigneur d'Orcival en 1483. Sous la même date, Pierre de Cros, seigneur dudit lieu, de Vareille et en partie d'Orcival, confirmait au Chapitre une donation de six livres et de six septiers de blé, payable par son receveur d'Orcival jusqu'à ce qu'il y aurait pourvu autrement (1).

Vers cette époque, la terre d'Orcival passa à la famille de Châlus-Lambron. Jean de Châlus, Amblard de Châlus, son fils, et autre Jean de Châlus, son petit-fils, la possédèrent successivement. Ce dernier épousa, vers 1550, Jeanne de Chabannes, fille de Joachim et de Catherine-Claudine de la Rochefoucauld. Devenue veuve, cette dame vendit une partie de la terre d'Orcival à la famille d'Alègre (1583) (2).

A partir de ce moment, les droits de seigneurie appartinrent en partie aux de Châlus et en partie aux d'Alègre, qui se qualifiaient les uns et les autres seigneurs d'Orcival. Cet état de choses dura jusqu'en 1659. Le 24 mai de cette année, Gilbert de Châlus, chevalier, marquis de Saint-Priest, baron de Cordès et d'Orcival, fils de Claude et petit-fils d'autre Gilbert, se voyant poursuivi par ses créanciers, consentit la vente des terres de Cordès, Orcival, Vanges et leurs dépendances, à Emmanuel, vicomte d'Alègre, moyennant la somme de 105.500 livres payable auxdits créanciers. Cette vente demanda le consentement simultané des frères du vendeur, qui étaient Gilbert et François de Châlus (3).

---

1. Chabrol, *Coutumes d'Auvergne*, tome IV, aux articles Orcival et Châlus.

2. Arch. du P.-d.-D. Chapitre d'Orcival.

3. Idem.

Emmanuel, vicomte d'Alègre, acquéreur des terres d'Orcival et de Cordès, était le cinquième fils de Christophe d'Alègre et de Louise de Flageac. Il épousa Marie de Rémond de Modène. De ce mariage naquit Yves, marquis d'Alègre, maréchal de France, seigneur de Tourzel, Meilhaud, Saint-Cirgues, Champeix, Flageac, Aubusson, Aurouze, Saint-Vincent, Saint-Floret, Salezuit, Orcival, Cordès, Laudines, Chabreughol, Montaigut-le-Blanc, etc., chevalier des Ordres du roi, gouverneur et lieutenant général des villes et citadelles de Metz et du pays Messin; mort le 9 mars 1733, à l'âge de 80 ans.

De son mariage avec Jeanne-Françoise de Geraud de Caminade, le maréchal d'Alègre laissa trois filles : Marie-Thérèse-Delphine-Eustochie, qui épousa, le 11 janvier 1696, Louis-Marie le Tellier de Barbezieux, secrétaire d'État ; Marie-Marguerite, mariée, le 6 janvier 1705, avec Philippe-Eugène-François-Joseph de Recours-Lenslicques, comte de Rupelmonde ; elle fut dame du palais de la reine ; Marie-Emmanuelle, accordée en mariage, le 26 janvier 1713, à Jean-Baptiste-François Desmaret, marquis de Maillebois, plus tard maréchal de France (1).

Les seigneuries d'Orcival et de Cordès furent attribuées, dans le partage des biens de famille, à l'aînée de ces trois filles, Marie-Thérèse-Delphine-Eustochie, marquise de Barbezieux. Sa fille, Madeleine le Tellier, les porta dans la maison d'Harcourt par son mariage avec François, duc d'Harcourt, fils d'Henri, né le 4 octobre 1689, mort le 31 mai 1750. Comme son père, François d'Harcourt fut élevé à la dignité de maréchal de France, quatre ans avant sa mort, le 22 octobre 1746. Il exerça une fois son droit de collateur à une prébende sacerdotale du Chapitre d'Orcival, en faveur de François Rochette (2).

---

1. Chabrol, *Coutumes d'Auvergne*, tome IV, page 49.

2. *Biographie universelle.* — Minutes de l'étude de M. Sarciron, à Rochefort, provenant de l'ancienne étude d'Orcival.

Après le duc d'Harcourt, figure, comme seigneur d'Orcival et de Cordès, Pierre Grangier, écuyer, avocat au parlement, habitant la ville de Riom. Il mourut au château de Cordès, à l'âge de 83 ans, et fut inhumé dans l'église d'Orcival, le 16 octobre 1777. De son mariage avec Jeanne Rigaud de la Chabanne naquit François Grangier, écuyer, conseiller honoraire en la sénéchaussée et siège présidial de Riom, seigneur d'Orcival et de Cordès, qui fut père de Pierre Grangier, écuyer, officier de cavalerie, seigneur d'Orcival et de Cordès. Par acte passé au château de Cordès, le 22 septembre 1786, en vertu de son droit de collateur à une prébende sacerdotale au Chapitre d'Orcival, Pierre Grangier nomma Pierre Artonnet en remplacement de défunt François Rochette (1).

La famille Grangier de la Mothe est restée propriétaire du château de Cordès jusqu'en 1873, époque où elle le vendit à M. Martha-Becker, comte de Mons. Le petit-fils de M. Martha-Becker, M. le comte de Bonnevie, en est actuellement propriétaire.

Au point de vue judiciaire, Orcival dut ressortir d'abord de la châtellenie de Rochefort, jusqu'à l'époque où Dauphin en céda la propriété à la famille de Murat de Cros. Cette cession ne réservait d'autre droit que celui de suzeraineté, et l'acte de déclaration de 1213 dit formellement que Dauphin n'a plus sur Orcival aucun droit de juridiction ; il s'ensuit donc que du jour où les seigneurs de Murat devinrent seigneurs d'Orcival, ils y établirent un siège de justice ou, comme on disait alors, une châtellenie. Les officiers de ces petites justices seigneuriales étaient : le juge ou châtelain qui rendait la justice au nom du seigneur ; le lieutenant, qui le suppléait en cas d'empêchement; le procureur général, qui représentait notre parquet actuel ; les procureurs ou avocats des parties citées en justice ; le greffier, qui rédigeait les actes judiciaires ;

___

1. Arch. municipales d'Orcival, Registres de catholicité. — Minutes notariales de M. Sarciron à Rochefort.

les sergents ou huissiers, qui signifiaient les assignations et les jugements ; les notaires, qui rédigeaient les actes civils. Nous avons retrouvé quelques-uns de ces officiers, dont les noms suivent, avec les variantes des qualificatifs qui les accompagnaient dans nos documents.

Châtelains. — Martin Charrier, notaire et bailli de la cour temporelle du lieu d'Orcival (1464). Étienne Delafarge, châtelain des justices d'Orcival et de Cordès (1581). Léger Tournadre, châtelain d'Orcival, procureur en la sénéchaussée et siège présidial de Riom (1632). Louis Roux, châtelain d'Orcival (1648). Antoine Sarlière, châtelain et juge ordinaire en la baronnie d'Orcival (1669-1697). Jean-Baptiste Rochette, châtelain de la terre d'Orcival (1725-1767) ; son acte d'inhumation, du 2 février 1767, le qualifie bailli d'Orcival. Joseph Bonnet, juge d'Orcival, procureur d'office à Saint-Bonnet (1779). Blaise Couvreuil, châtelain d'Orcival (1790).

Lieutenants. — Antoine Delafarge, lieutenant en la baronnie d'Orcival (1635). Antoine Charrier, lieutenant de la justice d'Orcival et de Cordès, mort avant 1752. Alexis Chandezon, lieutenant de la justice d'Orcival (1786).

Procureurs d'office. — Michel Laurdon (1633). Jean Bonnet (1648). Antoine Charrier (1694). Annet Charrier, procureur d'office des terres d'Orcival et de Cordès (1704).

Greffiers. — Antoine Charrier (1606-1627). Pierre Delafarge (1628). Louis Sarlière (1635).

Pierre Delafarge (1663-1701). Annet Delafarge (1693-1732). Louis Nicolas (1739-1785), mort le 9 octobre 1785, à l'âge de 87 ans.

Huissiers. — Guillaume Desparins (1632). Antoine Chabreyras (1670). Jean Molin (1719). Michel Battut (1767). Joseph Aubignat (1779). Jean Nicolas, mort le 29 thermidor an X, 16 août 1802.

Notaires. — Jean Charrier (1455). Martin Charrier (1464). Antoine Pontaize (1459-1513). Prohet (1482). Durand Delafarge (1494-1516). Pierre Charrier (1503). Louis Bonnet (1517). Antoine Becaine, mort avant 1511. Jean Becaine, fils et successeur du précédent (1532). Gilbert Becaine (1528). Delafarge (1530). Rochette (1553). Étienne Delafarge (1577-1590). Étienne Charrier (1597). Michel Delafarge, mort avant 1606. Delafarge (1610-1646). Sarliève (1634). Augière (1635). Louis Roux (1630-1669). Blaise Chardon (1630-1660). Jean Becaine (1648). Bouchaudy (1661). Delafarge (1664). Antoine Sarliève (1669-1697). Delafarge (1690). Pierre Sarliève, fils d'Antoine (1706-1732). Étienne Pigeon, mort le 8 mai 1727. François Arnaud (1705-1713). Joseph Becaine (1735). Jean-Baptiste Rochette (1750-1767). Joseph Bonnet (1777), mort le 1er pluviôse an IX (20 janvier 1801). Alexis Rochette (1783). Jean-Baptiste Rochette (1800-1827) (1).

On peut remarquer par les dates ci-dessus qu'Orcival a compté dans son sein jusqu'à quatre études de notaire, et qu'il en a eu trois pendant tout le cours du dix-septième siècle.

Longtemps on a dit et affirmé que, dans la vieille France, on n'avait jamais rien fait pour l'instruction du peuple ; longtemps on s'est plu à faire croire à une coalition de l'Église et de l'État, avant la Révolution, pour maintenir nos pères dans une ignorance qui servait les desseins de l'absolutisme et de la théocratie. Il est des gens qui, dans leurs

---

1. Arch. municipales d'Orcival, Reg. de catholicité. — Arch. du P.-de-D. Chap. d'Orcival, passim.

passions aveugles, voudraient empêcher l'histoire d'exister, et qui, comme l'a écrit Lacordaire, « rassemblent contre elle le silence des quatre vents du ciel. » Mais la vérité est plus forte que tout ; elle entraîne ceux-là mêmes qui l'ont en exécration, et, malgré les obstacles amoncelés, il faut que l'histoire passe son chemin.

Elle passe son chemin, l'histoire, aujourd'hui plus que jamais, grâce aux patients labeurs, grâce aux consciencieuses recherches des érudits contemporains ; et nous la rencontrons jusque dans cet obscur vallon d'Orcival, nous apprenant que les habitants de ce hameau reçurent, dès les temps les plus anciens, les bienfaits d'une solide et très complète culture intellectuelle. D'ailleurs, il était déjà facile de prévoir que dans un lieu où a été particulièrement honorée « Celle qui voit les choses de DIEU dans la lumière de DIEU, *In lumine tuo videbimus lumen* (1), » on ne saurait trouver l'ignorance régnant en souveraine sur l'esprit humain.

A une époque dont nous ne pouvons préciser la date, parce que les documents font défaut, une école ecclésiastique s'était établie auprès du sanctuaire de la Madone, et, au XIIIe siècle, cette école était florissante, car le dimanche avant la fête de saint Denis, 1287, nous voyons Simon de Beaulieu, archevêque de Bourges, en tournée de visite provinciale à Orcival, conférer la tonsure à un certain nombre de clercs appartenant à cette sorte de séminaire. « *Dominica sequenti, scilicet ante festum sancti Dyonisii, venit apud Orcivallem ; ubi celebravit, prædicavit, fecit tonsuras, et fuit procuratus à Capitulo dicti loci. Summa expensarum VII libræ et VI solidi. Tunc de consilio Claramontensis episcopi et præpositi dimisit iter suum de eundo apud Aureliacum, quia dicebant vias esse intolerabiles propter frigus* (2) ». De là il passa au prieuré

---

1. Psaume XXXV, 18.

2. Baluze. *Miscellanea*, tome IV, pag. 299. Edit. in-f°.

de Briffons, où il conféra aussi la tonsure. Disons, d'ailleurs, à l'appui de notre thèse, que dans toutes les abbayes, dans toutes les collégiales de chanoines réguliers, dans la plupart des prieurés, qui couvraient le sol de notre ancien diocèse, Simon de Beaulieu, faisant sa visite en vertu de son droit de primat d'Aquitaine, trouva des écoles et initia des étudiants à la cléricature, en leur donnant la tonsure.

Les directeurs de ce haut enseignement, à Orcival, étaient les chanoines, qui tenaient aussi une école plus modeste destinée à tous les enfants de la contrée, et connue sous le nom de « maîtrise ». Le 6 mai 1646, Gilbert, marquis de Saint-Priest, baron d'Orcival, Cordès et Douaresse, donnait au Chapitre une maison couverte en tuiles, avec basse-cour, située entre la halle et la rivière, qui fut affectée à cette maîtrise. Le donateur venait de l'acquérir d'Antoine Chabreyras, et quoique l'acte ne le dise pas formellement, on peut croire qu'il l'avait achetée en vue de favoriser cette école de village, probablement installée dans des conditions devenues insuffisantes (1).

Plus tard, à côté de cette maîtrise, se fonda une école régentée par un maître laïque, ainsi que le constate le procès-verbal de visite de Mgr Bochard de Saron, du 6 septembre 1700, où nous lisons ce qui suit : « Il y a un maître d'école qui n'enseigne que les garçons, et une maîtresse qui n'enseigne que les filles. » Mais cette école devait peser d'un poids un peu lourd dans le budget de la paroisse, qui n'était pas riche. Elle fut supprimée ; et les bons chanoines recommencèrent, chacun en son particulier, à faire la classe aux enfants qui se présentaient. Les procès-verbaux de visite pastorale (2) de Massillon (21 mai 1727), et de Mgr de Bonal

---

1. Arch. du P.-de-D. Chap. d'Orcival, liasse 11.

2. Bibl. du Grand Séminaire. Procès-verbaux de visites pastorales.

(21 septembre 1787), disent qu'il n'y a point d'institu-
teur (1).

Il faut, cela n'est pas douteux, attribuer à ces divers foyers
intellectuels, et spécialement à la maîtrise du Chapitre, la
naissance de toute cette bourgeoisie qui, dans les siècles
passés, fit d'Orcival un centre de vie active et de vraie civilisation au sein des montagnes de l'Ouest. Nombreuses en
effet étaient les familles notables dans cet humble village, et

---

1. Orcival possède actuellement deux écoles congréganistes et deux écoles
laïques. L'école congréganiste destinée à l'éducation des jeunes filles est
dirigée par les Sœurs du Sauveur et de la Sainte Vierge. Sa fondation remonte au mois de mai 1834. Les circonstances qui la précédèrent se rapportent assez directement à l'histoire de notre sanctuaire pour que nous les
exposions brièvement.

Madame du Bourg, religieuse de Saint-Alexis de Limoges sous le nom de
Sœur Marie de Jésus, et fondatrice de la Congrégation du Sauveur, était
venue deux fois en pèlerinage à Orcival, pendant les années 1829 et 1831.
Son historien a jeté un voile discret sur les communications surnaturelles qui
s'établirent, dans notre antique basilique, entre la Mère de Dieu et cette âme
d'élite ; mais il résulte de son récit que la Sainte Vierge favorisa son humble
servante de faveurs extraordinaires, qu'elle lui promit une protection spéciale, et lui exprima le désir de voir une communauté de sa future Congrégation s'abriter à l'ombre de notre sanctuaire. Cette scène intime paraît
être conservée comme un précieux souvenir dans les annales du Sauveur,
car on a pris soin de la retracer dans une peinture sur toile qui figure parmi
les ex-voto de l'église d'Orcival.

Après avoir fondé la première communauté de son Ordre à Terrasson, dans
le département de la Dordogne, Madame du Bourg s'occupa de fonder celle
d'Orcival. Elle y fut aidée par une ancienne religieuse hospitalière, appelée
Sœur Anastasie, qu'elle connut probablement à Orcival, et qui lui offrit une
maison achetée par elle en vue d'une fondation religieuse. Tout étant réglé
entr'elles, Sœur Marie de Jésus partit pour Evaux, où était son noviciat
provisoire, fit prendre l'habit à deux de ses postulantes, le 13 mai 1834, et
les conduisit immédiatement à Orcival. Elle se plut à donner à la nouvelle
communauté le nom de Bethléem, à cause sans doute de son extrême pauvreté et du délabrement de la maison que Sœur Anastasie avait fait réparer
non sans peine et très sommairement.

L'école congréganiste pour les garçons a été fondée en 1887 par les soins
de M. Mallet, curé actuel. Elle est dirigée par les Frères des Écoles chrétiennes.

en feuilletant les vieux titres, en compulsant les registres baptistaires, les terriers poudreux, on retrouve bien des noms aujourd'hui disparus, bien des hommes qui ont fait quelque figure dans le monde et qui sont maintenant oubliés. Nous pensons qu'il n'est pas sans intérêt de mentionner quelques-unes des familles d'Orcival. N'est-ce pas, d'ailleurs, le rôle de l'histoire de souffler sur les cendres amoncelées, afin que ressuscitent et apparaissent à nos yeux ceux qui nous ont précédés, ancêtres à l'âme forte et au cœur croyant, dont nous avons à suivre les traditions d'honneur et de vertu ?

Arnaud. — Cette famille paraît s'être implantée à Orcival seulement vers la fin du XVIIᵉ siècle. François Arnaud, notaire royal, avait épousé Françoise Delafarge. Nous ne leur connaissons d'autre enfant qu'Antoinette Arnaud, baptisée le 11 février 1692.

Augière. — Trois personnages de ce nom nous sont connus : Augière, notaire royal, fit la lève des biens du Chapitre en 1635 ; Guillaume Augière, chanoine, donna au Chapitre la somme de deux cent quarante livres pour fondations pieuses (1629) ; Urbain Augière, chanoine en 1650.

Becaine. — Antoine Becaine, notaire royal, mort dans les premières années du XVIᵉ siècle, avait épousé Catherine de la Maronie, dont il eut : 1° Pierre Becaine, chanoine (1489-1511). 2° Jean Becaine, notaire, exerçant encore en 1532. 3° Antoine Becaine, vivant en 1532. 4° Antoinette Becaine, mariée à Louis Delafarge. — D'une autre souche descendaient Durand Becaine, chanoine d'Orcival et curé du Puy-Saint-Gulmier (1502), et Gilbert Becaine, notaire (1528). — En 1592 vivaient Pierre, Gabriel, Antoine Becaine, qualifiés honorables hommes, et Michel Becaine, chanoine. — Vers 1630, on trouve Pierre, Étienne et Jean Becaine, celui-ci praticien en 1632, et notaire en 1648.

Branche des seigneurs de Farges. — Honorable homme Martin Becaine épousa damoiselle Marie Delaudouze, qui fit son testament au lieu de Farges, paroisse de Saint-Bonnet, le 17 octobre 1630. Ils laissèrent, comme descendant noble Jean de Becaine, commissaire de l'artillerie de France (1648), qui épousa Anne Gaignon. De ce mariage vinrent : 1° noble Michel de Becaine, lieutenant de l'artillerie de France, chevalier de l'Ordre royal et militaire de Saint-Louis, qui dicta son testament au lieu de Farges, le 20 mai 1729, dans lequel il demandait à être enterré dans l'église d'Orcival, au tombeau de ses ancêtres, et désignait comme héritiers Michel de Becaine, fils de M. de Becaine de Bourdessoles, ses neveux Delafarge, sa nièce Antoinette Daubigny, ses neveux et nièces Vialle. 2° Antoinette Becaine, mariée le 3 novembre 1693 avec Annet Delafarge, greffier de la terre d'Orcival, dont un fils, Antoine Delafarge, fut seigneur de Farges. — La branche restée à Orcival s'éteignit dans le cours du XVIIIᵉ siècle. Les derniers connus sont : Marie Becaine, femme de Blaise Couvreuil, bourgeois (1710) ; Jean Becaine, chanoine, mort le 21 janvier 1725 ; Joseph Becaine, notaire et châtelain de Rochefort en 1735.

Bonnet. — Les premiers personnages qui se présentent sous ce nom sont Géraud Bonnet, chanoine, et Guillaume Bonnet, son frère (1455). Viennent ensuite un doyen du Chapitre et six autres chanoines, un curé d'Orcival, un juge de la châtellenie, deux notaires. Une branche de cette famille alla se fixer à Rochefort et compta parmi ses rejetons Jean Bonnet, propriétaire du domaine de la Croix, près Orcival, procureur d'office puis châtelain du comté de Rochefort (1606-1648).

Charrier. — Jean Charrier était notaire à Orcival en 1455, et Martin Charrier en 1464. Cette famille a fourni deux autres notaires, un doyen du Chapitre et plusieurs chanoines, deux curés d'Orcival, un lieutenant de la justice, deux procureurs d'offices, un greffier, bon nombre d'hommes de guerre. Noble Étienne Charrier, garde du corps du roi, vivait en 1635. François Charrier, exempt des gardes du corps de Sa Majesté, frère d'Antoine Charrier, doyen du Chapitre, mourut le 15 août 1694. Autre François Charrier, écuyer du roi, marié avec Marguerite Baraduc, est mentionné en 1697.

Au dix-huitième siècle cette famille se divisa en plusieurs branches, qui prirent chacune le nom d'une propriété.

Charrier de Fléchat. — Noble Jean Charrier de Fléchat, écuyer du roi, épousa Jacquette Maugue, dont il eut : 1º Michel Charrier de Fléchat, écuyer, sieur d'Ancour, marié, le 29 janvier 1732, avec Marie Delafarge, fille d'Annet, greffier de la terre d'Orcival, et de Françoise Becaine. 2º Antoine Charrier de Fléchat, sieur de Rigaumont, écuyer, chanoine, mort le 10 février 1754. 3º Joseph-Austremoine Charrier de Fléchat, écuyer, marié avec Marie Andraud, dont : A. Jeanne, baptisée le 8 août 1733, eut pour parrain Antoine Charrier de Rigaumont, son oncle paternel, et, pour marraine, Jeanne Andraud, sa tante maternelle, du lieu de Saint-Nectaire. B. Anne-Jeanne, baptisée le 29 décembre 1743, eut pour parrain Jacques de Chabannes de Curton, et pour marraine Jeanne Charrier, sa sœur. 4º Marie, née le 12 mai 1702, figure dans plusieurs actes sous le nom de Marie de Rigaumont. 5º Anne, baptisée le 6 mai 1703, fut mariée, le 12 février 1726, avec François Charrier du Breuil, lieutenant au régiment de la Fare, fils de feu François, bourgeois d'Antérioux, paroisse de Nébouzat.

Jean Charrier de Fléchat, écuyer, sieur de Chambes, chevalier de l'Ordre royal et militaire de Saint-Louis, maréchaldes-logis de la compagnie des chevau-légers de la garde du roi, capitaine de cavalerie, fut inhumé à Orcival, le 17 septembre 1762.

Antoine-Marie Charrier de Fléchat, officier au régiment de Hainaut, épousa Geneviève Luzuy de Maillargues, dont il eut Antoine Charrier de Fléchat, chevalier, baptisé le 21 août 1766. Antoine-Marie figure au procès-verbal de l'ordre de la noblesse de la sénéchaussée de Clermont, 17 mars 1789.

Charrier de Lachaux. — Noble Michel Charrier de Lachaux, capitaine au régiment de la Fare, épousa Marianne Delafarge, dont il eut : 1° Marianne, baptisée le 10 mai 1711. 2° Étienne, né en 1715, chantre du Chapitre, mort le 28 juin 1789. 3° Anne, née en 1717, mariée à Christophe Couvreuil, de Saint-Bonnet, morte le 30 mai 1789. 4° Antoine, officier aux Invalides, pensionné du roi, marié avec Marie Désortiaux, dont il eut Jean-Charles Charrier de Lachaux, baptisé le 22 février 1779. 5° Jean-Baptiste, baptisé le 10 mai 1725, eut pour parrain noble et puissant seigneur messire Jean-Baptiste de Chabannes-Curton.

Charrier de Conchard. — Pierre-Joseph Charrier épousa Jeanne de Brissac, dont il eut : 1° Annet Charrier de Conchard, né en 1698, chantre du Chapitre, mort le 14 septembre 1772. 2° Jeanne Charrier de Conchard, mariée à François Cougoul de la Monne.

Charrier du Breuil. — Les archives d'Orcival ne nous ont fourni d'autres noms que ceux de François Charrier du Breuil, bourgeois d'Antérioux, et de François Charrier du Breuil, son fils, lieutenant au régiment de la Fare, ci-dessus mentionnés.

Cougoul. — Cette famille ne paraît pas originaire d'Orcival, mais du Vernet Sainte-Marguerite. Trois fiefs dont elle avait emprunté les noms, Ludière, Solignat et la Monne, sont en effet des localités de cette dernière paroisse, et nous trouvons même un personnage qui s'intitule Cougoul du Vernet. Quand et comment fut-elle amenée à Orcival ? Nous ne saurions le dire ; mais nous ne l'y rencontrons qu'à la fin du XVIIe siècle.

Cougoul de Ludière. — Joseph Cougoul de Ludière, écuyer, commissaire et secrétaire du roi, mort à Orcival, le 29 mai 1732, avait épousé Légère Neyron, fille d'Antoine Neyron, seigneur du Buisson et de la Tartière, président en l'élection de Clermont, dont il eut : Antoine Cougoul, baptisé dans l'église d'Orcival, le 31 octobre 1694. Il porta le titre de sieur de Solignat jusqu'à la mort de son père, et prit ensuite celui de sieur de Ludière. De son mariage avec Clauda Bonniol naquirent : 1° Anna-Clauda, baptisée le premier août 1722, eut pour parrain Joseph Cougoul, son grand-père, et pour marraine damoizelle Clauda Villot, de Saint-Saturnin. 2° Joseph Cougoul de Ludière, baptisé le 12 février 1725, marié, en 1762, avec Marie-Jeanne de Champflour, fille d'Hugues-Geraud de Champflour, conseiller en la cour des aides de Clermont, et de Maria-Anne Laville. Le 3 frimaire an II (23 novembre 1793), il fut arrêté avec ses trois filles, et ses biens furent mis sous le séquestre, en vertu de l'arrêté du représentant du peuple Musset.

Entré dans la maison de réclusion de la commune de Clermont, qui était l'ancien couvent des Ursulines, le 6 avril 1794, il en sortit le 3 mai suivant et se retira à Saint-Saturnin.

Cougoul de la Monne. — La première génération de ce nom compte : Jeanne Cougoul de la Monne (1724) ; Anne Cougoul de la Monne, femme de M. Ardilhon, de Rochefort (1727) ; Magdelaine Cougoul de la Monne, mariée, le 20 février 1728, avec Louis Achard, bourgeois de Plauzat ;

François Cougoul de la Monne, procureur fiscal, marié avec Jeanne Charrier de Conchard, dont il eut : 1° Joseph Cougoul de la Monne, baptisé le 4 mars 1722, chanoine et curé d'Orcival, mort le 6 fructidor an IV (23 août 1796). 2° Annet-Joseph, baptisé le 16 mars 1723, chevalier de l'Ordre de Saint-Louis, mort le 7 nivôse an VIII (27 décembre 1800), 3° Annet, baptisé le 13 juin 1727, chanoine d'Orcival, mort le 22 avril 1798.

Cougoul des Rois. — François Cougoul des Rois, gendarme du roi (1758), officier aux Invalides (1786), épousa Jeanne Ducreux, fille de Claude Ducreux, chirurgien major, originaire de Nevers, mort à Orcival, le premier mai 1770. Il en eut François Cougoul des Rois, baptisé le 2 octobre 1758.

Cougoul de Brinsac. — François Cougoul de Brinsac, sous-brigadier de la garde du roi, chevalier de l'Ordre de Saint-Louis, né en 1694, fut inhumé à Orcival, le 24 septembre 1770.

Cougoul Puy-Reynaud. — François Cougoul Puy-Reynaud, chanoine d'Orcival, mourut le 10 mars 1771.

Cougoul du Vernet. — Antoine Cougoul du Vernet, ancien gendarme du roi, chirurgien-juré, âgé de trente-neuf ans, fut inhumé à Orcival, le 11 avril 1775.

Delafarge. — Ce nom est assurément celui qui revient le plus souvent dans les annales d'Orcival. Sa forme latine « de Fargia » indique qu'il a été pris d'un nom de lieu, qui pourrait être Farges, paroisse de Saint-Bonnet. Le premier personnage connu est Jean Delafarge (1424). Cette famille a fourni un doyen et une douzaine de chanoines au Chapitre ; un châtelain, un lieutenant, trois greffiers à la justice ; sept ou huit notaires ; un employé à la recette des tailles du bureau de Clermont ; plusieurs gardes du corps. Annet Delafarge, greffier de la justice d'Orcival, épousa, le 3 novembre 1693, Françoise Becaine, fille de noble Jean de Becaine et d'Anne Gaignon. De ce mariage vinrent : 1° Antoine Delafarge, chanoine, mort en 1751. 2° Michel Delafarge, baptisé le 16 novembre 1697, licencié en droit canon, chanoine et doyen du Chapitre d'Orcival, mort le 11 avril 1778. 3° Marie, qui épousa Michel Charrier de Fléchat, le 29 janvier 1722. 4° Antoine Delafarge, né en 1699, écuyer, porte-enseigne dans les gardes du corps du roi, chevalier de l'Ordre de Saint-Louis, devint seigneur de Farges, par succession de son oncle Michel de Becaine. Il épousa, en 1750, Marguerite Ribeyre, fille de Joseph Ribeyre, notaire royal à Rochefort, et de Jeanne Nicolas. Il mourut le premier janvier 1784, laissant : 1° Joseph Delafarge, écuyer, sieur de Farges, garde du corps du roi, qui acheta le château et fief de Rioux, et épousa Marie-Anne Urion. 2° Marie, baptisée le 1er avril 1756.

Les trois derniers descendants de cette famille ont été Léon, Antonin et Guillaume Delafarge. Celui-ci, mort le dernier, était le propriétaire de Rioux et conseiller général du canton de Rochefort.

Une autre branche de la famille Delafarge habitait le village de Seignemaud. Michel et Mathieu de la Farge, fils de feu Bertrand, du lieu de Senimault (sic), reconnurent devoir au Chapitre un cens d'un quarton de seigle, pour une *absolution* sur leur tombeau, *le jour des âmes* (1505). Bertaud et Jammes de la Farge, de Senymaulx (sic), firent la même reconnaissance en 1511. Jacques de la Farge, de Senymault, confirma ce sens en 1536. Leur tombeau, situé dans l'église, était désigné sous le nom de *tombeau de Seignemault* (sic) (1).

Desparrins. — Cette famille, connue à Orcival vers la fin du XVIe siècle, a donné deux chanoines au Chapitre.

Duteilh. — Les vocations libérales de cette famille

. Arch. du P.-de-D. Chapitre d'Orcival, terrier rouge, cote 1.

semblent s'être tournées vers la chirurgie ; nous trouvons Étienne Duteilh, chirurgien et barbier (1590) ; Pierre Duteilh, chirurgien (1631-1656) ; Antoine Duteilh, chirurgien (1661).

Moulin. — Les descendants actuels de cette famille affirment sur bonnes preuves qu'ils ont une souche commune avec les Moulin de la Tour. Nous ne connaissons que deux personnages de ce nom ayant habité Orcival avant la Révolution : Louis Moulin, praticien (1728) ; Pierre Moulin, bourgeois, marié à Louise Sarlière (1779).

Pontaize. — Ce nom patronymique a été probablement emprunté au mas de la Pontézie, dans la paroisse de Vernines, mentionné dans nos terriers du milieu du XVe siècle. Jean Pontaize, seul représentant connu de sa génération, laissa cinq fils : 1° Antoine Pontaize, notaire juré de la cour de Montferrand, né en 1434, exerça ses fonctions à Orcival de 1459 à 1513 ; 2° Jean Pontaize, hôtelier *(hostallarius)*, figure dans une enquête pour le Chapitre en 1464 ; 3° Michel Pontaize, chanoine (1477-1517) ; 4° Antoine Pontaize, chanoine (1492) ; 5° Claude Pontaize, curé de Rochefort (sic), reconnut tenir du Chapitre une maison située à Orcival, derrière l'église, par acte de 1516. — Une autre branche, descendant d'Antoine Pontaize et de Catherine Vidalh, était représentée en 1503 par Antoine Pontaize, qui reconnut devoir au Chapitre un cens d'un quarton de seigle pour le tombeau où étaient inhumés son père, sa mère et son frère, Jean Pontaize.

Prohet. — Ce nom, qui rappelle un de nos plus célèbres jurisconsultes, commentateur de la Coutume d'Auvergne, était porté par une famille originaire d'une localité qui a disparu ou a changé d'appellation. Cette localité, désignée sous le nom de Mas, s'appelait « Toffaleychas, Tophaleychas, Touphaleychas, » et était située dans la paroisse d'Orcival, ainsi qu'il est formellement exprimé dans de nombreux titres du XVe siècle. Une branche de cette famille vint se fixer à Orcival, tandis que deux autres restèrent à Touphaleychas. Guillaume Prohet, bâtonnier *(bastonarius)* de l'église de la Bienheureuse Marie d'Orcival, Martin Prohet, prêtre, et Jean Prohet, courrier *(courrerius)*, déposèrent comme témoins dans une enquête pour le Chapitre en 1464. Jean Prohet, habitant du mas de Toffaleychas, figure comme héritier de Jean et de Gérald Prohet (1467). Louis Prohet, chanoine en 1464, mort avant 1495, avait fondé une Messe pour les défunts de sa famille, qui devait se célébrer avec diacre et sous-diacre, le jour de la fête des saints Fabien et Sébastien, moyennant une rente de quinze livres assise sur ses biens à Ardeyrolles. Laurent Prohet, chanoine (1477), Jean Prohet, chanoine, et Antoine Prohet, chorier de l'église d'Orcival (1492). N. Prohet, notaire (1482). Jean Prohet, chanoine (1497-1532), donna soixante livres pour les réparations de l'église, à condition que le Chapitre ferait dire une Messe tous les lundis de l'année, et chanterait à la suite un *Libera* sur le tombeau de sa famille. En 1507, Guillaume et Jean Prohet d'Orcival, Jean Prohet du mas de Touphaleychas, agissant pour lui et pour ses neveux, Jean et Gérald Prohet, firent une reconnaissance au Chapitre. Jean Prohet, fils de feu Pierre, vivait en 1514. Alys Prohet, femme de Louis Bonnet, notaire royal, figure avec son mari dans un acte de 1517.

Rochette. — Quatre notaires et deux chanoines sont les seuls personnages de ce nom qui soient arrivés à notre connaissance. N. Rochette, notaire, vivait en 1553. Jean-Baptiste Rochette, notaire dès l'année 1720, mourut à Orcival, le 2 février 1767, étant bailli de la justice du lieu. Alexis Rochette, fils du précédent, marié à Antoinette Désortiaux, remplit les fonctions de notaire de 1764 à 1798. Jean-Baptiste Rochette, fils d'Alexis, baptisé dans l'église d'Orcival, le 11 février 1765, marié à Benoîte Groine, fut notaire et maire d'Orcival au commencement de ce siècle. François Rochette, chanoine d'Orcival, nommé au Chapitre par le maréchal François d'Harcourt, seigneur de Cordès et d'Orcival, mourut en 1787. Jean-Baptiste Rochette, chanoine de la Sainte-Chapelle de Riom, fut incarcéré, comme prêtre insermenté, dans le Petit-Séminaire de Clermont, devenu prison ecclésiastique.

Roux. — Durand Roux, possessionné et probablement habitant à Soussat, paroisse d'Orcival, était mort en 1277. Étienne Roux, fils du précédent, fit une donation au Chapitre en 1277. Jean Roux, de Vaugaruyde, paroisse d'Orcival, épousa Marguerite de Puyrenaud, morte en 1532 ; de leur mariage était né Jean Roux de Vaugaruyde, qui figure avec son père dans l'acquisition d'un tombeau de famille, quelque temps après la mort de sa mère. Jacques Roux, diacre de l'église d'Orcival, et M. Roux, prêtre habitué de la même église, vivaient en 1581. Denys Roux, sieur de Villessebroux ou Puyrenaud, et Antoine Roux, seigneur de Vaugaruyde, figurent en 1606. Louis Roux était notaire et châtelain d'Orcival de 1630 à 1669. Louis Roux, chanoine, est mentionné en 1648, et Jacques Roux, clerc, en 1661.

Sarlière. — La première génération connue des membres de cette famille compte : Martin Sarlière, notaire (1606-1627) ; Louis Sarlière, greffier (1635). A la génération suivante appartiennent : Antoine Sarlière, chanoine (1692) ; Antoine Sarlière, chirurgien, mort le 4 juin 1692 ; Joseph Sarlière, chanoine, mort le 11 mars 1710 ; Antoine Sarlière, notaire et châtelain d'Orcival, mort le 15 juin 1697. Celui-ci avait épousé Marie Cluzel qui lui donna : 1° Joseph Sarlière, nommé à une prébende du Chapitre d'Orcival par Emma-

nuel, marquis d'Alègre, baron d'Orcival et de Cordès, le
1er octobre 1683, en remplacement d'Annet Dessaigne.
2º Pierre Sarlième, notaire royal, marié en premières noces,
le 15 février 1707, avec Antoinette Charrier, et en secondes
noces avec Jeanne de Sollord. De ces deux mariages il eut :
1º Antoine Sarlième, chirurgien, mort le 8 juillet 1785. 2º
Françoise, mariée avec Nicolas Battut, huissier, morte avant
1779. 3º Louis, soldat aux Invalides en 1779. 4º Marie, restée
célibataire. 5º Louise, mariée avec Pierre Moulin, bourgeois.
6º Aimé Sarlième, baptisé le 17 juillet 1732, mort sans postérité.

Tournadre. — Antoine Tournadre, chanoine et ensuite
doyen du Chapitre d'Orcival (1606-1635), Martin Tournadre, Léger Tournadre, châtelain d'Orcival, procureur en
la sénéchaussée et siège présidial de Riom, frères, vivaient
à Orcival en 1635. Ils furent probablement les derniers descendants de leur race, au moins à Orcival.

Parmi les familles qui restèrent dans la classe des laboureurs ou des marchands, plusieurs eurent quelques-uns de
leurs membres qui suivirent des carrières libérales. Nous pouvons citer les familles Aubignat, Chardon, Ducher, Debeaune,
Nicolas, Romat, Vallet, qui fournirent des chirurgiens et des
praticiens. Quant à celles qui donnèrent des prêtres à l'Église,
le nombre en est trop considérable pour les nommer.

On peut facilement évoquer par l'imagination la physionomie vivante et mouvementée que présenta jadis Orcival.
Son pèlerinage, fréquenté par cinq ou six provinces ; son
Chapitre avec les splendeurs des cérémonies religieuses ; ses
écoles, fréquentées par de nombreux élèves ; son siège de
justice avec les] châtelains, lieutenants, procureurs, greffiers,
sergents et notaires ; ses chirurgiens, donnant leurs soins

aux populations du voisinage ; ses vétérans, revenus au foyer après avoir noblement servi la patrie, tout cela mettait notre bourg dans des conditions exceptionnelles de prospérité matérielle. Et si maintenant l'on considère l'état actuel des choses, quel contraste ! et avec quelle vérité navrante peut être redit le mot du poète : *Quantum mutatus ab illo !* Le temps a peu à peu détruit les maisons à pignons, à ouvertures gothiques, à tympans armoriés ; il a éteint cette vie locale, et absorbé la petite ville dans cette monotone uniformité qu'on trouve aujourd'hui d'un bout à l'autre de la France. « Ah ! nous écrierons-nous avec l'historiographe d'une de nos villes de province, dans quelle erreur sont ceux qui croient que la patrie française a gagné quelque chose à cette centralisation excessive qui a tout détruit, tout effacé dans nos provinces, qui a enlevé tout caractère propre à nos villes et à nos villages, et nous a tous placés dans la dépendance absolue de la capitale ! Qu'ils sont fous, ceux qui pensent que cette vie particulière, si vive, si ardente, si animée des plus humbles paroisses, nuisait à l'unité de la nation ! L'unité de la nation ! quand fut-elle plus grande qu'aux jours de Bouvines ? Quand donc fut-elle plus admirable que sous Henri IV, Louis XIII, Louis XIV ? Avons-nous donc oublié notre histoire, pour croire que la France ne date que de l'époque où la centralisation moderne détruisit nos vieilles franchises locales ? »

Aux temps passés, on vivait là où Dieu avait jugé bon de vous mettre ; on faisait de son mieux, et il y avait du bonheur pour tous, parce que chacun se contentait de son sort. On naissait et on mourait à l'ombre du clocher de sa vieille église ; on avait des âmes d'enfant, croyantes et naïves, avec l'énergie des forts. On ne cessait pas d'espérer, parce qu'on ne cessait pas de s'appuyer sur Dieu. On regardait du côté du Ciel, là où se lèvent les aurores vermeilles, là où jaillissent les faisceaux de lumière. Aujourd'hui il n'y a plus qu'agitation et fièvre ; les horizons qui charmaient nos ancêtres n'ont plus d'attrait pour nous ; la poésie de la vie s'éteint ; l'esprit se ravale, parce qu'il s'absorbe dans les préoccupations terrestres ; on ne compte plus ni sur DIEU ni sur ses frères, mais uniquement sur soi-même ; les ressorts sont faussés et les énergies usées ; les patrimoines se fondent à la fournaise des vanités. Nos pères travaillaient pour l'éternité, et ils nous ont laissé des œuvres impérissables, ces cathédrales qui se dressent sourcilleuses au milieu de nos cités, ces basiliques romanes qui étalent encore leurs splendeurs ici et là sur notre sol provincial ; mais nous, qui ne travaillons que pour le temps, que laisserons-nous à ceux qui viennent ? Rien ; pas même peut-être la poussière de nos ossements. Les âges futurs nous ignoreront ; tous les flots de l'oubli passeront sur nous ; pas une vague ne soulèvera notre mémoire : ce sera le châtiment de notre égoïsme.

Il semblerait que, dans l'histoire de ce paisible vallon d'Orcival, il ne saurait être question de guerre, de pillage et de ruines. Sa situation n'a rien de stratégique ; quel puissant de ce monde aurait eu la pensée d'en faire le rempart de sa domination ? Cependant, si nous n'avons pas de renseignements certains sur les ravages exercés en ces lieux par les grandes compagnies, au XIVe et au XVe siècles, nous savons qu'à la fin du XVIe siècle, des bandes de partisans répandaient la terreur autour du sanctuaire de la Vierge. C'était au temps de nos luttes fratricides, alors que l'esprit d'orgueil, secouant le joug de l'Église, opposait des inventions humaines aux dogmes enseignés par JÉSUS-CHRIST. La nation qui avait répandu son sang sur tous les champs de bataille de l'univers, pour faire triompher le règne du CHRIST, ne pouvait entendre sans s'indigner les blasphèmes de la secte nouvelle, elle ne pouvait supporter sans frémir la prétention des nouveaux venus qui travaillaient à la déposséder du patrimoine religieux de ses aïeux. On sait les haines, les dévastations, les massacres que coûtèrent ces innovations, sans motif légitime, non moins opposées à l'unité nationale qu'à l'unité religieuse. On sait comment notre sol, subitement transformé en immense champ de bataille, fut sillonné en tous sens par des bandes armées, plus féroces que ne l'eussent été des bandes sans civilisation. Une d'elles s'abattit un jour sur Orcival. Elle était commandée par quelqu'un de ces chefs huguenots que le seul nom de Marie, Mère de Dieu, avait le privilège de mettre en fureur. Un double motif l'avait sans doute attiré vers ce lieu : le désir du pillage, mobile fréquent des excursions de cette époque, et la haine contre le célèbre sanctuaire dédié à la Vierge Immaculée. Les habitants, dépourvus de moyens de défense, s'enfermèrent dans leur église, prirent toutes les précautions possibles pour y soutenir un siège, et placèrent surtout leur confiance en celle que l'Église appelle la Tour de David. Il aurait fallu à l'ennemi une assez puissante artillerie pour entamer les épaisses murailles du monument ; cette artillerie lui faisant défaut, il essaya vainement l'escalade, et dut se retirer après quelques jours d'efforts inutiles.

Jacques Branche, qui avait visité Orcival moins d'un siècle après cet événement, raconte que les habitants, enfermés dans l'église, étaient en proie à la soif, lorsque la Sainte Vierge, se laissant attendrir par leurs prières, fit jaillir au fond de la basilique « une belle fontaine. » Elle coulait encore de son temps, « et plusieurs malades beuvans ou se lavans de cette eau recouvrent la santé, et surtout ceux qui sont persécutez de la gale (1). » La fontaine ne coule plus aujourd'hui ; mais on voit encore, dans un parfait état de conservation, le tube qui conduisait l'eau et le bassin en

---

1. Jacques Branche, *Vie de Saincts et Sainctes d'Auvergne et du Velay.* Livre Ier, N.-D. d'Orcival.

coquille qui la recevait. Sous la tribune du narthex, dans l'axe de la grande nef, une ouverture en forme de cintre a été pratiquée dans le mur de clôture, qui se trouve en contre-bas du sol de plusieurs mètres : c'est là qu'apparaît la fontaine.

A cette même ouverture correspond un canal vertical, construit en maçonnerie, de forme rectangulaire, rampant sur la paroi extérieure du mur comme un tuyau de cheminée, puis s'arrêtant à la surface du sol, et recouvert d'une épaisse dalle. L'ouverture supérieure, fermée par cette dalle, a depuis longtemps disparu aux regards, par suite de la surélévation du terrain, provenant des déblais que les eaux ont fait glisser des flancs de la montagne. L'ouverture inférieure a été depuis longtemps aussi dissimulée par l'application des parpins verticaux qui supportent la fontaine. Cependant le souvenir de ce canal ne s'est jamais effacé de la mémoire des gens du pays ; il s'est transmis de génération en génération comme une tradition à laquelle s'attache quelque événement important. Lorsque, naguère, M. l'abbé Mallet, curé actuel, entreprit les intelligents travaux d'assainissement de l'église, et qu'il parla de construire un tunnel tout le long de la façade, sous la masse de terre contre laquelle s'appuie le mur d'enceinte, les habitants du village lui annoncèrent qu'il allait trouver la *Fichorbe*, que la *Fichorbe* se trouvait certainement là. Intrigué par ce mot étrange, le pasteur cherchait à savoir ce que pouvait bien être cette *Fichorbe*, ce que signifiait cette appellation ; mais personne ne pouvait le renseigner ni sur le mot ni sur la chose ; à toutes ses questions, il recevait cette invariable réponse : « Les anciens ont toujours dit que la *Fichorbe* se trouvait de ce côté de l'église. » Puissance de la tradition ! On ne connaissait plus la signification du mot, on ne savait plus quel objet il indiquait ; mais de génération en génération on se disait : la *Fichorbe* est là ! Or la *Fichorbe* était tout simplement le canal en question, que les travaux d'ouverture du tunnel mirent à découvert, canal parfaitement conservé, dans lequel un homme peut aisément monter ou descendre à l'aide d'une corde ou même d'une échelle placée verticalement. Et maintenant, d'où vient ce mot de *fichorbe*, conservé dans le seul dialecte d'Orcival ? Du Cange nous apprend, qu'en basse latinité du moyen-âge, *ficha* signifie *canal*, et que *orbare* est employé dans le sens de *priver de la vue ou aveugler ;* par conséquent, *fichorbe*, mot à mot *ficha orbata*, veut dire canal aveugle et, par extension, canal caché, soustrait à la vue. Cette singulière construction, collée au mur de l'église, entre l'édifice et la montagne, cachée à tous les regards, était donc certainement une issue secrète, permettant en temps de guerre d'entrer dans le monument et d'en sortir, la nuit, sans être aperçu des ennemis ; car l'ennemi, ayant cerné l'église de tous les autres côtés, ne pensait pas à la cerner du côté d'une montagne abrupte, par où il n'y avait aucune ouverture apparente.

En dehors du superbe sanctuaire de Notre-Dame, l'archéologue a peu à glaner dans le village d'Orcival. Deux maisons conservent seules le souvenir d'un passé dont les œuvres sont de plus en plus effacées par le temps et aussi par la main des hommes ; ces deux maisons, situées presqu'en face l'une de l'autre, sont dans la rue qui continue la route de Clermont.

L'une attire l'œil par une porte à tympan gothique sur lequel se voit un blason dont le meuble a été complètement gratté, mais qui conserve un orle de huit coquilles intactes. On remarque sans peine, par la différence des tons de la pierre, que le meuble était posé en bande, comme le sont les animaux héraldiques, désignés par l'épithète de *grimpants*. Une étude quelque peu attentive des blasons d'Auvergne, ou se rapportant à notre province par le séjour de personnages étrangers, permet de conclure indubitablement que ces armes sont celles de la première maison de Bourbon ou, comme disent les maîtres de l'art héraldique, de Bourbon l'ancien, qui étaient : « d'or, au lion grimpant de gueules, à l'orle de huit coquilles d'azur. » Mais quel est le personnage de Bourbon qui a posé son empreinte sur cette antique demeure ? Nous pensons que ces armes doivent être attribuées à Catherine de Bourbon, seconde femme de Gilbert de Chabannes, baron de Rochefort, dont il a été question précédemment. Leur dévotion bien connue pour Notre-Dame d'Orcival, les fondations faites au Chapitre par l'un et par l'autre, leur volonté d'être inhumés dans l'église, où ils acquirent un tombeau, la proximité de leur résidence seigneuriale, laissent croire qu'ils venaient souvent prier dans le sanctuaire de Marie et qu'ils voulurent avoir un pied-à-terre pour accomplir plus commodément leurs dévotions. Nous avons dit plus haut que les habitants d'Orcival appelaient Catherine de Bourbon *la Sainte*, ce qui fait supposer qu'ils la connaissaient comme on connait une personne qui séjourne quelquefois dans la localité. Ajoutons que les caractères architectoniques de la maison en question concordent avec l'époque où vivait cette princesse : l'ogive du tympan de la porte, les croisées à meneaux surmontées d'arcs en accolade, accusent la fin du XVe ou le commencement du XVIe siècle.

L'autre maison, beaucoup moins architecturale, ou plutôt sans aucun caractère d'architecture, se distingue par le blason des de Châlus-Lembron : « échiqueté de gueules et d'or, » qui surmonte une petite porte avec un arc en accolade.

Parmi les autres édifices qui peuvent rappeler quelques souvenirs de bourgeoisie, nous mentionnerons : l'Hôtel des Voyageurs, ancienne demeure de la famille Charrier de Lachaux ; le ci-devant Hôtel Notre-Dame, qui fut la maison des Cougoul de Ludière ; l'Hôtel du Mont-Dore, qui fut habité jusqu'à la Révolution par les Cougoul des Roys ; la partie ancienne de la communauté des Frères, qui appartint à la famille notariale des Rochette.

Sur la place, au sud de l'église, on montre une croix en fer forgé, sans grande valeur artistique, mais précieuse par le souvenir d'un homme de Dieu, dont le nom est resté en vénération dans toute notre province ; elle fut érigée comme monument commémoratif d'une mission prêchée par le Père Gaschon, missionnaire diocésain, en 1773. Ce petit monument de ferronnerie porte les caractères de deux époques. Le serrurier du XVIIIe siècle a utilisé une ancienne croix, d'un assez beau travail, en l'agrandissant par des ajoutages grossiers et sans goût.

Notre modeste bourg était qualifié *ville* au moyen âge, et avait sa division par quartiers. Nos terriers mentionnent les quartiers des Farges, du Saint-Esprit, de la Place, de Font-Bourdeulh, *alias* Delfaradour, de Senegas, devenu le Sennegal aux siècles suivants, de Pradallée, le côté d'Ambrousse primitivement appelé rue de Brosse *(via vocata de Brosse)*, le quartier du Chancel.

Au point de vue communal, Orcival, comme la plupart de nos anciennes paroisses, était administré par quatre consuls, nommés annuellement, aux suffrages des habitants réunis en assemblée de ville, devant lesquels ils rendaient leurs comptes de gestion à l'expiration de leur mandat. Nous avons retrouvé les consuls d'une seule année, 1689 ; c'étaient MM. Antoine Charrier, Antoine Valeix, Antoine Girard, Blaise Mignot. Leurs feuilles de budget ou, comme on disait alors, leurs feuilles comptables, contiennent les dépenses faites pour l'équipement du soldat que la paroisse devait fournir à l'armée royale, cette année-là. Les voici à titre de curiosité :

Pour l'habit du soldat, 38 livres.
Argent donné au soldat, 7 livres 10 sols.
Pour la paye dudit soldat, 9 livres 10 sols.
Pour l'avoir conduit à Clermont, quand il est parti, et lui

avoir acheté une paire de souliers et des bas et dépenses faites par les consuls, 9 livres.

Pour le fusil, 17 livres.

Pour avoir croisé la cote du père du soldat, 25 sols.

Pour la poudre et plomb donné au soldat, 30 sols (1).

Ce document ne nous renseigne pas sur le lieu d'origine du *soldat ;* mais nous savons par d'autres documents similaires qu'il n'était pas toujours recruté dans la paroisse. Peu importait son origine, pourvu qu'il fût apte au service. Le patois de notre pays le nommait *miliçou* ou *meliçou* (milicien), nom qui est resté comme sobriquet, dans quelques-unes de nos localités, aux familles qui avaient fourni ces recrues.

Nous terminerons ce que nous avons à dire du village d'Orcival, au point de vue de son histoire politique et sociale, en rappelant qu'un bureau de contrôle des actes de notaire y fut créé par édit de Louis XIV, en 1693. Dans l'arrondissement de ce bureau, se trouvaient les localités suivantes : Orcival, Rochefort, Laqueille, Saint-Sauves, Aurières, Né-bouzat, Villejacques (2).

L'ancien régime avait établi deux foires dans notre bourg, l'une le 12 avril, l'autre le 9 septembre. On sait que ces institutions commerciales, si favorables au développement des localités, étaient demandées au roi par les seigneurs, qui y trouvaient leurs intérêts dans la perception des droits imposés sur les objets vendus. Ici le demandeur fut Claude de Châlus, baron d'Orcival, seigneur de Cordès, qui obtint de Louis XIII les lettres patentes nécessaires à l'institution. Ces foires existent encore.

Actuellement, le bourg d'Orcival compte 59 maisons et 248 habitants agglomérés. La population totale de la com-

1. Arch. du P.-de-D. Intendance, Pièces comptables, liasse 46.

2. Arch. du P.-de-D. Domaines, Série C, liasse 15.

mune est de 642 habitants. Les écarts ou hameaux dépendant du chef-lieu sont au nombre de seize. On retrouve la plupart de leurs noms dans les anciens titres. Les voici par ordre alphabétique : Chamberte, Cocologne, Cordès, la Croix, Douaresse, Fléchat, Malavesse, Molèdes, les Planchettes, Puy-Reynaud, Rouchaube, Seignemaud, Servières, Soussat, Train, les Vergnes.

CHAPITRE DOUZIÈME.

Orcival pendant la Révolution.

A Révolution, a dit un puissant esprit (1), « n'est pas un événement, c'est une époque, » une époque où fut proposé au monde par le providentiel mouvement de l'histoire un progrès de justice et de liberté, un progrès du royaume de Dieu (2).

Événement unique dans l'histoire des rois, un souverain, Louis XVI, abdiquant le pouvoir absolu dont il venait d'hériter, appelle la nation tout entière à délibérer sur la réforme générale de nos institutions ; et pendant trois mois, dans la ville la plus importante comme dans la plus humble bourgade, la masse des citoyens étudie avec un patriotisme sincère les grandes questions d'égalité civile et de liberté politique. Les assemblées de bailliage expriment ensuite par écrit leurs vœux et leur pensée, dans d'impérissables cahiers, admirable monument de la sagesse de nos pères, au point que si l'on veut jamais retrouver notre droit public dans toute sa pureté et son intégrité, si jamais l'on revient à ce droit conforme à la loi morale éternelle et à l'esprit de l'Évangile, on n'aura qu'à ouvrir ces documents écrits par la main de la France entière. L'abolition des privilèges, le plein et entier gouvernement de la nation par la nation, l'idée de décentralisation administrative, tout cela est inscrit dans les cahiers. Mais tout cela fut bientôt foulé aux pieds par les violents. Dès les premiers jours, en effet, les hommes de proie, ces hommes qui ont existé dans tous les temps, « qui conservent partout le même caractère, les mêmes instincts, la même physionomie et les mêmes procédés, sans nulle va-

---

1. Le comte Joseph de Maistre. *Considérations sur la France*, chap. II.

2. Gratry, *La morale et la loi de l'Histoire*.

riation, sans perfectibilité concevable (1), » ces hommes en un mot qui constituent le principal obstacle à tout progrès de la justice, ces hommes inoculèrent au grand mouvement de 1789 le caractère de la violence ; ils retournèrent et brisèrent cet admirable élan, et le remplacèrent aussitôt par une autre révolution qui n'était pas la suite de la première, mais qui en était l'opposé.

Les rédacteurs des cahiers voulaient conquérir le monde par l'Évangile, par la douceur et par la paix, par la raison et par la liberté, par le devoir et par le sacrifice ; mais ils comptaient sans les violents, qui ont précisément la tendance contraire à la tendance évangélique et ne veulent que colère et force, ruine et dévastation. De là leur haine implacable pour le christianisme, qui toujours a maudit « cette race de vipères ; » de là les cruels mécomptes de nos pères et de nous-mêmes, qui, aveuglés par ces hommes, crions toujours : « Justice ! justice ! » et qui repoussons, comme un obstacle, l'unique instrument de justice qui soit au monde, l'Évangile et la Croix.

Par le décret du 2 novembre 1789, l'Assemblée Constituante déclarait que les biens du clergé étaient à la disposition de la nation. Par le décret du 14 avril 1790, la même assemblée enlevait aux communautés religieuses l'administration de ces mêmes biens, en déclarant qu'à partir de la présente année elle serait et demeurerait confiée aux assemblées des départements et des districts ou à leurs directoires. C'était la spoliation complète préparée sous le masque de l'hypocrisie. Enfin l'article vingtième de la constitution civile du clergé, votée le 12 juillet 1790, portait : « Les dignités, canonicats, prébendes, demi-prébendes.. et tous les Chapitres réguliers ou séculiers de l'un et de l'autre sexe, les abbayes

---

1. De Tocqueville, *L'Ancien Régime et la Révolution*, chap. II, p. 262.

et prieurés en règle ou en commende, aussi de l'un et de l'autre sexe... sont, à dater de la publication du présent décret, éteints et supprimés, sans qu'il puisse jamais en être établi de semblables. »

Le 18 décembre 1790, la municipalité d'Orcival recevait des administrateurs du district de Clermont une lettre accompagnée d'une délibération du Conseil général du département, lui enjoignant d'avoir à faire exécuter la loi en ce qui concernait la suppression du Chapitre du lieu. Après notification de ces pièces aux intéressés par le secrétaire du Conseil, le procureur de la commune, accompagné de deux officiers municipaux, se rendait à l'église, le 22 décembre, à l'heure où les chanoines se réunissaient pour chanter Matines, et leur faisait sommation de se soumettre à la loi. Les chanoines obéirent, et se séparèrent à l'instant sans chanter l'office pour lequel ils étaient réunis. Telle fut l'exécution sans phrase d'une institution qui, pendant cinq siècles et demi, avait répandu sur le pays les bienfaits de la prière, de l'exemple, de l'instruction et de l'aumône.

Les chanoines restèrent encore quelque temps à Orcival, acquittant les fondations, exerçant le saint ministère jusqu'au jour où le souffle révolutionnaire les dispersa. Nous allons essayer de les suivre dans les péripéties d'une existence toujours précaire, souvent agitée, quelquefois placée en face de la guillotine. Mais avant d'entrer dans les détails biographiques de chacun d'eux, disons à leur louange et pour la gloire de Notre-Dame d'Orcival qu'aucun des serviteurs de son antique sanctuaire ne souilla le caractère sacerdotal par une conduite indigne de sa vocation. Un seul prêta purement et simplement le fameux serment de fidélité à la constitution civile du clergé ; quelques-uns firent des actes de soumission au gouvernement de la République, ayant soin d'en écarter tout ce qui pouvait toucher à l'Ordre religieux, et ces actes, jugés licites par les prêtres les plus vertueux et les plus éclairés, ils les rétractèrent dans un langage qui ne laissait peser aucun doute sur la sincérité de leurs sentiments catholiques.

Joseph du Crozet, né au château de Liat, paroisse de Champeix, appartenait à une famille dont la noblesse remonte au moins au XIIIe siècle. Nommé doyen d'Orcival, dans le cours de l'année 1783, en remplacement de Benoît Achard-Lavord, il semblait être appelé à ce poste pour donner à ses frères l'exemple du courage au milieu des redoutables luttes que le clergé allait avoir à soutenir. Si tel fut le dessein de la Providence, on peut dire que M. du Crozet le comprit et le seconda noblement. Il refusa avec une égale fermeté le serment de fidélité à la constitution civile du clergé et le serment de la liberté et de l'égalité, imposé par le décret du 14 août 1792 à tous ceux qui recevaient des pensions de l'État. Par le premier refus il perdait droit à tout emploi ecclésiastique ; par le second, il se voyait dépouillé de l'indemnité que lui avait accordée la loi, lors de la suppression du Chapitre. Mais sa conscience de prêtre catholique le mettait bien au-dessus des considérations de l'ordre matériel. A vrai dire, il aurait pu prêter le second serment sans forfaire au devoir ; beaucoup d'excellents prêtres le prêtèrent sur la déclaration des évêques demeurés en France et du pieux M. Émery. Comme la question était controversée, le doyen d'Orcival aima mieux prendre le parti le plus sûr. Bientôt après vint la loi du 26 août 1792 ordonnant l'exil des prêtres insermentés. M. du Crozet ne baissa pas la tête devant l'orage ; il se laissa incarcérer au Petit-Séminaire de Clermont, devenu prison ecclésiastique, et condamner à la déportation. Un ordre des administrateurs du département, du 5 floréal an II (24 avril 1794), décida qu'il partirait le lendemain pour Bordeaux, avec trente autres prêtres, conduits de brigade en brigade par la gendarmerie nationale, en suivant les étapes suivantes : Pontgibaud, Saint-Avit, Aubusson, Bourganeuf, Saint-Léonard et Limoges, où de nouveaux ordres leur seraient donnés. Cet ordre était accompagné de son signalement : « Joseph Ducrozet *(sic)*, doyen d'Orcival, natif de Champeix, âgé de 55 ans, taille de 5 pieds 3 pouces, cheveux, sourcils et barbe gris-blanc, visage long et maigre, yeux bruns, nez pointu, bouche moyenne, lèvre inférieure grosse, menton rond avec plusieurs cicatrices de petite vérole. » Conduit ensuite au fort du Hâ, M. du Crozet partagea, avec ses compagnons de captivité, les horreurs de cette prison. « Au fort du Hâ, dit un historien, les privations marchaient accompagnées d'un régime de terreur qui montrait la mort toujours présente. Durant les quatre premiers mois, toute communication avec le dehors fut sévèrement interdite. Les sentinelles avaient reçu la consigne de ne répondre à aucune parole des prêtres et de ne leur laisser parvenir aucune lettre ; chaque jour ils voyaient passer des condamnés que l'on conduisait à l'échafaud ; chaque jour ils s'attendaient à être immolés ; chaque jour ils faisaient tous ensemble leur préparation à la mort. Ils durent croire l'entendre arriver lorsqu'on dressa la guillotine dans la basse-cour du fort du Hâ, et que l'on creusa tout près un canal pour recevoir les eaux de la Garonne. Le projet de les guillotiner tous était, dit-on, arrêté : la chute de Robespierre et la mort de l'affreux Lacombe, président du tribunal criminel de Bordeaux, empêchèrent ce massacre (1). »

La réaction thermidorienne sauva donc la vie de M. du Crozet. Lorsque parut la loi du 7 vendémiaire an IV (28 septembre 1795), par laquelle était réclamé ce qu'on appela le serment civique, c'est-à-dire la promesse de soumission et d'obéissance aux lois de la République, de vifs débats s'engagèrent sur la question de savoir si cette promesse était permise ou non. Le clergé de Paris se prononça pour l'affirma-

---

1. Jager, *Histoire de l'Église catholique en France*, tome XX, page 185.

tive, celui de Lyon pour la négative. Les prêtres du diocèse de Clermont adoptèrent en majorité la première opinion et firent la soumission demandée. M. du Crozet fut de ce nombre ; ce qui lui permit de revenir à Orcival et d'y exercer le saint ministère avec M. Amant Couvreuil, un des anciens chanoines. C'est là que nous le trouvons le 5 brumaire an VI (26 octobre 1797), époque où les administrateurs du canton de Rochefort eurent à fournir aux administrateurs du département la liste des prêtres qui habitaient leur canton, en vue de faire exécuter le serment de haine à la royauté exigé par la loi du 19 fructidor an V (5 septembre 1797). Nos documents ne parlent plus de M. du Crozet jusqu'à sa mort, arrivée le 14 pluviôse an VII (2 février 1799). Son acte de décès, dressé par l'officier municipal d'Orcival, le qualifie ainsi : « Joseph Ducroizet (sic), prêtre réfractaire, domicilié dans cette commune sous la surveillance de la municipalité (1). »

Joseph Cougoul de la Monne, fils de François et de Jeanne Charrier de Conchard, baptisé dans l'église d'Orcival, le 4 mars 1722, eut pour parrain Joseph Cougoul, sieur de Ludière, secrétaire du roi, et pour marraine Jeanne Cougoul de Brinsac. Pourvu, très jeune, d'une prébende du Chapitre de son lieu natal, il fut nommé curé d'Orcival vers la fin de décembre 1749, en remplacement d'Étienne Charrier, son parent. Lorsque parut le décret de l'assemblée nationale du 27 novembre 1790, exigeant des prêtres le serment de fidélité à la constitution civile du clergé, sous peine d'être remplacés dans leurs fonctions, M. Cougoul, comme tous les prêtres sérieux, se mit en face de sa conscience pour savoir ce que le devoir lui permettait et lui défendait. Le serment, tel qu'il était édicté dans la loi, lui parut un acte contraire aux principes catholiques ; il le refusa. Mais le serment restreint, avec des effets purement civils et dans le sens proposé

---

1. Arch. du P.-d.-D. Fonds de la Révolution. — Arch. municip. d'Orcival, Registre de l'état-civil.

à la tribune par son évêque, Mgr de Bonal, lui parut un acte permis ; il le prêta le 2 février 1791. La municipalité de sa paroisse, composée d'hommes sages avec lesquels il vivait en très bonne intelligence, se contenta de ce serment rejeté par la loi, et répondit au directoire du département que le curé d'Orcival avait satisfait aux exigences légales. M. Cougoul put ainsi rester à son poste sans être tracassé. Sa présence fut un bien pour sa paroisse ; elle en éloigna les troubles provoqués ailleurs par l'apparition des curés constitutionnels. Il prêta aussi le serment de l'égalité et de la liberté, demandé par le décret du 14 août 1792 à ceux qui recevaient un traitement ou une pension de l'État ; mais, toujours fidèle aux sentiments catholiques, il sut se tenir en dehors de toute relation avec l'évêque intrus, et ne publia pas un seul de ses mandements. Toutefois ses serments inquiétaient sa conscience. La vue de ses confrères, incarcérés ou exilés pour la sainte cause, alors qu'il jouissait de la liberté, lui faisait craindre d'être assimilé aux prêtres assermentés. Il fit sa rétractation devant sa paroisse, dans laquelle il ne se trouva pas un Jacobin pour le dénoncer aux administrations supérieures, et il continua de vivre tranquille au milieu de sa population. Ses inquiétudes n'étaient pourtant pas entièrement calmées. Il craignait d'avoir encouru la suspense et l'irrégularité pour n'avoir pas rétracté ses serments dans le délai fixé par le bref du Souverain-Pontife du 13 mai 1792 ; il craignait de s'être rendu coupable de schisme en donnant la bénédiction nuptiale à deux fiancés qui avaient obtenu une dispense de l'évêque constitutionnel. Un seul moyen lui restait pour se soustraire à tout reproche de sa conscience, c'était de s'adresser à l'autorité ecclésiastique pour se faire relever des censures canoniques, au cas où il les aurait encourues. C'est ce qu'il fit, le 20 juin 1796. Sa supplique, adressée aux prêtres qui remplissaient en secret les fonctions de vicaires généraux de Mgr de Bonal, révèle une conscience timorée qui exagère les faits dans la crainte de rester au-dessous de la vérité. Elle était accompagnée de l'acte de rétractation envoyé, à quelques jours d'intervalle, aux officiers municipaux d'Orcival et aux administrateurs du district de Clermont. Cette rétractation est elle-même exagérée ; il s'y accuse d'avoir fait le serment de maintenir la constitution du clergé; or, aucun prêtre, pas plus lui que les autres, n'avait cru s'engager à soutenir la constitution du clergé en prêtant le serment restreint ou le serment de 1792, appelé serment de la liberté et de l'égalité. Voici le texte de la lettre de M. Cougoul : « Citoyens, Lorsque j'ai prêté le serment de fidélité à la nation, à la loi et au souverain, j'ai rempli un devoir que ma religion me commandait ; mais je déclare en même temps que j'ai eu tort de prêter le serment de mainte-nir la constitution du clergé : je le rétracte comme hérétique et comme schismatique. Touché d'un sincère repentir, je demande pardon à Dieu que j'ai offensé, à l'Église que j'ai affligée, aux fidèles que j'ai scandalisés. Soumis au gouver-nement, j'ai aussi prêté le serment de la liberté et de l'égalité, mais je déclare que mon intention n'a jamais été de l'étendre à tout ce qu'il renferme de contraire à la religion catholique, apostolique et romaine, que je veux professer jusqu'au dernier soupir de ma vie. (Signé) : Cougoul, curé d'Orcival, le 28 germinal, l'an III de la République française une et indivisible (17 avril 1795). » On sent dans ces lignes un esprit troublé par les commentaires, souvent passionnés, qui avaient circulé dans toute la France sur les divers serments demandés aux prêtres; quelques-uns, mettant une logique inexorable dans leurs raisonnements, arrivaient aux extrêmes limites des conséquences et voyaient, en tout acte de soumission aux lois ou au gouvernement, une défection hétérodoxe. Ballotté par tous ces commentaires, le malheureux M. Cougoul sem-ble profondément troublé ; il s'accuse et il s'excuse ; il a tort et il n'a pas tort. Mais où il est vraiment touchant, ç'est dans le désir ardent de réparer tout ce qui aurait été répréhensible en sa conduite, et dans l'humilité avec laquelle il fait à l'autorité diocésaine le récit de toute sa vie durant la période révolutionnaire, récit qui n'a absolument rien de scandaleux dans les faits, et qui est, au contraire, très édifiant dans la forme. Par cette démarche il se signalait lui-même à la haine des persécuteurs du clergé. Un mandat d'arrêt fut lancé contre lui ; mais la mort le délivra de la persécution ; il rendit son âme à DIEU, le 6 fructidor an IV (23 août 1796). Un acte du directoire du département, du 4 nivôse an V (24 décembre 1796), le faisait figurer parmi les prêtres réfrac- taires qui devaient être incarcérés dans la maison de réclusion du ci-devant Petit-Séminaire, et le commissaire du pouvoir signalait avec étonnement son absence de la prison, quatre mois après qu'il était mort dans sa paroisse (1).

Annet Cougoul, qualifié tantôt de la Monne, tantôt de Bellegarde, frère du précédent, naquit à Orcival, le 13 juin 1727. Il figure comme membre du Chapitre dès l'année 1751, n'étant encore que simple clerc, et nous ne croyons pas qu'il ait été jamais promu aux Ordres majeurs, car en 1782, lors de la visite de Mgr de Bonal, il était toujours clerc tonsuré. Ne pouvant pas remplir les différentes fonctions sacerdotales que réclamait le service de l'église, il sut se rendre utile au Chapitre en cultivant la musique et en diri- geant la maîtrise. En 1790, il est qualifié sous-chantre et organiste. N'étant pas dans les Ordres, il fut exempt des per- sécutions dirigées contre le clergé pendant la période révolu- tionnaire. Les listes des pensionnés de l'État, ex-bénéficiaires non fonctionnaires attachés à un service, contiennent son nom jusqu'en l'an II (1793-94), avec une mention de pension de 571 livres 4 sols 2 deniers, indemnité accordée à chaque

---

1. Arch. de l'évêché de Clermont. — Arch. du P.-d.-D. Fonds de la Ré- volution.

chanoine lors de la suppression du Chapitre. Il mourut à Orcival le 2 avril 1798 (1).

François Dupont, né à Bellier (Cantal), le 3 mai 1742, ordonné prêtre le 17 décembre 1768, fut nommé à une prébende d'Orcival à une date que nous ignorons. Il exerça les fonctions de vicaire, tout en étant chanoine, de 1780 à 1789. Après avoir refusé le serment à la constitution civile du clergé, il prêta celui de la liberté et de l'égalité, qu'il eut soin d'expliquer, le 13 germinal an III (2 avril 1795), par la déclaration de principes suivante : « Comme soumis au gouvernement républicain, j'ai prêté le serment de la liberté et de l'égalité ; mais je déclare que mon intention n'a jamais été de l'étendre à tout ce qu'il renferme de contraire à la religion catholique, apostolique et romaine, que je veux professer jusqu'au dernier soupir de ma vie. » Ses dix années de vicariat dans la paroisse d'Orcival l'avaient rendu très populaire ; aussi les municipalités qui se succédèrent de 1790 à 1793 lui accordèrent toute la bienveillance et toute la protection qu'on pouvait donner à cette époque à un prêtre insermenté. Les municipaux de 1792 affirmaient aux administrateurs du district que « M. Dupont n'avait cessé de donner des preuves de son zèle et de son attachement à remplir son devoir avec toute la régularité et la prudence exigées par les circonstances présentes, » et demandaient qu'on lui accordât une subvention pour les services qu'il avait rendus à la paroisse, pendant les deux années précédentes, en aidant M. le curé âgé et infirme. Le maire, en 1793, obtenait qu'il fût reconnu comme vicaire et lui faisait accorder le paiement de ses honoraires de messes jusqu'au 30 septembre de l'année courante. On est quelque peu étonné de rencontrer des faits de cette nature en pleine Terreur ; c'est à croire que ce coin de terre avait été préservé

____

1. Arch. du P.-de-D. Domaines, liasse 30. — Arch. municip. d'Orcival.

miraculeusement de l'esprit satanique qui régnait partout ailleurs.

Après cette date nous ne retrouvons la trace de M. Dupont qu'au 2 avril 1795, époque de sa déclaration relative au serment de la liberté et de l'égalité. Il est probable qu'il resta à Orcival jusqu'à cette époque, protégé par la sympathie universelle qu'il avait su conquérir, et entourant de son dévouement le vénérable curé non moins aimé que lui de cette excellente population. Que devint-il ensuite ? Alla-t-il chercher un refuge dans son pays d'origine, où tant de prêtres trouvèrent un asile aux plus mauvais jours ? Nous ne savons ; ce qui est certain, c'est que son nom ne figure dans aucune liste d'incarcération ou de déportation. Au rétablissement du culte ou peu après, M. Dupont fut appelé, sur sa demande, à desservir la chapelle vicariale de Saint-Jean-les-Monges, où il mourut le 3 février 1822. Son souvenir est encore vivant dans cette localité ; les vieillards racontent qu'il possédait à un haut degré l'estime, l'affection et la vénération de tous ses paroissiens, qu'il avait ouvert deux écoles dans son presbytère, l'une pour les garçons, dirigée par lui-même, l'autre pour les filles, dirigée par sa sœur. Nous trouvons dans une délibération du conseil épiscopal, en date du 16 juin 1811, le projet de le nommer à un poste plus important ; mais ce projet échoua soit devant des raisons de santé, soit devant le double attachement du pasteur pour sa paroisse et de la paroisse pour le pasteur. Cet attachement nous est révélé par un acte authentique du 10 janvier 1809, dans lequel les habitants de Monges s'engageaient par devant le maire de Gelles, chef-lieu de la commune, à faire le traitement du sieur François Dupont, leur curé (1).

Amant Couvreuil, né à Olby, le 3 octobre 1754, fut nommé chanoine d'Orcival en 1784, en remplacement d'Étienne

---

1. Arch. de l'évêché. — Arch. du P.-de-D. Domaines, liasse 24. — Renseignements dus à l'obligeance de M. l'abbé Bréchard.

Couvreuil, son oncle, qui résigna sa prébende en sa faveur. Il remplit les fonctions de vicaire, après M. Dupont, pendant les années 1789, 1790, et les continua du consentement du curé et de la municipalité jusqu'au mois d'août 1792. Arrêté comme prêtre insermenté, il fut incarcéré au Petit-Séminaire, le 6 avril 1793. Malgré ses infirmités, il fut condamné à la déportation, et partit pour Bordeaux, le 4 ventôse an II (22 février 1794). L'arrêt de son départ était accompagné du signalement que voici : « Amant Couvreuil, prêtre et chanoine d'Orcival, natif d'Olby, âgé de 40 ans, taille de 5 pieds 1 pouce 8 lignes, cheveux châtains bruns et courts, tête chauve, sourcils châtains peu fournis, yeux gris, visage large, marqué de beaucoup de petite vérole, lèvre inférieure très épaisse, menton court, nez bien fait. » De Bordeaux M. Couvreuil fut transporté au fort du Hâ, où il partagea avec son doyen, M. du Crozet, les mauvais traitements de toute nature et les horreurs d'une longue agonie. Il fut ensuite transféré en rade de l'île d'Aix. On sait quelle fut cette captivité. « Durant le jour, les prêtres devaient se tenir sur le pont du navire, dans un espace étroit et embarrassé, où ils étaient contraints de rester debout faute de place pour s'asseoir, alternativement exposés au soleil, à la pluie et au froid, dans un désœuvrement absolu. C'était bien pis pendant la nuit : l'entre-pont devenait pour eux un cachot fermé ; ils s'y étendaient les uns à côté des autres, sans quitter leurs habits, sans avoir où reposer leur tête ; l'air rapidement corrompu, les baquets placés de distance en distance, une vermine inévitable mettaient le comble à l'horreur de cette situation. La nourriture consistait en aliments secs ou moisis, gâtés ou pas cuits. Les traitements inconcevablement indignes, les injures les plus outrageantes, les propos les plus grossiers, les blasphèmes horribles composaient l'ensemble des relations qu'ils avaient avec leurs gardiens, devenus leurs bourreaux. » Nous ne savons quand ni comment M. Couvreuil échappa à cette horrible captivité ;

mais un ordre du représentant du peuple J.-P. Chazal, délégué de la Convention pour les départements du Puy-de-Dôme, Cantal, Haute-Loire, Lozère et Aveyron, en date du 26 thermidor an III (13 août 1795), le déclara mis en liberté et réintégré dans l'ordre social, sur la promesse de rester soumis au gouvernement républicain et de ne pas troubler l'ordre public. Il revint, alors à Orcival, où il exerça les fonctions du saint ministère avec M. du Crozet. Lorsque la loi du 7 vendémiaire an IV (18 septembre 1795) vint lui demander « de reconnaître que l'universalité des citoyens français est le souverain, et de promettre soumission et obéissance aux lois de la République, » il remplit cette formalité. Le 5 brumaire an VI (26 octobre 1797), l'administration municipale du canton de Rochefort, chargée de dresser la liste des prêtres résidant dans son canton, en vue de faire exécuter la loi du 19 fructidor an V, imposant le serment de haine à la royauté, signalait M. Couvreuil comme toujours présent à Orcival. Nous perdons sa trace jusqu'en 1802. Un état des prêtres du diocèse, rédigé par l'autorité ecclésiastique, en vue des placements qu'allait nécessiter la réorganisation du culte, le mentionne comme prêtre fidèle. Cette même année, il fut nommé vicaire d'Orcival, où il se trouvait sans doute. En 1809, l'administration diocésaine lui confia la paroisse de Royat ; et le 8 janvier 1813, elle le nomma curé d'Orcival, où il mourut un an après, le 7 janvier 1814 (1).

Martin Borel de la Martre, né audit lieu de la Martre, paroisse de Saulzet-le-Froid, le 3 septembre 1759, fut pourvu de la prébende du Chapitre d'Orcival laissée vacante par la mort de son oncle, Guillaume Borel, décédé le 24 avril 1782. Il n'était encore que simple clerc tonsuré. Après avoir refusé le serment de fidélité à la constitution civile du clergé, il se

---

1. Arch. de l'évêché. — Arch. du P.-de-D. Domaines, liasse 24. — Arch. municip. d'Orcival. — Jager, *Histoire*, etc. tom. XX, page 179. — Picot, *Mémoires*, tom. VI, pag. 384.

retira dans la maison paternelle. Entouré de l'estime du peuple, comme tous les prêtres restés fidèles à leur vocation, il fut en butte à la haine, aux dénonciations, persécutions et avanies du curé constitutionnel de sa paroisse natale, nommé Veysset. Le renégat, semblable à ses pareils, plus mauvais même que beaucoup d'autres, se voyant cordialement méprisé et détesté de la population, qui le fuyait comme un pestiféré, chercha par tous les moyens possibles à se venger du mépris public, et peut-être aussi des reproches de sa conscience, contre le prêtre exemplaire dont la vie et les mœurs étaient la condamnation de sa conduite. Ici, comme partout ailleurs, le glaive sans cesse retourné dans le cœur de l'apostat fut de constater journellement l'horreur du peuple pour sa Messe et l'empressement que l'on mettait à assister aux saints Mystères célébrés par M. Borel. Ici, comme partout ailleurs, les efforts de l'intrus tendirent à fermer l'église au prêtre fidèle. Ne trouvant personne autour de lui pour le soutenir dans sa lutte fratricide, il ne craignit pas de provoquer une émeute en convoquant les exaltés des paroisses voisines à se rendre au Saulzet, le dimanche de Pâques 1792, pour empêcher son adversaire de dire la Messe. Les soi-disant patriotes vinrent en effet, et, fort de leur présence, le citoyen Veysset dépouilla les autels des choses nécessaires à la célébration du saint Sacrifice. Dénoncé aux administrateurs du département comme perturbateur de l'ordre, il vit arriver chez lui l'un de ces administrateurs, M. Lamy, chargé de faire une enquête, qui ne tourna pas à la gloire du sectaire. Les officiers municipaux, accusés par lui de ne pas le protéger, déclarèrent dans un noble langage qu'ils connaissaient leurs droits et leurs devoirs, qu'ils plaçaient tous les citoyens sous l'égide de la loi, mais qu'ils entendaient user de la liberté des opinions religieuses reconnue par la Constitution, et que jamais ils n'assisteraient à la Messe du curé constitutionnel, indigne de leur confiance. Passant ensuite à sa conduite, ils l'accusèrent d'outrager la population en lui prêtant des intentions criminelles qu'elle n'avait jamais eues, de se montrer en toute rencontre d'une intolérance tyrannique, de fréquenter des collègues dissolus au point de soulever l'indignation des honnêtes gens. L'enquêteur vit clairement de quel côté étaient les torts. Il donna à M. Veysset des conseils empreints de sagesse et de modération. Il fut assez bien écouté, dit-il, mais il terminait son rapport par ces mots significatifs : « J'ai compris qu'il fallait plus que du naturel pour régénérer un prêtre. » Le directoire du département se montra bénin en déclarant qu'il n'y avait pas lieu à poursuites (18 juin 1792). Deux ans plus tard, M. Borel était toujours à la Martre, entouré d'estime et de vénération. La municipalité, interrogée sur son compte par le directoire, faisait cette réponse : « Il existe dans notre commune un ex-chanoine d'Orcival, nommé Martin Borel de la Martre, qui possède des biens dans ledit lieu de la Martre ; nous ne savons pas s'il a obéi à la loi ou non ; moyennant quoi nous ne pouvons pas vous donner d'autres renseignements à cet objet. Fait en maison commune ce 30 thermidor an II de la République française une et indivisible (17 août 1794). » Peu après cette date, il disparut du Saulzet et fut absent pendant une année ou environ. Le 18 vendémiaire an VI (9 octobre 1797), la municipalité du canton de Saint-Amant, ayant à fournir la liste des prêtres de son canton avec des observations sur le compte de chacun d'eux, dit que M. Borel est rentré depuis deux ans, qu'il exerce les fonctions sacerdotales et dit la Messe. Cette observation fixe sa rentrée en l'année 1795 ; mais nous ne croyons pas qu'il fût allé bien loin ; son nom ne figure dans aucune liste d'incarcération, de déportation ou de libération, antérieurement à cette date. Il avait dû échapper à la surveillance des administrations supérieures et rester au milieu de nos chrétiennes populations. En 1797, malgré la condamnation au bannissement qui pesait sur sa tête, il était toujours au Saulzet, administrant le baptême aux nouveau-nés, donnant la bénédiction nuptiale aux époux, conduisant les morts à leur dernière demeure. C'était braver héroïquement une loi qui le déférait devant une commission militaire pour être jugé dans les vingt-quatre heures. Un certain Jatz, commissaire du directoire exécutif près l'administration municipale du canton de Saint-Amant-Tallende, ancien Récollet de cette localité et plus tard curé constitutionnel d'Yonde-et-Buron, crut se couvrir de gloire en arrêtant ce fier contempteur des lois républicaines. Il fit lancer contre lui un mandat d'arrêt par le juge de paix du canton, obtint du directoire une colonne de vingt-cinq hommes, et se mit en campagne. Cette glorieuse expédition eut lieu dans la nuit du 19 au 20 frimaire an VI (9-10 décembre 1797). Rien ne fut négligé pour lui donner plein succès. La colonne, marchant à la faveur des ténèbres, sous un commandant qui n'abandonnait rien au hasard, arriva à la Martre sans avoir donné l'éveil, cerna nuitamment la maison, et quelques hommes armés de pied en cap se présentèrent à la porte. Elle s'ouvrit au premier signal. Mais le commissaire, non moins vaillant capitaine qu'habile stratégiste, en fut pour sa peine ; M. Borel était absent. Jatz fit un rapport dramatique de son haut exploit, vanta fort sa sagesse, la discipline et le courage de ses hommes ; mais les trophées qu'il put offrir à ses maîtres consistèrent en quelques papiers saisis, quelques ornements ou vêtements sacerdotaux, les boîtes des saintes Huiles, un rituel et l'aumusse de l'ancien chanoine. A la réorganisation du culte, M. Borel fut nommé curé de Veyrières-et-Grandeyrol, et de là transféré au Saulzet-le-Froid, où il mourut en 1815 (1).

Benoît Courtadon, né à Pulvérières, le 1er mars 1737,

___

1. Archives de l'évêché de Clermont. — Arch. du P.-de-D. District de Clermont, Domaines, liasse 20. Fonds de la Révolution, série L. non classée.

figure comme chanoine d'Orcival à partir de 1777. Pendant toute la période révolutionnaire, nous ne rencontrons son nom qu'une seule fois, dans un état des ex-bénéficiaires non fonctionnaires publics, dressé pour l'an II de la République (1793-94). Il est mentionné comme jouissant d'une pension de 571 livres 4 sols et 4 deniers. La tradition rapporte qu'il resta caché à Orcival, où il fit la classe plus ou moins secrètement jusqu'au rétablissement du culte et publiquement sous le Consulat et l'Empire. Nous avons conversé avec les descendants de ceux qui furent ses élèves ; son nom est resté sans tache dans leur mémoire. Mais le « registre contenant le nom des prêtres fidèles et réintégrés, par ordre alphabétique, leur âge, le lieu de leur origine, le temps de leur ordination, leurs titres et fonctions avant et depuis la Révolution, » pièce officielle dressée avec le plus grand soin, en 1802, par l'autorité ecclésiastique du diocèse, libelle ainsi sa situation : « Courtadon Benoît, né le 1er mars 1737, constitutionnel, réside à Orcival. » Il n'y a donc pas à douter qu'il ait prêté le serment. Des treize membres du Chapitre, il fut le seul à courber le front sous une loi inique. Deux circonstances aggravent sa faute aux yeux de l'histoire, celle de n'avoir pas suivi l'exemple de ses confrères, et celle d'être resté jusqu'en 1802 sans rétracter son serment. Il dut le rétracter plus tard, car nous le voyons remplir les fonctions de vicaire à Chapdes-Beaufort vers 1815. Il mourut à Pulvérières, le 15 janvier 1820 (1).

Antoine-Amable Buisson, né à Riom, le 6 novembre 1750, était chanoine d'Orcival dès 1780. Malgré son refus de serment, il put rester près du sanctuaire de Notre-Dame jusqu'à la fin de septembre 1792. Le 28 de ce mois, il prêta le serment de la liberté et de l'égalité, en qualité de pensionné de

---

1. Arch. de l'Évêché. — Arch. du P.-de-D. District de Clermont. Domaines, liasse 24.

l'État. Quelques jours après, dans le courant d'octobre, s'étant retiré à Riom, il fut englobé dans une dénonciation collective des prêtres réfractaires du district et condamné à la déportation. Cette sentence de bannissement fut exécutée, mais nous ignorons le lieu de son exil. En 1795, il protestait auprès des autorités contre l'irrégularité de sa condamnation, émanée d'un tribunal qui n'avait pas juridiction sur sa personne. Le comité de législation du département reconnut le bien fondé de sa réclamation et le mit en liberté, le 6 messidor an III (24 juin 1795) ; le commissaire de la Convention J.-P. Chazal confirma cette décision par un arrêté du 13 messidor (1er juillet). Quelques mois plus tard, en novembre et décembre de la même année, de nouvelles poursuites furent dirigées contre lui ; de nouveau il dut se défendre. La municipalité de Riom intervint en sa faveur, et, sur son avis favorable, le directoire du département décréta le maintien en liberté de l'abbé Buisson, le 3 ventôse an IV (21 février 1796). Redevenu suspect pour avoir expliqué dans quel sens il avait entendu faire le serment de la liberté et de l'égalité, et pour s'être mêlé aux assemblées primaires, il fut dénoncé par l'administration riomoise au directoire du département, le 18 vendémiaire an VI (9 octobre 1797). Cette dénonciation, et probablement d'autres qui suivirent, eurent pour effet de le faire mettre sous la surveillance de la municipalité, le 4 nivôse an VII (24 décembre 1798). Il était encore sous ce régime d'espionnage au mois de mai 1800, époque où il demanda l'autorisation d'aller soigner sa santé aux eaux de Bellevue, dans le département de Saône-et-Loire. Vu le certificat de Barthélemy Cornudet, officier de santé, et l'avis favorable du sous-préfet de Riom, le préfet lui accorda cette autorisation, à condition qu'il serait sous la surveillance des autorités constituées de Bellevue. En 1802, il était encore à Riom, exerçant le saint ministère avec les pouvoirs accordés aux prêtres fidèles sans juridiction curiale. Il ne figure plus après cette époque (1).

Pierre Artonnet, né à Marsat, le 27 juillet 1762, n'était encore que clerc tonsuré et étudiant en théologie au collège de Riom, lorsque Pierre Grangier, écuyer, officier de cavalerie, seigneur d'Orcival et de Cordès, le nomma à la prébende dont il disposait au Chapitre d'Orcival, en remplacement de François Rochette, décédé. L'acte de collation fut rédigé au château de Cordès, le 22 septembre 1786. Le même jour eut lieu l'installation, présidée par Étienne Charrier de Lachaux, chantre du Chapitre, en présence de François Cougoul, sieur des Roys, officier aux Invalides, et d'Alexis Chaudezon, lieutenant de la justice d'Orcival. A la suite de la cérémonie, fut rédigé l'acte capitulaire d'institution canonique, signé de MM. Joseph du Crozet, écuyer, seigneur de Liat, doyen, Étienne Charrier, Joseph Cougoul, Martin Chabaud, Amable-Antoine Buisson, René Dubois, Jacques Girard, Benoît Courtadon, François Dupont, [Amant Couvreuil. Le nouveau chanoine fut dispensé de la résidence pour continuer ses études, et ne vint se fixer à Orcival qu'après son ordination de prêtrise, qui eut lieu le 20 décembre 1788. Après la loi du 26 août 1792, ordonnant que tous les prêtres réfractaires quitteraient le sol de la République, dans un délai de quinze jours, sous peine d'incarcération, il fut arrêté et condamné à la déportation. On connaît les tendances libérales qui se manifestèrent dans les premiers mois de l'année 1795, et amenèrent les décrets des 3 ventôse et 11 prairial an III (26 février, 30 mai 1795), permettant l'exercice de tous les cultes, à condition que les ministres feraient leur soumission aux lois de la République, sans distinction de ceux qui avaient prêté ou refusé le serment, que la Convention déclarait ne plus reconnaître comme loi de l'État. Un ami de M. Artonnet, M, Jean Grangier, aîné, profita de

1. Arch. de l'Evêché. — Arch. du P.-de-D. Fonds de la Révolution, série L, non classée.

ce moment de détente pour demander sa mise en liberté au représentant du peuple J.-P. Chazal, qui la lui accorda par un arrêter du 16 messidor (4 juillet). En 1802, M. Artonnet était desservant de Saint-Ours ; il fut nommé au Montel-de-Gelat, le 7 avril 1809, puis à Étroussat en 1813, et vivait retiré à Marsat en 1818 (1).

Pierre Eymard, né à Tauves, le 27 avril 1752, entra dans l'enseignement. Il figure dans le tableau du personnel du collège de Clermont, de 1783 à 1790, d'abord comme sous-principal et ensuite comme professeur de cinquième. Sa nomination à une prébende du Chapitre d'Orcival eut lieu très peu de temps avant la Révolution, et il est à croire qu'il fut dispensé de la résidence, à cause de ses fonctions de professeur, car nous ne rencontrons jamais son nom sur les actes du Chapitre. Sur son refus de prêter le serment, il fut exclu du personnel du collège, le 27 janvier 1791, et se retira à Tauves. Après la promulgation de la loi du 26 août 1792, il resta encore au sein de sa famille ; mais, au fort de la persécution, il crut prudent de s'expatrier, et partit, sous un déguisement de marchand ambulant, avec trois autres prêtres de ses amis, MM. François-Augustin Parrique, Antoine Parrique et Andrieux. L'itinéraire convenu entre eux devait les conduire en Savoie ; ils purent le suivre sans encombre jusqu'à Pont-de-Beauvoisin, localité frontière, coupée par le Guier, appartenant jadis moitié à la France moitié aux États Sardes. Le premier danger de leur entreprise les attendait là. Ils crurent un instant que le passage du pont leur serait impossible ; et il l'eût été, en effet, sans le stratagème d'un brave meunier, aubergiste et quelque peu musicien, qui les fit passer sous le simulacre d'une noce campagnarde. Mais la Savoie, dans laquelle ils venaient d'entrer, n'était pas un pays sûr pour des prêtres émigrés : l'armée de Montesquiou

____

1. Arch. de l'Évêché. — Minutes de l'étude de M. Sarciron, à Rochefort.

s'en était emparée, le 22 septembre 1792, et un décret de la Convention du 27 novembre l'avait annexée à la France. Ce qu'ils jugèrent de mieux à faire, ce fut de traverser ce pays aussi rapidement que possible pour se jeter en Suisse. Nombreuses furent les péripéties de leur route et non moins graves les dangers qui la signalèrent. Perdus, un jour, au milieu d'une forêt inextricable, ils tombèrent dans les rangs d'une colonne de soldats de la République. Le chef leur demande leurs passeports ; ils n'en ont pas ; il les questionne et, sur leurs réponses embarrassées, il les décrète de trahison à la patrie, les condamne à mort, les livre à un de ses capi- taines pour les faire fusiller. Le capitaine les entraîne assez loin du bivouac, accompagné d'un sous-officier, son ami intime. Arrivé au lieu de l'exécution, il commande à son subalterne de tirer quatre coups de fusil en l'air, puis, s'adres- sant à M. Eymard : « Me reconnaissez-vous, Père Eymard ? J'ai été votre élève au collège de Clermont. Tous les pensums que vous m'avez infligés vaudraient bien une balle. Mais je veux vous donner mieux : prenez le chemin que vous indique mon doigt, et ne retombez plus dans nos mains. » C'était le capitaine Chauvassaigne, qui se vengeait ainsi de ses petits déboires d'écolier. Nos quatre voyageurs, sauvés par cette noble conduite, reprirent leur route et pénétrèrent en Suisse, où ils firent un assez long séjour, tantôt dans une ville, tantôt dans l'autre. L'invasion de ce pays par l'armée française, en 1798, les obligeant à fuir, ils dirigèrent leurs pas vers la Bavière, et arrivèrent à Munich en même temps que Mgr de Bonal. Les relations les plus intimes s'établirent dès la première heure entre eux et leur évêque. Le prélat les combla d'affection paternelle, et eux, dans un élan de piété filiale, multiplièrent leurs petites industries pour subvenir aux besoins du vénérable exilé, tombé dans la plus noire détresse. L'un, habile pêcheur, allait arracher aux flots de l'Isar quelques livres de poisson, qu'il portait avec allégresse à son évêque ; les autres parcouraient les forêts pour recueillir quelques brasses de bois destinées à chauffer la mansarde qui servait de palais épiscopal ; tous quatre allaient, de porte en porte, cherchant du travail comme commissionnaires ou manouvriers : heureuse était la journée où ils avaient pu gagner quelques pièces de monnaie qu'ils couraient déposer entre les mains du saint évêque. Ce dévouement admirable, ces soins aussi délicats qu'empressés, adoucirent les derniers mois du noble et pieux prélat, mais ne purent l'empêcher de descendre rapidement vers la tombe. Il mourut, le 3 septembre 1800, à l'âge de soixante-six ans. Nos quatre prêtres émigrés recueillirent son dernier soupir et l'accompagnèrent à sa dernière demeure. Peu de temps après, ils reprenaient le chemin de la patrie. Le retour fut marqué par des fatigues et des privations de toute nature. Au moment où l'autorité diocésaine s'occupait de dresser la liste de ses prêtres, en 1802, M. Eymard était à Tauves. Ses sentiments bien connus le signalèrent un des premiers à la bienveillance de ses supérieurs. Il fut nommé à l'importante cure d'Aubière, le 25 brumaire an XI (17 novembre 1802), le jour même où Mgr de Dampierre signait son ordonnance pour la nouvelle circonscription des paroisses du diocèse. Son institution canonique eut lieu le 20 avril 1803. Ces deux dates de nomination et d'institution canonique de M. Eymard marquent chez nous les premiers actes de la nouvelle administration ecclésiastique, les premiers placements, dont furent l'objet les prêtres jugés dignes de toute confiance ; et nous sommes heureux de dire que les nominations du 17 novembre et institutions du 20 avril furent nombreuses. Au mois de décembre 1805, l'ancien collège de Clermont, remplacé par l'Institut national et ensuite par l'École centrale, deux institutions qui n'avaient donné aucun résultat, se réorganisait sous la forme de collège libre. M. l'abbé Couvert en prenait la direction et rappelait bon nombre des anciens professeurs. M. Eymard fut chargé de la classe de quatrième. En 1808, ce collège ayant été remplacé par le Lycée impérial, l'ancien chanoine d'Orcival fonda une institution libre avec l'agrément de Mgr de Dampierre, qui lui adressa des lettres de chanoine honoraire, le 21 mai 1811, et lui permit, le 13 novembre suivant, d'avoir une chapelle où ses élèves pourraient entendre la Messe, les dimanches et fêtes, sauf les fêtes annuelles. A la mort de M. Armilhon, secrétaire-général de l'évêché, M. Eymard fut nommé à sa place, dans les premiers mois de l'année 1814 ; et, tout en conservant ces fonctions, il entra au Chapitre de la cathédrale comme chanoine titulaire, le 20 février 1824. Mgr Féron le nomma vicaire-général, le 28 juillet 1835, alors qu'il était dans sa quatre-vingt-quatrième année. Le nouvel évêque ne comptait certainement pas sur les services d'un homme de cet âge, mais il voulait honorer la vertu et récompenser les services rendus. M. Eymard mourut le 27 octobre 1838 (1).

René Dubois dut succéder au Chapitre d'Orcival à un autre René Dubois, probablement son oncle, mort chez ses parents à Rochefort, et inhumé dans le caveau des chanoines, le 19 juillet 1780. Nous n'avons qu'un seul renseignement biographique sur son compte ; il est du 5 frimaire an VI (25 nov. 1797). M. Dubois était alors à Saint-Julien-Puy-Lavèze, où il exerçait le saint ministère. Les administrateurs du canton de Bourg-Lastic, ayant à fournir au directoire du département l'état des prêtres de leur canton, signalaient M. Dubois comme réfractaire, sujet à la déportation pour ne s'être pas soumis aux lois de la République, mais ne troublant pas l'ordre public. Il dut mourir peu après cette date (2).

1. Arch. de l'Evêché. — Arch. du P.-de-D., Fonds de la Révolution. série L. — Elie Jaloustre, *les anciennes Écoles de l'Auvergne.* — Biographie manuscrite de M. François-Augustin Parrique, communiquée par M. l'abbé Randanne, Supérieur de la Mission diocésaine.

2. Arch. du P.-de-D. Fonds de la Révolution, série L.

Martin Chabaud était chanoine et vicaire d'Orcival en 1748. A la mort d'Étienne Charrier de Lachaux, en 1789, il fut promu à la dignité de chantre du Chapitre. Après 1791, son nom ne paraît plus dans aucun document. Il dut se retirer dans sa famille et y mourir, dans les premières années de la Révolution. Une pension de 600 livres lui avait été accordée, le 1er novembre 1768, sur les revenus de l'abbaye de Toussaints, Ordre de Saint-Augustin, Congrégation de France, diocèse de Châlons-sur-Marne (1).

Antoine Genest ne nous est connu que par le règlement de sa pension au moment de la suppression du Chapitre. Nous ne possédons aucun renseignement sur lui.

Pendant que les serviteurs du sanctuaire de N.-D. d'Orcival étaient dispersés par le souffle révolutionnaire, que devenait le sanctuaire lui-même? que devenait l'Image miraculeuse?

Un premier document semblerait indiquer que le magnifique et vénérable monument continuait d'inspirer une sympathie générale, partagée par l'administration supérieure. En effet, le 11 juin 1791, les administrateurs du district de Clermont envoyaient au directoire du département une délibération des officiers municipaux d'Orcival, à laquelle était annexé un devis de 640 livres de dépenses pour les réparations de l'église, et demandaient ce qu'ils avaient à faire. Le directoire répondait, le 11 juillet, qu'il fallait, sans perdre de temps, donner ordre à l'ingénieur du département de se transporter à Orcival pour examiner le monument, faire un devis estimatif, et procéder ensuite à l'adjudication des travaux au rabais. Nous ne voyons pas que ces réparations aient été exécutées. La loi voulait que les églises, devenues propriétés nationales, fussent à la charge de la nation; mais la nation d'alors était peu scrupuleuse dans l'accomplissement de ses obligations (2).

---

1. Arch. du P.-de-D. Domaines, liasse 29. — 2. Idem., liasse 25.

Bien loin de refroidir la piété de nos chrétiennes populations envers Notre-Dame d'Orcival, l'ère des persécutions ne faisait que la raviver. Les pèlerinages continuaient de plus en plus nombreux, de plus en plus fervents. Les habitants de nos montagnes trouvaient là une occasion de protester contre les atteintes portées à leur foi, une occasion de manifester cette indomptable énergie qu'ils devaient montrer pendant toute la période révolutionnaire. L'administration centrale s'émut de cette recrudescence de dévotion. Elle s'imagina sans doute qu'Orcival allait devenir un point de ralliement d'où pouvait partir une réaction formidable contre le régime nouveau. Le lundi, 14 mai 1792, trois jours avant l'Ascension, les administrateurs composant le directoire du département du Puy-de-Dôme requéraient le lieutenant-colonel de la gendarmerie nationale à Clermont, d'envoyer des forces suffisantes, le jeudi suivant, 17 du présent mois, dans le lieu d'Orcival, pour y veiller au maintien de la paix, et invitaient ledit lieutenant-colonel à y destiner les brigades de Rochefort, Pontgibaud, Tauves et Clermont (1). Quand on sait comment nos paysans se conduisirent maintes fois envers la gendarmerie nationale employée à froisser leurs sentiments religieux, ce déploiement de forces paraît une imprudence, nous dirons même une maladresse. Il n'y eut pourtant pas d'événements à déplorer ; nous devons ajouter que c'est l'unique circonstance où nous voyons la force armée envoyée à Orcival.

Cependant on était aux premiers jours de novembre 1793. Depuis près de cinq mois, la Terreur régnait en souveraine dans notre malheureux pays. Les églises étaient fermées ; tout culte était aboli ; les prêtres assermentés eux-mêmes s'étaient vu interdire les fonctions de leur ministère.

Le 14 novembre 1793, Couthon et Maignet, représentants

---

1. Arch. du P.-de-D., Fonds de la Révolution. Administration centrale.

du peuple, en mission extraordinaire dans le département du Puy-de-Dôme, avaient décrété la démolition des clochers, la descente des cloches, la disparition de tous les signes extérieurs du culte catholique, l'enlèvement et la vente du mobilier des églises, la destruction par le feu de toutes les statues des saints. Des envoyés spéciaux, nommés commissaires, étaient expédiés par le directoire du département dans chaque localité pour mettre à exécution les ordres des conventionnels : la stupeur et l'épouvante glaçaient tous les cœurs honnêtes.

Le vénérable curé d'Orcival, l'abbé Cougoul, comprit que le moment des grandes résolutions était venu.

Bien des fois déjà, en ces temps de désolation, il avait erré solitaire dans les vastes nefs de son église, cherchant un endroit propice pour y cacher la sainte Image ; bien des fois il s'était demandé si, pour la soustraire à la rage des démolisseurs, il ne serait pas plus sûr de l'enlever furtivement et d'aller la porter dans quelque ferme ignorée. Son esprit hésitant adoptait tantôt un parti et tantôt un autre, lorsqu'enfin, un soir qu'il priait aux pieds de Notre-Dame, demandant lumière et conseil, une voix intérieure lui dit que la Vierge ne voulait pas quitter son sanctuaire.

Le décret de Couthon et de Maignet avait paru ; le temps pressait ; des habitants du village, venant de Clermont, avaient rapporté que, sur la place de Jaude, ils avaient vu brûler les statues des saints provenant des paroisses de la ville, et que parmi elles se trouvait, disait-on, la statue de Notre-Dame du Port.

« Si vous voulez rester, s'écrie alors le curé, si vous voulez rester dans votre église, ô Sainte Vierge, dites-moi donc où vous voulez que je vous cache ! » Il monte à la tribune pour embrasser d'un dernier coup d'œil le vaisseau de la basilique, et il prie ardemment le Ciel de lui envoyer une inspiration heureuse. Sa prière n'était pas achevée que tout à coup il se souvient qu'au-dessus de cette même tribune, dans l'épaisseur du mur de clôture, existe un étroit passage qui va d'un triforium à l'autre. En murant les deux ouvertures de ce passage, il est impossible d'en soupçonner l'existence.

Le soir du même jour, les portes de l'église s'ouvraient mystérieusement, et deux hommes se glissaient, à la faveur des ténèbres, dans la vieille basilique. Ces deux hommes étaient l'abbé Cougoul et un ouvrier maçon, homme sûr, tout dévoué à Marie. Se mettant immédiatement à l'ouvrage, à la vacillante lueur d'une lanterne, ils commencèrent par murer une des ouvertures du couloir, allèrent ensuite prendre la Statue miraculeuse, la déposèrent sur un étroit escabeau, autel improvisé, lui rendirent leurs hommages, et murèrent l'autre entrée du passage.

Ce travail dura toute la nuit. Au dehors la rafale soufflait avec violence. Entrant par brusques tourbillons dans l'édifice aux vitraux brisés, l'ouragan semblait vouloir ébranler sur sa base l'antique sanctuaire ; c'était comme le vent de la Révolution déchaîné contre le monde du Christ, et par intervalles on eût dit sous les hautes voûtes comme des gémissements et des plaintes : soupirs et sanglots des générations passées qui se levaient des profondeurs des âges pour accompagner de leurs lamentations l'ensevelissement de la Vierge !

Admirable mystère de Jésus et de Marie ! Là où règne Celui « en qui tout subsiste », comme parle saint Paul (1), là règnent aussi la liberté et la justice, car tout vient de lui, et là aussi le culte de Marie est florissant et prospère. Le culte de la Vierge est alors en honneur, parce que, dans l'ordre physique comme dans l'ordre moral, Jésus naît toujours de Marie. Si vous reniez et chassez la Mère, le Fils est du même coup expulsé et honni ; et alors c'est la ruine de tous les

1. Coloss. I, 17.

principes sociaux, la ruine de l'ordre, de la stabilité, de la propriété, de la liberté. « Quand l'homme quitte Dieu, dit Bossuet, il ne lui reste que ce qu'il peut avoir sans Dieu, c'est-à-dire l'erreur, le mensonge, l'illusion, le péché, le désordre de ses passions, les colères, les jalousies, les aigreurs envenimées (1). » Et nous pouvons ajouter : Quand une société quitte la Vierge, elle quitte l'humilité, la chasteté, la pureté, le renoncement, le sacrifice, c'est-à-dire les germes de tous les progrès, progrès de justice, de charité, de science, de génie, de liberté, car le progrès par orgueil et par enivrement des sens ne va pas à Dieu, mais descend au-dessous de l'homme. Seul le progrès par l'Immaculée Mère de Dieu est véritable. C'est pourquoi l'Église, en poussant de toutes ses forces au culte de Marie, est la provocatrice réelle de toute marche en avant ; c'est pourquoi votre culte, ô Sainte Mère du Christ, était profondément au cœur des nations, quand nos pères arboraient au sommet de leurs maisons de ville la loi et le droit, quand, dans une vision sublime d'égalité et de justice, ils faisaient descendre dans leurs institutions, dans leurs chartes communales, les franchises de l'Évangile. Mais un jour vint, hélas ! jour néfaste, où ils vous renièrent et vous chassèrent, et, dès lors, foi, amour, beauté morale, justice, grandeur, tout disparut : il ne resta que la violence et la force, la force barbare qui prime le droit.

Quelques jours après les faits que nous venons de raconter, les commissaires délégués du directoire départemental arrivèrent à Orcival, avec leur escorte de sans-culottes, pour assurer l'exécution des ordres de la Convention. Ils firent amonceler, pour y mettre le feu, les autels, tableaux, confessionnaux, statues et crucifix. Muette et consternée, la population assistait à ce navrant spectacle, attendant avec angoisse le moment de saluer au passage et pour la dernière fois la Statue miraculeuse, destinée elle aussi au sacrilège autodafé.

1. *Traité de la Concupiscence*, chap. IX.

Du dehors on entendait les cris de rage que poussaient dans l'église les commissaires et leurs séides, impuissants à trouver la sainte Image. Brisant dans leur aveugle fureur les tombeaux du chœur, de la nef et des bas-côtés, ils s'acharnèrent à soulever les pierres tombales, à fouiller les sépulcres, à remuer toutes ces pauvres cendres humaines, dont le droit à un inviolable repos a été reconnu dans tous les temps. Leurs recherches furent vaines.

Le lendemain la flèche du clocher fut abattue ; mais on ne toucha point au clocher lui-même, sans doute parce qu'il ne se trouva personne qui voulût se rendre adjudicataire de sa démolition. Les cloches furent descendues, mais cinq sur neuf furent seulement expédiées à Clermont, les quatre qui meublent actuellement le clocher furent laissées (1).

Ces cloches n'offrent rien de spécialement intéressant pour les études campanaires. Nous nous bornerons à donner ci-dessous les inscriptions qui se trouvent sur chacune d'elles.

Sur la plus grosse on lit : « Parrein Haut et Puissant Seigneur Mre Marien-Augustin de Sarrazin, comte de Banson et

---

1. D'après un règlement de tarifs pour les inhumations, dressé par acte capitulaire du 26 juin 1503, le droit de sonnerie, quand on demandait toutes les cloches, était fixé à 12 sols 6 deniers tournois, savoir : 8 sols pour les *ternaulx*, les *eschinles* et *Gabriel*, et 4 sols 6 deniers pour la grosse cloche *Marie*. Un acte de fondation, passé en l'année 1527, porte que la Messe fondée sera annoncée par la sonnerie des *deux eschinles*. Ces documents ne suffisent pas pour établir l'état de nos cloches ; ils nous laissent ignorer le nombre des *ternaulx*, car nous ne voulons pas voir dans ce mot un dérivé du nombre trois, mais une indication musicale déterminant les notes fournies par ces clocles à l'harmonie générale de la sonnerie. Le mot *eschinle*, qu'on écrivait aussi *eschelle* et *eschielle*, du bas latin *eschilla* et de l'italien *squilla*, signifie *cloche*, et particulièrement *petite cloche* ; le patois d'Auvergne a conservé le mot *échinle* ou *ichinle* pour désigner une clochette.

D'après le règlement de 1503, les habitants « de la ville et paroisse d'Orcival » n'étaient autorisés à sonner les cloches, « en temps de gèle et tempête, » qu'après avoir pris l'engagement, envers le Chapitre, de réparer à leurs frais les dégâts et accidents qui pourraient en résulter soit pour les cloches elles-mêmes, soit pour le clocher et le beffroi.

autres ses places. Marreine Marie-Anne Dubois de Lamothe, épouse de Mre Granchier (sic) de Vedière, écuyer, seigneur d'Orcival et Cordez. Chanoines MM. Benoît Achard-Lavort, doyen, Étienne Charrier, chantre, Étienne Couvreuil, François Rochette, Joseph Cougoul, curé, Martin Chabaud, Amable-Antoine Buisson, René Dubois, Jacques Girard, Benoît Courtadon, François Dupont, Annet Bellegarde, Martin Borel, 1782. Pierre-François Barrard et ses frères fondeurs. » Quatre médaillons constituent les ornements ; le premier est un écusson de fondeur avec cet exergue : « Pierre Simon ; » le second porte une croix latine, le troisième une Vierge-Mère, le quatrième l'image du Sauveur.

Sur la seconde cloche : « *Maria vincit. Maria regnat. Maria imperat. Maria Virgo ab omni malo nos defendat. Sumptibus Capituli fusa. Stephano de Lafarge canonico baiulo. Anno 1667.* » Sur les médaillons on remarque les personnages suivants : 1° saint Étienne et un évangéliste ; 2° une Vierge-Mère et un évêque ; 3° Notre-Dame d'Orcival ; 4° saint Jean-Baptiste et un évêque. Au-dessous des médaillons : « *Te Dominam laudamus,* » trois fois répété. Un écusson de fondeur porte en exergue : « Seurot Claude. » Croix fleurdelisées.

Troisième cloche : « *Maria. Joseph. Sancte Stephane martyr, ora pro nobis,* l'an mil CCCCCXXXVIII. » Trois médaillons portent : l'*Ecce Homo* avec les instruments de la Passion, la Vierge-Mère, un ange. Au-dessous : « *Te Deum laudamus,* » deux fois répété. Une croix avec piédestal en degrés, pattée et fleuronnée.

Quatrième cloche : « Les Seurot de Clermont m'ont faite. 1774. » Quatre médaillons représentent : une croix latine, la Sainte-Famille, la Vierge-Mère, un évêque.

Nous n'avons aucun document se rapportant au pèlerinage pendant la période de 1792 à 1802. Mais il est bien évident que le souvenir de Notre-Dame d'Orcival ne s'effaça pas des esprits. Aux moments où la tempête s'apaisait un peu, quelques pieux fidèles reprenaient encore le chemin du vallon béni ; venaient s'agenouiller devant le sanctuaire fermé ; élevaient leurs yeux pleins de larmes vers le clocher découronné ; parcouraient en gémissant les sentiers qui conduisent à la Tombe et à la Fontaine ; demandaient tout bas où reposait l'Image miraculeuse, et la saluaient sans savoir de quel côté diriger les hommages de leur vénération. Pour ces cœurs dévoués à Marie, Orcival était devenu comme un cimetière ; on y venait comme on va sur la tombe d'une mère bien-aimée.

Vers les dernières années du XVIIIe siècle, la présence de MM. du Crozet et Couvreuil, revenus de l'exil et des degrés de la guillotine, dut attirer aussi un certain nombre de pèlerins, quand on sut que ces deux confesseurs de la foi avaient repris les saintes fonctions du ministère. Mais ces actes isolés, accomplis plus ou moins secrètement, n'ont pu laisser de traces dans l'histoire.

Dès le moment où l'église fut ouverte et l'Image de Marie rendue à la vénération des fidèles, les foules se pressèrent de nouveau à ses pieds.

Le Chapitre n'était plus là pour les recevoir avec les splendeurs de ses cérémonies ; mais des prêtres vertueux et zélés présidaient aux destinées de la paroisse et du pèlerinage. Les trois premiers curés d'Orcival, au commencement de ce siècle, MM. Joseph Suchet, Amant Couvreuil et Antoine Chambige, étaient trois confesseurs de la foi. On ne peut douter de leurs efforts pour relever, autant qu'il était en eux, les ruines matérielles et morales accumulées par une époque de vertige et d'impiété. Toutefois on ne doit pas se dissimuler que leur tâche était difficile. Tout était à refaire. L'église était dans un état de délabrement lamentable. L'ignorance religieuse et les grossières habitudes, contractées pendant une trop longue période de luttes acharnées, avaient enlevé à la piété catholique ses allures calmes et recueillies. Chacun des pasteurs que nous avons nommés, porta son appoint à l'œuvre de relèvement. Tout n'était pourtant pas achevé quand arriva M. Richin, en 1832. Son intelligence, son zèle, sa longue administration lui ont permis d'entreprendre beaucoup et de tout conduire à bonne fin. C'est à ses soins et à sa générosité qu'Orcival doit la restauration de l'église et l'acquisition des verrières du sanctuaire, l'édification des chapelles de la Tombe et de la Fontaine, la construction du presbytère, la pieuse direction imprimée au pèlerinage, l'érection de la confrérie de Notre-Dame Auxiliatrice et bien d'autres œuvres qui ont rempli les cinquante-quatre années de son ministère paroissial.

CONCLUSION.

AMAIS, à aucune époque de l'histoire, le culte de la Vierge n'a été aussi nécessaire, aussi indispensable qu'aujourd'hui.

La société qui vit et se développe, c'est-à-dire la chrétienté, est arrivée, on peut le dire, à son âge viril ; elle est en possession de ses richesses et de ses forces : son avenir dépend de la voie où elle va s'engager, du choix qu'elle va faire.

Choisira-t-elle le CHRIST, ou bien se rangera-t-elle contre lui ? C'est là pour elle une question de vie ou de mort.

Si elle veut le CHRIST, il lui faut absolument aller à Marie, car, dans la vie morale, s'il est un point d'où tout dépende, c'est le culte de la Mère de l'Homme-DIEU, le culte de cette femme qui a voulu DIEU, alors que DIEU voulait se donner ; et, DIEU voulant se donner encore, n'est-il pas évident que c'est par sa Mère Immaculée que nous le verrons revenir à nous et que nous accepterons son règne ?

Depuis un siècle, les nations s'efforcent d'entrer dans l'ère de liberté civile et politique ; depuis un siècle, l'attente idéale de l'humanité est dans la venue de cette justice et de ce droit universels qui doivent amener un nouveau progrès de liberté.

Mais la justice et le droit ne viendront que par la lutte contre l'obstacle, qui est le mal, par l'effort constant contre la nature déchue et ses vicieuses tendances ; et le culte de la Vierge est précisément cet effort et cette lutte.

Oui, le culte de la Vierge, c'est le devoir toujours accompli, c'est le sacrifice journalier, c'est l'effort incessamment soutenu pour s'approcher du mieux, c'est la lutte énergique contre les entraînements d'une nature dégradée.

Ce n'est pas une dévotion sentimentale, un culte vague et superficiel qu'il faut à cette Mère par excellence. Pour être son véritable enfant, il faut imiter ses vertus, qui sont des vertus généreuses et fortes. Selon la parole de Bossuet : « Il n'y a rien d'alangui dans le cœur de cette femme bénie ; tout y est fort autant que virginal. » Elle n'a fui devant aucun devoir ; elle n'a fléchi sous aucun fardeau ; elle ne s'est dérobée à aucune douleur ; son exemple doit nous provoquer à tous les courages.

S'il est vrai que la souveraineté des peuples doit remplacer la souveraineté des rois, eh bien ! c'est une âme royale qu'il faut à ces maîtres nouveaux, et comment acquerront-ils cette âme, s'ils ne tendent d'un effort sublime à embrasser le divin par l'imitation du CHRIST et de sa Mère ?

« L'avènement de la démocratie, a dit un écrivain de ce temps (1), ne peut être qu'un nouveau progrès de l'esprit, de la civilisation, de l'ordre universel. Ou elle sera tout cela, la démocratie, ou elle ne sera jamais rien. » Oui, la démocratie ne tiendra vraiment le sceptre que si elle sait s'en rendre digne ; et le diadème qui doit ceindre son front, DIEU l'a posé d'avance sur la tête de la Mère des hommes, la créature Immaculée à qui tout pouvoir a été donné sur la terre et au Ciel, suprême honneur du genre humain et son immortel orgueil.

O peuples, si vous voulez régner, tournez donc vos regards vers la Vierge des vierges, et apprenez d'elle qu'il faut conquérir votre couronne par la foi, par la chasteté, par le sacrifice ! Apprenez de la Vierge très douce et très bonne que ceux-là seuls possèdent la terre qui sont pleins de douceur et de bonté. Marie a la plénitude de la force au Ciel et sur la terre, parce qu'elle a la plénitude de la douceur, parce qu'elle possède DIEU, cette force entière, cette force douce, qui porte en se jouant l'univers avec ses milliers de monde.

N'est-ce pas le Fils de Marie, « doux et humble de cœur, » qui a produit le seul progrès visible, réel, fondamental qu'ait vu le genre humain ? Qui donc continuera le grand et universel progrès vers lequel nous pousse la volonté de DIEU, si ce n'est l'esprit de JÉSUS, cet esprit de douceur et de paix, que vous possédez si bien, ô Marie !

Que ceux qui veulent le progrès, la marche en avant du monde, aient donc les yeux fixés sur vous, ô Vierge puissante, pour qu'ils apprennent de vous à soulever le monde, non par la violence qui appartient à Satan, non par la force égoïste et brutale qui arrête et compromet tout, mais par la douceur et la paix de DIEU.

—————

1. Edgar Quinet, *Idéal de la Démocratie.*

La Vierge, élevée à la dignité de Mère de DIEU, a dit : « *Ecce ancilla Domini !* Voici la servante du Seigneur ! » Les peuples arrivés à se gouverner eux-mêmes doivent dire : « *Ecce servi Dei !* Voici les serviteurs de DIEU ! »

Leur loi suprême et absolue doit être alors la loi du CHRIST, parce que le CHRIST est le Roi de tout ce qui vit. Tout a été fait par lui, rien n'a été fait sans lui ; mais aussi rien n'a été refait sans la Vierge ; et c'est pourquoi les sociétés, aussi bien que les individus, doivent revenir à JÉSUS-CHRIST par les vertus et les grâces dont Marie fut comblée.

Par votre culte, ô Vierge obéissante, que les peuples sachent donc que la vraie liberté n'est pas ce faux prétexte par lequel les sociétés moralement déchues cherchent à justifier leurs révoltes contre les doctrines de respect et d'abnégation qui forment la loi naturelle de tout ordre moral. Qu'ils comprennent que la liberté vraie vient inévitablement de la fidélité au devoir, parce que le devoir est la voie unique qui conduit l'homme à ses fins.

Par votre culte, ô Vierge pauvre et laborieuse, ceux qui aujourd'hui proclament que la condition nécessaire de l'humanité c'est l'aisance assurée et le bien-être complet, ceux-là reconnaîtront que la loi de la vie pénible est la vraie loi d'ici-bas, cette loi imposée par la justice divine à l'homme coupable, et formulée en ces termes : « Tu mangeras ton pain à la sueur de ton front. »

Par votre culte, ô Vierge très humble, la démocratie moderne, qui croit à l'infaillibilité de sa raison, avouera que sa sagesse et sa force ne sont devant DIEU qu'ignorance et faiblesse, et ainsi sera anéantie la grande hérésie contemporaine qui consiste dans l'affranchissement de la conscience humaine de tout joug divin, dans la proclamation de la morale indépendante.

Par votre intercession et votre secours, ô Vierge pleine de grâce, faites que les nations acceptent la loi du CHRIST, qui contient toute vérité sociale et donne l'ordre parfait en faisant du service de DIEU la condition première de toute existence.

La vie humaine est une. Directement ou indirectement, il faut que tout s'y fasse en vue de DIEU. Si la vie individuelle, comme la vie sociale, n'est pas constituée pour DIEU, elle est constituée contre elle-même, parce que tout homme, comme toute société, ne peut vivre que de la vérité qui est DIEU même ; et cette vérité, nous la connaissons précise, positive et vivante, quand nous connaissons le CHRIST.

O Vierge, qui avez donné au monde la Lumière incréée, montrez-nous donc votre Fils dans toute sa splendeur ! Que sur vos genoux les peuples apprennent à lire le Livre éternel, cet Évangile dont vous possédez pleinement le sens profond, incommensurable, et qui est le code immuable de tout progrès humain.

La diffusion de plus en plus grande de l'esprit évangélique dans les lois humaines, voilà le but suprême auquel doit tendre toute évolution sociale. Qu'importe le point de départ ? Qu'importent les institutions politiques qui régissent les peuples ? Ce qui importe, c'est que, par un effort incessant, intelligent et courageux, sous la loi telle qu'elle est, on conduise cette loi à l'idéal : la loi du CHRIST.

O Mère du CHRIST, vous avez bu goutte à goutte le calice du Calvaire ! vous l'avez épuisé jusqu'à la lie, et vous êtes parvenue aux glorieux sommets. N'est-ce point là aussi la dernière phase dans laquelle doit entrer l'humanité dont vous êtes la grande image ? Après avoir longtemps gémi dans cette vallée de larmes, n'aura-t-elle pas enfin son avènement dans le bonheur et dans la gloire ? Qu'elle se jette dans vos bras, ô Mère du Rédempteur, qu'elle se réfugie dans votre sein, et elle aura avec vous son Assomption glorieuse, car vous êtes la tige, vous êtes la Reine de cette génération vaillante et forte qui, selon les Saints Livres, triomphera couronnée d'un immortel diadème (1).

---

1. *Sapient.* IV, 2.

Robert de Gorce, 1318.

Guillaume de Planas, 1408.

Pierre Tailhandier, originaire du mas de Chamberte, 1441.

Antoine David, licencié en décrets, 1455.

Louis de Mareughol, licencié en décrets, « noble de père et de mère, » 1503.

Louis Bonnet, 1550.

Guillaume de Turenne, mort en 1557.

Jean Guérin, installé le 21 novembre 1557.

Michel d'Entraigues, 1581.

Antoine Tournadre, 1606-1634.

Louis Mégemont, originaire du village de Soussat, 1646-1660.

Antoine Ollier, 1661.

Pierre Granier, 1669.

Antoine Charrier, docteur en théologie, 1671, mort le 13 février 1697.

Joseph Godivel, 1700.

Louis Vigier, mort le 8 octobre 1705.

Antoine Autier de Villemontée, mort le 3 juillet 1736.

Michel Delafarge, licencié en droit canon, mort le 11 avril 1778. Il était fils d'Annet Delafarge, greffier de la justice d'Orcival, et de Françoise Becaine.

Benoît Achard-Lavort, docteur en théologie, né à Neschers en 1744, était fils d'Antoine Achard-Lavort, bourgeois, et d'Antoinette Tailhardat. Il remplissait les fonctions de vicaire de Saint-Jean de Riom, lorsqu'il fut nommé au doyenné d'Orcival, le 6 mai 1778. Il se démit de son bénéfice pour devenir curé de Lezoux, où il fut installé le 8 mars 1783. Après avoir courageusement traversé la période révolutionnaire, durant laquelle il fut plusieurs fois incarcéré, il fut nommé à la cure de Saint-Amable de Riom, au rétablissement du culte. Mort le 27 décembre 1821 et enterré sous l'autel de la chapelle de saint Amable.

Joseph du Crozet, 1783-1790.

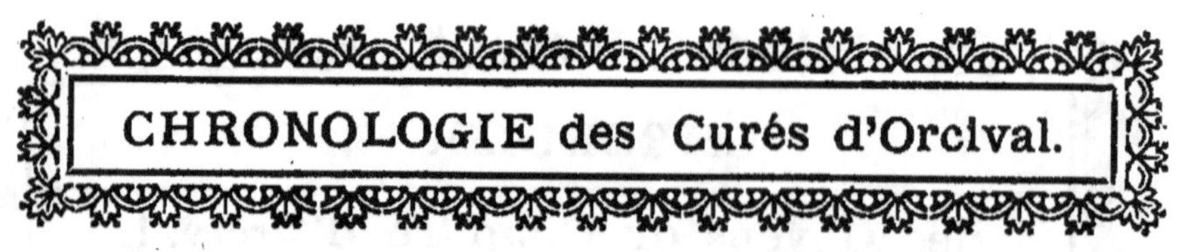

Pierre, prieur d'*Urcivalh*, fut témoin de l'acte par lequel Guillaume, comte d'Auvergne, ratifia la donation des églises de Montferrand faite au pape Calixte par son aïeul Guillaume, aussi comte d'Auvergne (1169) (1).

Guillaume Bordeulh (1353), chargé de l'enquête pour l'union du prieuré d'Orcival à celui de Montferrand.

Jean Delfarador *(del Farador)*, mort avant la fête de saint Michel (1408).

Guillaume du Prat *(de prato)*, chanoine et vicaire perpétuel (1424).

Jean Sudre (1444).

Pierre Andrauld, chanoine et curé (1455).

Jean Fabre, précédemment choriste de l'église d'Orcival (1464).

Antoine Michel (1513).

Jean Guérin, nommé malgré le Chapitre, ne fut pas maintenu (1605).

Nicolas Bonnet, donna sa démission en 1664.

Antoine Valeix, pourvu le 11 septembre 1664, donna sa démission le 20 du même mois.

Antoine Caussat (1664).

Christophe Charrier (1680-1687).

Étienne Mallet (1687-1724).

Étienne Charrier, bachelier en théologie, nommé le 14 janvier 1724, mort le 15 décembre 1749.

Joseph Cougoul de la Monne (1749), mort le 17 avril 1795.

Joseph Suchet (1802), mort le 4 décembre 1812.

Amant Couvreuil, nommé le 8 janvier 1813, mort le 7 janvier 1814.

Antoine Chambige, né à Billom le 27 décembre 1761, vicaire

---

1. Baluze, *Hist. généalog. de la Maison d'Auvergne*, tome II, page 256.

de Saint-Cerneuf avant la Révolution, curé d'Espirat en 1802, nommé à Orcival le 17 juin 1814, mort en 1826.

Pierre Rigaud, nommé le 21 mai 1826.

Jean-Baptiste Richin (1832-1886), né à Verneugheol en 1798, mort le 3 avril 1886.

Marien Mallet, curé actuel, né à Verneugheol, fut nommé vicaire d'Orcival en 1859.

Guillaume Girbert, sacristain du Chapitre (1250).

Étienne de Méjanesse (1273).

Pierre de Méjanesse (1308).

Raoul de Montrognon (1344).

Jean Benoyt (1402).

Jean Delfarador (1408).

Louis Quinsat, originaire du village de Mallavesse (1417).

Jean Mainguay (1459).

Bertrand Delafarge (1459-1492).

Pierre Rancon (1459-1492).

Guillaume Forneyron *alias* Duprat, mort avant 1464.

Durand Valès,   id.

Antoine Charrier,   id.

Jean Chamale,   id.

Pierre Defarge *alias* Delafarge,   id.

Guillaume Bordeulh,   id.

Jean Morandon,   id.

Guillaume Bernard,   id.

Jean Dupont,   id.

Jean Choubert,   id.

Georges Adam, curé de Pontgibaud,   id.

Jean Maulyn (1460).

Durand Juzaud (1460-1503).

Geraud Galoche (1460).

Louis Prohet, originaire du village de Touphaleychas (1460-1477).

Martin Eygues *alias* Desaigues *(de aquis, de las aiguas)* (1460-1464).

Jean Chassard (1460).

Antoine Duprat *alias* Dupré (1460-1477).

Geraud Bonnet (1460).

Jean Mercier (1460-1465).

Pierre Courtadon (1460-1489).

Mathieu Eyrauld (1460).

Michel Lelong (1463-1470).

Guillaume Dupré (1468).

Louis Fauchon (1477).

Pierre Fauchon (1477).

Laurent Prohet (1477).

Antoine Gainhon (1477), mort en 1510.

Geraud Duprat *alias* Dupré (1477-1500).

Jean Rège (1477-1492).

Michel Pontaize (1477-1517).

Jean Galoche (1477).

Jean Albaron (1477-1517).

Mathieu Coderc (1489-1503).

Antoine Bonnet (1489 1510).

Pierre Becaine, fils d'Antoine Becaine, notaire royal, et de Catherine de la Maronye (1489-1527).

Louis Prat *alias* Dupré (1489-1532).

Antoine Chamale (1489-1527).

Antoine Pontaize (1492-1510).

Jacques Montoloys (1492).

Jacques Rancou (1492-1527).

Michel Courtadon (1492-1503).

Guillaume Delafarge (1492-1503).

Jean Prohet (1492-1532).

Jean Delafarge (1494).

Léon Dupré (1501).

Mathieu Vallet (1503).

Vincent Bourbon (1503-1519).

Michel Delaudouze (1503-1536).

Louis Gieuf (1503-1527).

Durand Becaine, curé du Puy-Saint-Gumyer *(sic)* (1502).

Georges Vallet (1503-1507).

Charles de Montceaulx (1510).

Michel Pontaize (1510).

Michel Bonnet (1510).

Michel Coudert (1510).

Louis Bonnet, curé de Saint-Bonnet (1518-1554).

Michel Delafarge (1527).

Antoine Andrée (1527).

Étienne Delafarge (1527).

Louis Quinsat (1527).

Claude Pontaize, curé de Rochefort *(sic)* (1527).
Antoine Albaron (1527).
Étienne Bonnet (1554).
Géry Valeys (1557).
Jean Girardias (1581-1633).
Laurent Delafarge (1581-1633).
Michel Bony (1581).
Michel Becaine (1581-1633).
Geraud Bouschet (1581-1633).
Amable Desserre (1581-1633).
Michel Solier (1581).
Annet Tournadre (1581-1633).
Michel Delafarge (1581-1633).
Étienne Delafarge (1581).
Nicolas Delafarge (1597).
Jacques Delafarge (1597-1606).
Antoine Tournadre (1606-1634).
Pierre Chardon (1625-1650).
Martin Quinsat (1625).
Chaterin Huguet (1625).
Étienne Delafarge (1625-1662).
Antoine Suzanneau (1625-1690).
Antoine Chazeix (1625-1634).
Jacques Toizat (1625-1634).
Jacques Soubre (1625).
Étienne Bonnet (1633).
Antoine Chardon (1633).
Guillaume Augière (1634).
Jacques Chardon (1634-1664).
Nicolas Bonnet (1634-1664).
Léger Taravant (1634-1661).
Urbain Augière (1634-1650).
Jacques Meynial (1634-1671).
Antoine Desparrins (1648-1664).
Louis Roux (1648).
Louis Mègemont (1650).
Antoine Toizat (1650-1664).
Gilbert Astier (1650-1680).

Guillaume Testud (1650).
Annet Dessaignes (1659-1683).
Antoine Ollier (1661-1669).
Étienne Delafarge (1661-1671).
Michel Testud (1661-1671).
Étienne Delafarge (1662).
Guillaume Desparrins (1671-1704).
Étienne Delafarge (1671).
Antoine Bonnet (1671).
Antoine Charrier (1671).
Joseph Becaine (1675-1692).
N. Nicolas (1675).
Léger Mignot (1680-1704).
Antoine Sarlième (1683).
Étienne Bouchaudy (1694).
Joseph Sarlième (1710).
Antoine Delafarge (1704).
Guillaume Bonnet (1705).
Michel Mallet (1705).
Annet Charrier (1710).
Étienne Mallet (1710).
François Matharel, sieur de Toirat, prieur de Con-
    dat (1724-1763).
Jean Becaine (1725).
Antoine Charrier de Rigaumont *alias* de Grosmont
    (1725-1754).
Annet Charrier du Conchart (1727-1772).
Pierre de la Salle (1727).
Antoine Mallet (1727-1754).
Yves de la Salle, écuyer (1733-1743).
Joseph Aubignat (1748-1762).
Julien Luquet, de Brioude (1748-1771).
Joseph Chardon (1749-1750).
Jean-Baptiste Couvreuil (1750-1767).
François Cougoul de Puy-Reynaud (1750-1771).
Annet Cougoul de Bellegarde *alias* de la Monne
    (1751-1790).
René Dubois, de Rochefort (1766-1780).

Benoît Courtadon (1777-1790).
Guillaume Borel (1777-1782).
François Dupont (1782-1790).
Étienne Charrier de Lachaux (1782-1789).
Étienne Couvreuil (1780-1790).
René Dubois (1780-1790).
Martin Borel de la Martre (1782-1790).
Martin Chabaud (1786-1790).
François Barrier (1779).
François Rochette (1780).
François Girard (1780).
Antoine-Amable Buisson (1786-1790).
Jacques Girard (1786).
Amant Couvreuil (1786-1790).
Pierre Artonnet (1786-1790).
Antoine Geneste (1790).
Pierre Eymard (1790).

TABLE DES MATIÈRES.

DÉDICACE 5

LETTRE D'APPROBATION 7

CHAPITRE PREMIER.

Orcival. — Étymologie de ce nom. — Origines du pèlerinage. . 9

CHAPITRE DEUXIÈME.

La primitive église d'Orcival. — La Statue miraculeuse. — La procession du jour de l'Ascension. — Le tombeau de la Vierge. . 16

CHAPITRE TROISIÈME.

Les moines de la Chaise-Dieu à Orcival. — La chapelle de Saint-Barnabé au sommet du Puy-de-Dôme. 26

CHAPITRE QUATRIÈME.

L'église d'Orcival 34

CHAPITRE CINQUIÈME.

Les serviteurs de l'église. — Prêtres filleuls. — Chanoines. — Curés. — Acquisition par le Chapitre de la seigneurie de Pradines. — Armoiries et sceaux du Chapitre. — Jacques Toizat. — La fête des Innocents et la fête de la Nativité à Orcival. 58

CHAPITRE SIXIÈME.

L'ancien hôpital d'Orcival. — La confrérie du Saint-Esprit. — La charité chrétienne et le culte de la Vierge aux XIe et XIIe siècles. — Les pauvres et les malades recueillis et nourris par les chanoines d'Orcival. 79

CHAPITRE SEPTIÈME.

Les miracles. . . . . , ... 87

CHAPITRE HUITIÈME.

Dons, legs et fondations en faveur de Notre-Dame d'Orcival . . 157

CHAPITRE NEUVIÈME.

Paroisses spécialement vouées à Notre-Dame d'Orcival par des vœux publics ou par une dévotion traditionnelle. 198

CHAPITRE DIXIÈME.

Faveurs spirituelles accordées au sanctuaire de Notre - Dame d'Orcival 230

CHAPITRE ONZIÈME.

Le village d'Orcival et ses seigneurs. — Justice seigneuriale. — Châtelains. — Greffiers. — Notaires. — Ecoles. — Familles. — Vie provinciale. — Guerres religieuses. — Bureau de contrôle. — Foires. — Population. — Écarts et hameaux 241

CHAPITRE DOUZIÈME

Orcival pendant la Révolution. 273

Conclusion 305

Chronologie des Doyens du Chapitre d'Orcival. 309

Chronologie des Curés d'Orcival 310

Chronologie des Chanoines d'Orcival. - 312